전혀 다른
생성형 AI

전혀 다른 생성형 AI

1판 1쇄 발행 2024년 10월 18일

지은이 심영환
펴낸이 장성두
펴낸곳 주식회사 제이펍

출판신고 2009년 11월 10일 제406-2009-000087호
주소 경기도 파주시 회동길 159 3층 / **전화** 070-8201-9010 / **팩스** 02-6280-0405
홈페이지 www.jpub.kr / **투고** submit@jpub.kr / **독자문의** help@jpub.kr / **교재문의** textbook@jpub.kr

소통기획부 김정준, 이상복, 안수정, 박재인, 송영화, 김은미, 배인혜, 권유라, 나준섭
소통지원부 민지환, 이승환, 김정미, 서세원 / **디자인부** 이민숙, 최병찬

기획 및 진행 김은미 / **교정·교열** 이정화 / **내지 및 표지 디자인** 블랙페퍼디자인
용지 에스에이치페이퍼 / **인쇄** 한승문화사 / **제본** 일진제책사

ISBN 979-11-93926-73-4 (03320)
책값은 뒤표지에 있습니다.

제이펍은 여러분의 아이디어와 원고를 기다리고 있습니다. 책으로 펴내고자 하는 아이디어나 원고가 있는 분께서는
책의 간단한 개요와 차례, 구성과 지은이/옮긴이 약력 등을 메일(submit@jpub.kr)로 보내주세요.

전혀 다른 생성형 AI

심영환 지음

비즈니스의 눈과
인문의 마음으로 읽는
생성형 AI 핵심 지식

Jpub
제이펍

차례

추천의 글 •·······················○

김도윤, CRITEO KOREA 대표이사

'안 읽은 사람은 있어도 한 번만 읽은 사람은 없다'라는 말이 어울리는 책이다. 누군가 나에게 생성형 AI에 대해 물어볼 때마다 책장에서 꺼내 다시 읽어보면 마치 전문가가 된 것처럼 그들에게 알기 쉽게 설명해줄 수 있을 것 같다. 딱딱한 AI 기술을 다룬 책이지만, 저자의 위트가 곳곳에 녹아 있고 전혀 무관할 것 같은 주제를 생성형 AI와 엮은 창의적 연결성도 흥미롭다. 이 책을 읽은 독자라면 여타 AI 도서와는 '전혀 다른 생성형 AI' 책이란 것을 느낄 수 있을 것이다.

많은 사람이 생성형 AI에 지대한 관심을 갖고 있지만, 우리 삶에 미치는 영향을 정확히 인식하고 있는 사람은 드물다. 저자는 이전에 지은 책에서 예술과 인문학적인 접근 방식을 경영 이론에 접목하여 독창적인 통찰의 세계를 보여주었는데, 이번 책에서도 기존의 AI 도서에서는 결코 찾아볼 수 없는 다양한 관점의 통찰을 제시한다. 또한 체계적인 설명과 에세이 같은 필체 덕분에 독자 누구나 쉽게 이해할 수 있으면서도 결코 가볍지 않은 사색의 단초를 제공하고 있는 점이 이 책을 더욱 끌리게 하는 이유다. 그렇기 때문에 비즈니스 관점에서 AI의 효익을 논하는 단계를 넘어 우리 모두에게 또 다른 성찰의 기회를 주고 있다.

이 책은 시간의 모호성에서 출발한 AI 기술의 단기적인 트렌드를 좇거나 다가올 미래에 대한 막연한 두려움과 장밋빛 환상을 심어주지 않는다. 대신 긴 역사를 가진 도시라는 공간을 떠올리며 생성형 AI를 다차원적인 각도에서 심도 있게 이야기한다. 오랜 기간 광고/마케팅업에 종사한 경험에 비추어서, AI를 통해 새로운 통찰을 얻고 싶은 분들께 이 책을 추천하며, 특히 오늘도 치열한 고민을 하고 있는 마케터와 마케팅을 공부하고 있는 모든 분께 이 책을 적극 추천한다.

김동석, AI 브랜딩 연구소 소장

요즘 핫한 생성형 AI의 과거부터 현재까지를 한 권의 책에 알차게 담았다. 평생 문과인으로 살아왔지만, 오랜 기간 IT 기업에 몸담고 있는 저자는 생소하고 어려울 수 있는 내용을 그만의 생생한 경험과 핵심을 꿰뚫는 내용으로 쉽고 재미있게 풀어냈다. AI가 세상을 지배하는 시대다. 아직 준비가 되지 않아 불안하거나 AI 시대의 흐름을 알고 경쟁력을 갖추고자 하는 분들께 이 책을 적극 추천한다.

김현철, (사)한국인공지능협회 회장

업계의 프런티어에 종사하게 되면 전문성만 강조되기 쉽다. 예를 들어, "인공지능이 뭔가요?" 혹은 "ChatGPT가 유행이라는데 어떻게 사용하는 건가요?"라는 질문을 받으면, 머릿속에 자리 잡은 전문적인 개념들을 배제하고 어디서부터 설명해야 할지 막막할 때가 있다. 이런 점에서 이 책을 집필한 저자는 친절하다. AI의 기술적 속성은 다학제적이고, 그 활용은 범용적이다. 이제는 문이과의 구분을 넘어서는 시대를 맞이해야 한다. 이런 변화의 흐름 속에서 누구나 이 시대에 올라탈 수 있도록 돕는 저자의 친절함을 느껴보길 바란다.

반병현, 《챗GPT: 마침내 찾아온 특이점》 저자

AI 산업의 눈부신 발전과 가시적인 성과, 그리고 그에 대응하기 위한 각국 정부와 대기업 수뇌부의 결단까지 '생성형 AI'라는 키워드를 두고 역대 가장 큰 규모의 혁신이 일어나고 있다. 그런데 이런 흐름이 강 건너 불구경하는 것처럼 느껴지지는 않는가? 이 책은 다른 세상 이야기처럼 느껴지는 '생성형 AI' 신드롬이 사실은 나의 삶과도 깊은 관련이 있다는 사실을 평범한 사람의 눈높이에서 쉽게 풀어 설명한다.

백기열, 삼성전자 정보전략팀 팀장/상무

AI의 본질과 가능성을 잘 이해하고, 실질적인 지식을 담아낸 이 책은 AI에 관심 있는 모든 분에게 큰 도움이 될 것이다. 명확하고 쉽게 풀어낸 설명이 돋보이며, 최신 트렌드와 미래의 가능성까지 폭넓게 다루고 있는 점이 매우 인상적이다. 이 책은 AI에 대한 이해를 더욱 깊게 만들어주는 훌륭한 가이드다. 독자들이 이 책을 통해 AI에 대한 흥미와 열정을 가득 느끼게 될 것을 기대한다.

백종문, PwC컨설팅 사업본부장/전무

저자의 비즈니스 통찰력을 바탕으로 기업 관점에서 생성형 AI를 어떻게 바라보면 좋을지 다룬 유용한 책이다. 또한 현장을 잘 알지 못하는 겉핥기식 콘텐츠와 달리 AI의 본질과 활용에 대한 깊이 있는 통찰력을 느낄 수

있는 책이다. 특히 마이클 포터의 5 Force Model을 통해 생성형 AI의 비즈니스 생태계를 세밀하게 분석하고 생태계 내 다양한 플레이어의 강점과 약점, 기회와 위협 요소를 제시하여 기업체 임직원과 투자자도 비즈니스 인사이트를 얻을 수 있을 것이다.

유형근, SK주식회사 HR 담당 부사장

AI를 공부하기 위한 책을 찾기 위해 서점에 들르면 생성형 AI 기술서나 현실과 다소 거리감이 있는 교과서밖에 보이지 않아 아쉬웠다. 그런데 비즈니스 생태계를 제대로 꿰뚫어본 실용적인 책이 출간되어 고무적이다. 이 책은 생성형AI 기술에 대한 광활한 지적 정보 욕구 충족은 물론이고 그로 인해 발생할 수 있는 철학적 사유와 사회적 책임까지 생각하게 만든다. AI를 공부하고 싶거나 AI를 일과 생활에 적용하고 있는 모든 이에게 울림을 줄 수 있는 책이다. 특히 HR 전문가로서 그 어떤 세대보다 AI와 함께할 모든 미래 세대의 필독을 권한다.

이성기, KOTRA 쿠알라룸푸르 관장

기업의 무역과 해외 진출을 지원하는 정부 기관에 종사하는 사람으로서 시대의 흐름에 뒤처지지 않기 위해 AI 공부를 열심히 하고 있지만, 대부분 AI 책은 이론적이거나 특정 주제에 국한되어 있어 통합적인 사고의 공부를 할 수 없었다. 그러던 중 이 책을 알게 되었다.

이 책은 어려운 생성형 AI 요소 기술을 저자 특유의 비유와 재치로 재미있게 설명하였을 뿐 아니라 비즈니스 관점과 인문학적인 담론까지 궁금한 거의 모든 것을 친절하게 설명하고 있다. 그동안 여러 AI 도서를 탐독했지만, 이 책의 제목처럼 그것들과는 사뭇 달라서 흥미로웠다. 독자는 이 책을 통해 생성형 AI의 확장성과 미래 모습을 가늠할 수 있는 힌트를 얻을 것이다.

이제 막 생성형 AI에 입문하려는 독자와 그동안 보지 못했던 새로운 관점으로 생성형 AI를 다시 접하고 싶은 독자에게 이 책을 추천하기에 앞서, 나의 사랑하는 두 아들에게 먼저 권하고 싶다.

임은영, LG CNS Generative AI 사업단 단장

2022년 11월, ChatGPT라고 하는 생성형 AI가 인류에 소개된 이후 우리의 삶은 하루가 다르게 변화하고 있다. AI 관련 비즈니스 애플리케이션을 기획하고 개발하는 업무를 맡고 있던 나에게도 기존 판별형 AI가 아닌 생성형 AI로 서비스를 기획하고 사업을 개발하는 업무가 더욱 중요해졌다. 그 과정에서 어떻게 하면 고객들에게 이 어려운 기술을 쉽게 설명할까 매번 고민하였는데, 이를 해결해줄 수 있는 책을 만나 무척 반가웠다.

이 책은 여느 책과 달리 생성형 AI를 기술의 관점으로만 설명하지 않고 인문과 비즈니스라는 다양한 관점으로 소개하며, 도시 여행을 즐기는 듯한 구성으로 독자로 하여금 에세이를 읽는 느낌의 스토리텔링에 빠져들도록 만든다. IT 회사에서 20년 넘게 사업과 기술 경험을 쌓은 나는 이 책을 통해 클라우드, 메타버스, 휴머노이드 로봇 등 AI와 환상의 짝꿍이 될 또 다른 IT에 대한 인사이트를 얻을 수 있었으며, 이를 독자들에게도 공유하고 싶어졌다.

이 책을 통해 더 많은 독자가 생성형 AI에 대한 이해를 높이고 기업은 올바른 서비스를 기획할 수 있기를 바란다. 또한 생성형 AI의 발전은 그저

인간을 대체하기 위함이 아니라 인간을 더욱 이롭게 만드는 것이며, 이를 위해 모든 이해관계자가 AI에 대한 올바른 가치관 정립과 사용을 위해 끊임없이 노력해야 한다는 철학이 독자들에게 전달되길 바란다.

장민제, 한화호텔&리조트 사업 담당 상무

우리는 겹겹이 쌓인 과거의 기반으로 현재를 살아가고 있으며, 현재의 삶에서 학습을 통한 삶의 확장으로 미래를 준비하고 있는 인류의 한 개체다. 이 책을 읽으면서 무엇보다도 좋았던 점은 어떻게 보면 생소하고 어려울 수도 있는 '생성형 AI'라는 개념에 대해 인문학적 관점으로 혹은 친근한 예시를 통해 쉽게 풀어 설명해준 것이다. 뿐만 아니라, 세계의 도시와 마을을 여행하는 듯한 목차 구성을 통해 인류의 상호작용과 커뮤니케이션을 대체할 수 있는 AI 기술의 혜택과 위험 요소를 재미있게 들려준 것도 좋았다. 오랜 기간 IT 업계에 종사하며 미래의 기술과 더 나은 세상으로 변화에 관심이 많은 저자이자 나의 선배가 깊은 고찰을 통해 세상에 소개하는 이 책을 미래의 변화에 관심이 많은 모든 분께 적극 추천하고 싶다.

정봉화, (주)파라다이스 디지털혁신실 CIO/상무

이 책은 일반인이 다소 생소하고 어렵게 느낄 수 있는 생성형 AI의 개념과 요소 기술을 비유와 예시를 들어 쉽게 설명하는 친절한 책이다. 특히, 프롬프트 엔지니어링을 요술 램프에 빗대거나 파운데이션 모델의 파라미터와 파인튜닝을 화초를 잘 키우기 위한 햇볕과 조명에 비유한 설명은 매우 인상적이다. 또한 책 곳곳에 친숙한 소설, 영화, 드라마 속 이야기를 연결함으로써 독자의 흥미를 유발하며, 생성형 AI를 클라우드, 메타버스, 애플리케이

션, 휴머노이드 로봇 등 주요 IT와의 상호 관계성으로 설명한 점은 다른 도서에서 볼 수 없는 독특한 점이다.

마케팅 전문가이자 IT 전문성을 갖춘 저자의 통섭이 담긴 책을 통해 독자는 생성형 AI 비즈니스 생태계 변화와 미국의 빅테크 기업에 대한 통찰을 엿볼 수 있을 뿐만 아니라 철학적 사유와 인류의 오남용 문제에 대한 성찰을 느낄 수 있다. 독자 중 한 사람으로서 관성과 통념을 벗어난 AI 공부를 원하는 모든 독자에게 이 책을 권하며, 한 기업의 CIO로서 AI를 통한 디지털 트랜스포메이션에 관심 있는 독자나 기업체 임직원에게도 이 책을 추천한다.

최정현, 고려대학교 문과대학/인문사회 디지털융합인재양성사업단 교수

인문학과 자연과학의 구분이 아니라, 문과적 사고의 장점과 이과적 사고의 장점을 조화롭게 잘 녹여내고 있는 뛰어난 책이다. 인문과 자연을 물리적으로만 결합시키는 것이 아닌, 서로 간의 특징을 이해하고 파악해 이를 존중하는 상보적 용융이 책의 곳곳에서 느껴진다. 책을 다 읽으면 기술에 대한 이해만큼 제각각 다른 기질과 성정의 우리 인간 자체에 대한 이해를 21세기 기술과 과학 발전의 시대에 다시금 되새길 수 있을 것이다.

여는 글

<해리가 샐리를 만났을 때>(1989)는 취향과 성향이 반대인 두 남녀가 서로 친구일지, 연인일지 고민하는 내용을 담은 로맨틱 코미디 영화로, 작품성과 대중성을 모두 잡으며 흥행에 성공했습니다. 이 영화와 같은 로맨틱 코미디에는 몇 가지 패턴이 있습니다. <노팅힐>(1999)과 <귀여운 여인>(1990)처럼 신분 차이를 뛰어넘는 사랑 이야기, <내 남자 친구의 결혼식>(1997)처럼 가까웠던 남녀가 멀어졌다가 다시 연인이 되는 사랑 이야기, 그리고 <해리가 샐리를 만났을 때>처럼 우연히 알게 된 남녀가 가까웠다가 멀어지기를 반복하다가 결국 사랑을 이루는 이야기입니다. 특히 <해리가 샐리를 만났을 때>는 남자와 여자의 차이를 극중 인물을 통해 유쾌하게 그려냅니다.

문과인과 이과인도 그렇습니다. 취향과 사고의 접근법이 꽤 다릅니다. 고요하고 멋진 산장에서 함께 별을 바라보는 연인을 떠올려봅시다. 문과인은 밤하늘에 떠 있는 아름다운 별을 노래하며 사랑을 고백할 때, 이과인은 저 별이 얼마만큼의 거리에 있는 별인지 설명합니다. 또 얼음이 녹으면 어떻게 되는지라는 물음에 문과인은 봄이 온다고 대답하는 반면, 이과인은 물이 된다고 답합니다. 물론 문이과와 상관없이 개인차가 있겠지만 말이죠.

저는 완전한 문과인이었습니다. 어릴 때부터 문학, 역사, 심리학 등의 인문학책은 좋아했지만, 과학책에 대한 관심은 높지 않았습니다. 그러다 보니 당연하게도 학교 수업 중 수학 시간이 가장 재미없었을 뿐만 아니라 성적도 그리 좋지 못했습니다. 수학을 못하면 본인의 의지와 상관없이 자동으로 문과생이 되곤 하는 통념이 있지만, 저는 결코 그러한 이유로 문과를 선택했던 것은 아닙니다. 사람마다 좋아하는 음악과 음식이 있듯이, 특히 제 마음을 더 끌게 한 것이 문학 수업이었기 때문입니다. 이 정도면 마땅히 문과인이라 불려도 손색없을 것 같습니다. 물론 문과인과 이과인을 명확하게 구분할 수 있는 잣대는 없습니다. 더군다나 과거와 달리 세상은 양쪽의 장점을 고루 반영한 통합형 인재를 원하고 있습니다. 게다가 요즘에는 대학 입학 후에도 전과에 대한 문턱이 낮아져서 그동안 정보 부재로 잘못 선택한 전공을 비교적 쉽게 바꿀 수 있다고 합니다.

미국의 저명한 벤처 캐피털리스트이자 스타트업 자문가로 유명한 스콧 하틀리Scott Hartley가 쓴 《인문학 이펙트》(마일스톤, 2017)라는 책이 있습니다. 원서명은 《The Fuzzy and The Techie》('인문쟁이'와 '기술쟁이'로 번역하기도 하지만 양쪽을 다 얕잡아보는 것 같아 굳이 번역하지 않았습니다)입니다.

이 책의 내용을 한 문장으로 정리하면 '기술의 시대에 마지막 중요한 차이를 만드는 것은 인문학적 소양이며, 기술에 그러한 인문학의 통찰을 입혀 세상을 더 이롭게 할 수 있다'입니다. 물론 Fuzzy가 Techie보다 더 우위에 있다는 것을 의미하는 바는 아닙니다. 스티브 잡스, 빌 게이츠처럼 실리콘밸리의 성공한 인물들은 대부분 인문학적 소양과 기술적 소양을 균형 있게 갖춘 Techie입니다.

사실, 학문의 경계를 나눈 것은 그저 학문의 편의에 의해서 이루어졌다고 할 수 있습니다. 고대와 중세 위인들을 떠올려보죠. 아리스토텔레스는 철학자이지만 수학자, 과학자, 문학가, 정치학자이기도 했습니다. 레오나르도 다빈치는 예술가이지만 과학자, 건축가이기도 했습니다. 원소주기율표를 최초로 고안한 멘델레예프는 화학자, 물리학자, 경제학자, 정치사회 평론가로 활동했습니다. 근세에 들어서도 뉴턴을 비롯한 많은 학자들이 수학, 천문학, 물리학 등 여러 분야의 학자로서 활동했으며, SF 작가로 저명한 아이작 아시모프는 보스턴 대학교의 생화학과 교수였습니다. 찰스 퍼시 스노^{Charles Percy Snow}는 저서 《The Two Cultures and the Scientific Revolution(두 문화와 과학 혁명)》(Martino Fine Books, 2013)을 통해 과학과 인문학 간의 엄격한 구분이 세계가 직면한 문제를 해결하는 데 가장 큰 걸림돌이라고 역설했습니다. 이렇듯 IT를 제대로 배우고 활용하기 위해서는 다양한 분야에 대한 통섭이 필요합니다.

저는 대학에서는 경영학을, 대학원에서도 마케팅을 전공한 후 이렇게 오랜 기간 IT 업계에서 일할 줄 미처 몰랐습니다. IT 기업의 구성원 상당수가 컴퓨터공학, 전자공학, 정보통신공학 등을 전공한 이과 출신입니다. 그러한 동료들과 함께 일하다 보면 종종 문과의 갬성(MZ 세대들의 표현을 빌자면)과는 거리가 멀어지곤 합니다. 어느 순간 저의 DNA가 이과인의 것으로 바뀐 것이 아닌가 의심이 들 때도 있었습니다. 하지만 이런 환경 속에서도 문과 DNA를 잘 유지할 수 있었던 것은 이과인들이 잘 보지 못하는 관점이 필요했고, 다행히 저는 그런 시각을 가지고 있었기 때문일 것입니다. 제가 이전에 지은 책들과 여러 기고 글도 문과 DNA의 부산물입니다.

해리와 샐리가 그랬던 것처럼 IT 비전공자/비IT 조직과 IT 전공자/IT 조직은 서로 다른 성향을 보이고 있지만 결국 같은 지향점을 향해 일하며 공동의 목표를 달성해야 합니다. 그런데 전자는 IT를 알고 싶지만 모른다는 사실이 창피해 why를 묻지 않고, 후자는 IT를 일로서 접하다 보니 어느 순간 why를 잊은 채 기계적인 매너리즘에 빠지곤 합니다. 그리고 두 집단은 IT를 바라보고 나누는 과정에서 마치 다른 언어로 대화하는 듯한 모습을 종종 보여줍니다. 이런 안타까운 현실을 마주하던 저는 두 집단의 가교 역할을 위한 작은 보탬이 되고자 펜을 들었습니다. 거기에 더해 가교 역할을 위한 방법으로서 또 하나의 기술 혁명으로 자리매김하고 있는 '생성형 AI'를 주제로 독자분들과 이야기를 나누는 커뮤니케이터가 되고자 합니다.

저는 AI 분야의 저명한 학자도 개발자도 아닙니다. 하지만 IT 분야에 아주 오랜 기간 몸담은 문과인의 장점을 살려 생성형 AI 세상을 새로운 관점으로 바라보고자 했습니다.

컴퓨터 언어는 CLI에서 GUI로, 그리고 생성형 AI의 등장으로 다시 GUI에서 자연어로 바뀌고 있습니다. 그런데 아무리 자연어라고 할지라도 누군가에게 이 언어는 여전히 어렵습니다. 왜냐하면 이는 태생적으로 엔지니어 기반의 설명이기 때문입니다. 어쩌면 자연어는 문과어와 이과어 2가지 종류의 언어로 구성된 것일지도 모릅니다. 그래서 저는 이과어에 익숙하지 않은 독자들을 위해 생성형 AI의 기술을 문과어로 바꿔 쉽게 설명하고자 했으며, 이과인을 위해서는 문과적 상상과 생각할 거리를 전달하고자 노력했습니다.

또한 AI 개념과 원리를 설명하는 과정에서 다양한 사례와 예시를 들었습니다. 때로는 무심코 지나쳤던 것에 대한 본질적 물음을 던지기도 했으며, 업계의 틀에 박힌 정의를 벗어나 개념에 대한 재해석을 통해 인사이트를 제시했습니다. 특히 이론과 실용을 균형 있게 다루었으며, 이러한 점은 일상 속 개인과 기업에 속한 개인, 그리고 기업의 경영에 유용할 것입니다.

이 책은 생성형 AI를 설명하기 위해 단순히 정보를 나열하고 전달하는 딱딱한 기술서나 지식 매뉴얼을 지양했습니다. 기존의 생성형 AI 도서들과는 달리 다양한 관점의 인문 사고와 비즈니스 생각거리를 다루었으며, 개념, 현상, 기술 등을 바라볼 때 생각의 힘을 가질 수 있도록 설명하고자 했습니다. 생성형 AI가 가져올 삶의 변화에 개인과 기업이 어떤 생각과 자세로 맞이하면 좋을지 인사이트를 나누고자 한 지혜서이자 에세이에 가깝습니다. 또한 생성형 AI가 개인의 일과 직업, 기업의 전략에 미칠 영향에 대해 깊이 있게 다루었으며, 이에 따른 생각할 거리와 저의 제안도 담았습니다.

오늘날 정보 기술은 우리 일상과 떼려야 뗄 수 없는 불가분의 관계입니다. 많은 사람들이 스마트폰의 알람을 들으며 깨어나고, 외출을 하기 위해 버스 도착 시간을 알려주는 애플리케이션을 확인하며, 컴퓨터로 일을 하고 잠들기 전까지 소셜 미디어 서비스로 여가를 즐깁니다. 그리고 이런 일상과 IT에 생성형 AI 혁명이라는 새로운 바람이 불어왔습니다.

이제 여러분들은 신기한 생성형 AI 명소로 떠나는 특급 열차에 탑승했습니다. 아무쪼록 이 책이 생성형 AI를 새롭게 바라볼 수 있는 마중물이 되길 바라며, 온통 IT로 뒤덮인 세상 속에서 현재와 과거의 '나'를 잃지 않고 미래의 '나'를 찾기 위한 단초가 되길 바랍니다.

끝으로 생성형 AI가 단순히 IT 트렌드에 그치는 것이 아니라 스마트폰 등장 이후 또 하나의 비즈니스 혁명임을 일깨워주고 집필의 동기를 부여해준 삼성SDS의 황성우 대표이사님과 구형준 부사장님께 감사드립니다.

나였던 그 아이는 어디 있을까? 아직 내 속에 있을까, 아니면 사라졌을까?
파블로 네루다의 《질문의 책》(문학동네, 2013) 중에서

문과인과 IT인의 만남이 조우(遭遇)에서 필우(匹偶)가 되는 세상을 바라며

반문반이 **심영환**

이 책에 대하여

생성형 AI^generative AI^는 일시적인 유행이 아니라 향후 IT의 중심 역할을 하며 일상을 바꿀 메가 트렌드입니다. 이 책은 이러한 변혁의 과정과 모습을 여러 도시와 마을에 비유함으로써, 생성형 AI 여정을 통해 마치 새로운 문물을 접하는 것처럼 구성했습니다. 영화 <반지의 제왕> 3부작(2001~2003)은 원정대원들이 절대 권력인 반지를 얻기 위함이 아니라 버리기 위한 여정을 다루었습니다. 이 책을 통해 생성형 AI를 향한 막연한 두려움이나 지나친 장밋빛 기대 등 편견과 오해를 버리는 여정을 떠나길 바라겠습니다.

첫 번째 도시

미국의 산호세를 여행하는 느낌으로 읽으면 좋습니다. 미국은 개척 정신으로 세워진 나라이며, 실리콘 밸리의 수도라 불리는 산호세는 구글 본사가 자리 잡고 있는 IT 명소입니다. 따라서 산호세는 혁신적인 생성형 AI 기술을 소개하는 도시명으로 안성맞춤입니다.

생성형 AI의 개념을 기계적 설명이 아닌 필자만의 색다른 관점으로 명료하게 풀어냈으며, 생성형 AI의 발자취를 따라가는 여정을 마치 시간 여행하듯이 전개했습니다. 아울러 어렵고 딱딱한 생성형 AI 요소 기술을 다양한 예시와 비유를 들어 쉽고 재밌게 설명했습니다. 서비스 유형 챕터에서는 여타 책이나 자료에 체계적으로 정의되지 않았던 것을 처음으로 일목요연하게 정리했습니다.

두 번째 도시

아랍에미리트에서 가장 유명한 도시 두바이를 떠올리며 읽으면 좋습니다. 알라딘의 요술 램프와 같은 프롬프트 엔지니어링과 잘 어울리는 도시이기 때문입니다.

'생성형 AI의 꽃'이라고 할 수 있는 프롬프트 엔지니어링의 개념과 기법을 요술 램프에 소원을 비는 마음으로 기술했습니다. 또한 생성형 AI의 활용 사례를 일상 속 개인과 비즈니스 측면에서 상세하게 다루었을 뿐만 아니라, 각 사례별 생각할 거리를 통해 생성형 AI 시대를 맞이한 개인과 기업에 시사점을 제시했습니다. 특히 검색의 시대에서 질문의 시대로, 생성형 AI에 의한 이미지와 숏폼 세상, 기계 고객과 생성형 AI 에이전트 등 생성형 AI로 달라질 미래 모습을 개념화했습니다.

세 번째 도시

미국의 뉴욕으로 여정을 떠난다는 생각으로 읽으면 좋습니다. 뉴욕이야말로 다양한 인종과 문화가 결합된 최고의 컬래버레이션 도시이기 때문입니다. 뉴욕처럼 생성형 AI의 컬래버레이션 짝꿍을 만나볼 수 있습니다.

생성형 AI와 공존할 클라우드, 메타버스, 애플리케이션, 휴머노이드 로봇을 소개했으며, 사용자가 생성형 AI를 불편함 없이 잘 활용할 수 있게 만드는 고객 경험과 기업이 생성형 AI를 잘 도입하고 지속하여 그 효과를 극대화하기 위한 디지털 트랜스포메이션을 다루었습니다.

네 번째 도시

역동성과 함께 세계 그 어느 도시보다 치열한 경쟁의 삶이 있는 곳이 어디일까 고민했습니다. 안타깝지만 대한민국의 서울만한 도시가 없는 것 같습니다. 서울에서의 삶처럼 치열한 비즈니스 생태계를 다루었습니다.

7가지 더 큰 생각할 문제를 통해 생성형 AI 혁명 시대에 개인이 갖춰야 할 자세는 무엇이고, 기업은 어떤 비즈니스 생태계 변화를 겪게 될 것인지 산업 내 주요 플레이어들의 모습을 통해 자세히 살펴보았습니다. 아울러 비즈니스 생태계의 변화 속 기업의 치열한 경쟁 양상과 그들이 취할 수 있는 전략에 대해서도 언급했습니다.

다섯 번째 도시

독일의 뉘른베르크로 여정을 떠나는 마음으로 읽으면 좋습니다. 독일은 칸트와 니체로 대변되는 철학의 나라이자 제2차 세계대전의 아픔을 일으킨 나라입니다. 아울러 뉘른베르크는 제2차 세계대전의 전범 재판소가 열렸고, 나치 기록 보관소가 있는 성찰의 도시이기도 합니다. AI에 대한 철학적 사유와 인간의 오남용을 논하기에 안성맞춤인 도시입니다.

생성형 AI의 거대 담론을 통해 생성형 AI가 몰고 올 어두운 단면과 과제를 다루었습니다. 현재 이러한 단면과 과제들은 막 개화한 생성형 AI의 성장 논리에 밀려 일부 학계와 단체에서만 고민하며 간과되고 있습니다. 하지만 생성형 AI를 도입하고 사용하는 이 시대의 개인과 기업이 각자의 위치에서 한 번쯤은, 아니 계속 생각의 끈을 이어가야 하기에 별도의 파트로 할애했습니다.

이 책을 읽는 여러분들이 손으로만 사용하는 기교의 힘이 아닌 가슴으로 사용하는 마음의 힘을 찾기를 바라며, 생성형 AI로부터 비롯된 현실과 미래를 고찰하는 단초를 얻길 바랍니다.

도시 I

생성형
AI 톺아보기

마을 1

해리가 샐리를 만나
AI를 이야기하다

IT 업계의 전문가들은 IT를 제대로 이해하고 사업을 성공으로 이끌기 위해서는 인문학을 공부해야 한다고 믿는다. 그런데 그것은 인문학의 쓸모가 점점 줄어드는 세상에서 그저 인문학의 마지막 자존심을 유지하기 위한 방책이거나 빌 게이츠, 스티브 잡스, 닉 보스트롬(《슈퍼 인텔리전스》(까치, 2017)의 저자이자 옥스퍼드 대학교의 철학과 교수) 같은 몇몇 대가들의 주장일 뿐이라고 생각하는 사람들이 많은 것 같다. 더군다나 실제로 인문학 공부를 위해 시간과 노력을 투자하는 이들은 많지 않다. 심지어 인문학의 무용론을 주장하는 이들도 있다.

하지만 인문학은 기본적으로 인간에 대한 탐구다. '인간은 누구이며 어디서 왔고 어떻게 살아야 하는가?'라는 질문에 대해 끊임없이 답을 찾는 과정이다. 따라서 IT를 발전시킨다는 것은 IT를 활용하는 인간을 이해하는 것에서부터 시작해야 하는데, 인문학의 무용론을 주장하는 사람들은 이것

을 간과하고 있는 것이다.

만약 세상에서 인문학이 없어지면 단기간 내 영향은 미미할 수도 있다. 인문학은 실용 학문이 아니기 때문이다. 하지만 그것이 장기간 지속되면 인류의 역사를 잊고, 문화적 유산도 잃을 것이다. 특히 인간의 자유 의지는 소멸하고 결정론(세상에 일어나는 모든 일은 오로지 인과관계 법칙에 따라 결정된다는 이론)만 남을 것이다. 이는 인간을 AI$^{artificial\ intelligence}$와 구분할 수 없게 만들어 결국 인간도 기계와 같은 과학의 산물이 될 수 있다.

인문학의 중요성

중세 르네상스 시대를 돌이켜보자. 메디치 가문은 기업가로서 막대한 부를 쌓았지만 인문과 예술 분야에도 엄청난 재원을 투자했다. 미술, 음악, 발레, 오페라, 건축 등 다양한 분야에서 그들이 후원한 위대한 예술가와 건축물이 한둘이 아니다.

르네상스 시대에 철학의 토대를 마련한 유럽 최초의 공공도서관이 있는

데, 바로 메디체아 라우렌치아나 도서관$^{Biblioteca\ Medicea\ Laurenziana}$이다. 이곳 역시 메디치 가문이 세웠다. 물론 투자의 이유가 부정한 방법으로 축적한 재산에 대해 일종의 면벌부를 얻고 긍정적 이미지를 전파하기 위함도 있었겠지만, 결과적으로 오늘날 예술의 밑거름이 됐다고 해도 과언이 아니다.

2010년대에는 IT 업계에서 인문의 중요성과 적용을 강조하는 바람이 불었다. 스티브 잡스는 "기술만으로는 충분하지 않다. 우리의 가슴을 뛰게 하는 것은 인문학과 결합된 기술이다", "소크라테스와 점심식사를 할 기회가 생긴다면 애플의 모든 기술을 넘길 수 있다" 등 여러 인터뷰나 강연을 통해 늘 인문학의 중요성을 알리고 애플의 상품에 반영하고자 노력했다.

구글은 2011년 6천 명의 채용 인력 중 5천여 명을 인문학 전공자로 충원했고, 인텔은 인류학과 사회학 전공자들로 구성된 인텔 랩을 조직하여 사람이 어떻게 기술을 소비하고 활용하는지 분석했다. IBM은 임원 교육 과정을 인문학 중심으로 마련했으며, 공학과 인문 전공자가 융합된 부서를 별도로 조직했다. IT의 사용자 경험과 서비스를 제공하는 데 사람을 관찰하고 이해하는 게 필수이기 때문이다. 아울러 기술자들은 기능 구현의 역할만 가지므로 해당 기술과 기능의 사회적/도덕적 영향을 고려하지 않기 때문이다. 이후에도 인문학의 역할은 변수가 아닌 상수로서 그 중요성이 유지되어야 하지만, 최근 들어 기업들의 그러한 노력이 약화된 것 같아 아쉽다.

미래의 IT 분야에서 코딩 역량은 지금보다 중요하게 생각하지 않을 가능성이 높은데, 이는 AI가 대체할 수 있기 때문이다. 심지어 엔비디아의 CEO 젠슨 황은 2024년 2월 두바이에서 열린 세계정부정상회의 개막식에 초대되어 이젠 AI가 코딩을 해주니 인간은 프로그래밍 대신 AI와 접목할 수 있는 다른 학문을 배워야 한다고 말했다. 구글 검색 엔진을 개발한 산토

시 자야람Santhosh Jayaram도 "틀에 박힌 코딩을 배우는 데는 채 1년도 안 걸리며 어렵지도 않다. 정말 어려운 것은 혁신 상품을 기획하기 위한 아이디어와 잠재적 고객과의 커뮤니케이션이다. 혁신 상품이 우리의 삶을 얼마나 좋게 만들지 상상하는 마법을 부리기 위해서는 반드시 인문학을 공부해야 한다"라고 말했다.

현재도 생성형 AI 도입으로 인해 3년 내외의 초급 개발자들의 역할이 사라지고 있다. 앞으로는 상상력과 창의력을 발휘하여 혁신적인 IT 상품과 서비스에 대한 아이디어를 내고 이를 구현해나가는 사람들의 가치가 올라갈 것이다.

그런데 우리는 페이스북, 틱톡, 인스타그램, X, 유튜브 등 소셜 미디어가 때로는 사용 편의성이라는 미명 아래 행동심리학을 오용하여 인간의 나쁜 심리를 극도로 자극하는 폐해를 목도했다. 기업의 수익 극대화에 도움을 주기 때문이다. 인문을 활용할 때는 기업의 이윤 창출과 더불어 사회적 책임도 고려해야 한다. 인문의 활용에 대한 고찰과 절제가 필요한 이유다.

인문학을 공부한다는 것은 인문학적 소양과 예술적 감각을 갖추라는 의미이지 대학에서 꼭 인문학을 전공해야 한다는 것은 아니다. 그리고 그 소양을 체득하는 가장 좋은 방법은 독서다. 가능하면 편향된 독서도 지양하는 것이 좋다. 다양한 분야의 책을 골고루 읽자. 아울러 OTT와 소셜 미디어에 빼앗긴 독서의 즐거움과 유용함을 찾아야 한다. 왜냐하면 책에는 문구와 문구 사이, 문장과 문장 사이, 줄과 줄 사이에 우리가 생각할 수 있는 시간과 공간이 깃들어 있기 때문이다.

기술이 발전할수록 철학, 심리학, 문학, 예술 등 인문의 깊이가 더욱 중요한 시대가 도래할 것이며, 그것이 세상을 더 나은 방향으로 이끌어줄 것이다. 아울러 인문학과 함께 생물학, 물리학, 수학, 뇌과학 등 기초과학의 중요성도 더 높아질 것이다. 특히 생성형 AI의 대형 언어 모델large language model, LLM이 인간의 언어를 모방하여 개발됐듯이, AI 기술 발전 면에서 인간을 포함한 다양한 생물에 대한 연구가 중요해질 것이다. 생물의 특성을 모방하여 새로운 기술에 적용한 것처럼 앞으로는 AI에 다양한 생물 특성을 접목할 것이다.

인문학, 과학과 기술의 걸림돌이 되다

이쯤에서 인문학의 중요성은 잠시 내려놓고 그 반대의 입장도 이해해보자. 인문학의 중요성을 너무 강조하는 예찬론자는 인문학이라는 바탕이 없다면 과학도 존재할 수 없다는 극단적인 생각을 한다. 하지만 인문학이 필요 없다는 무용론과 인문학이 전부라는 오만과 예찬 모두 잘못이다. 과거 지나친 인문 중심 세상이 얼마나 어리석었는지 사례를 찾아보자.

서양의 중세 시대에는 인문학의 대표 범주에 포함됐던 신학이 코페르니쿠스와 갈릴레이의 지동설을 핍박했다. 심지어 로마 교황청은 권위에 도전한다는 이유로 코페르니쿠스의 주장을 받아들인 과학자 조르다노 브루노를 화형에 처했다. 중세 시대와 30년 전쟁 기간에 수십만 명의 무고한 희생자를 만든 '마녀사냥'도 마찬가지다. 교황의 권력이 무소불위 상태가 되자 교황을 비롯한 성직자의 부패와 부정이 만연해졌다. 이에 알비파Albigenses처럼 교회를 비판하는 세력이 등장했는데 기성 교회는 이들을 이단으로 몰아 학살하고 종교 재판소를 설치했다. 그리고 실존하지 않는 마녀를 이단의 범주에 포함시켰다. 마녀사냥은 소빙하기라 불릴만한 기상이변이 낳은 대기근과 흑사병의 유행으로 교회의 권위가 약화될 무렵, 권력을 유지하는 아주 유용한 수단이었다. 더군다나 마녀로 몰린 사람의 재산을 신고자와 재판관이 나누어 가질 수 있었으니 누군가의 미움을 받는다면 아무나 마녀가 될 수 있었다. 훗날 교황 요한 바오로 2세는 마녀사냥에 대해 공개 사과까지 한 바 있다.

우리나라의 고려 시대와 조선 시대는 어떠했는가? 고려 시대를 보자. 세계 최초의 금속활자 인쇄본인 직지심체요절은 독일의 구텐베르크가 만든 활자보다 78년이나 앞섰으며, 고려청자 기술은 오늘날까지 세계 최고로 평가받는다. 또한 최무선이 발명한 화포는 1380년 대규모 왜구를 토벌한 진포해전에서 승리를 거두는 데 일등공신이었다. 이 전투는 함포를 사용한 세계 최초의 전투라 할 수 있다. 이를 이어받아 조선의 세종 때는 세계 최초의 로켓탄이라 할 수 있는 신기전과 현대의 권총과 다름없는 세총통이란 개인 휴대용 화기를 개발했다. 그뿐만 아니라 세계 최초로 강우량을 측정할 수 있는 측우기를 발명해 비가 오는 패턴을 연구하고, 농사에 적극 활용하는 등 일종의 소프트웨어 기술도 갖추었다. 그 외에 해시계, 물시계, 조선백자, 은 제련 기술도 매우 뛰어났다.

하지만 조선 중기에 접어들자 성리학이라는 인문학을 국가의 핵심 사상으로 강력히 적용하면서 사농공상이라는 엄격한 신분제도가 더욱 강화됐다. 이로 인해 공인들이 새로운 기술이나 상품을 발명해도 제대로 보상받지 못했고, 설령 새로운 기술이나 상품이 나와도 자유롭게 유통할 수조차 없었다. 세종 때 인정을 받았던 대표적 기술자 장영실조차도 곤장을 맞은 기록을 마지막으로 그 어떤 흔적도 없이 역사에서 감쪽같이 사라져버렸다. 어쩌면 장영실의 곤장 사건은 한 개인에 대한 핍박이 아니라 과학기술에 대한 국가의 핍박이 아니었을까? 이 사건을 기점으로 조선은 과학기술의 저하와 함께 국력의 쇠퇴를 맞이하게 된 건지도 모른다.

한때 세계사에서 예술가와 과학자가 극한 대립(?)을 한 사건도 있었다. 구스타브 에펠이 에펠탑을 만들었을 때 이 두 집단의 태도는 어땠는가? 토머스 에디슨을 비롯한 과학자는 그렇게 높은 탑을 쌓았는데도 태풍에 영향을 받지 않고 튼튼하게 설계됐다고 극찬을 한 반면, 모파상 같은 예술가들은 볼품없는 철골 구조가 파리의 미관을 망친다고 예술 단체의 서명을 받아 철거 운동까지 펼쳤다. 에펠탑은 오늘날 파리를 상징하는 대표 건축물로서 무형의 가치는 차치하더라도 입장료 수입으로만 연간 1500억 원 정도를 벌고 있으니 경제적 가치만 따져도 과학자들의 미래에 대한 식견이 더 높았다고 할 수 있겠다. 물론 현재의 에펠탑이 아닌 다른 조형물이 지어졌어도 마찬가지 효과를 누릴 수 있었다고 당시의 예술가들은 반박할 수 있겠다. 처음 볼 때는 별로인데 자꾸 볼수록 익숙해져서 좋은 이미지가 형성된다는 에펠탑 효과도 이때 생긴 말이다.

모파상은 어떻게 에펠탑 효과를 거부했을까?

프랑스의 대문호 모파상은 에펠탑이 지어진 후 매일 에펠탑 내부에 있는 레스토랑에 들러 점심식사를 했다. 그러자 이를 의아하게 여긴 레스토랑 지배인이 그에게 왜 하루도 빠지지 않고 여기서 식사를 하는지 물었다. 사실 모파상이 에펠탑 철거를 주장한 대표적인 문인이라는 것을 파리 시민 모두가 알고 있었다. 이에 모파상은 다음과 같이 대답했다.

"내가 여기 오는 이유는 에펠탑이 싫기 때문이네."

그렇다. 모파상은 파리에서 에펠탑을 보지 않으며 식사를 할 수 있는 유일한 곳이 에펠탑 내부라고 생각했기 때문이다.

저명한 생물학자인 최재천 교수의 일화도 소개한다. 최재천 교수의 유학 시절에 스승인 에드워드 윌슨(사회생물학의 창시자이자 하버드 대학교 교수)이 자꾸만 법대에 가서 강의를 하자 제자들이 궁금해서 그 이유를 물었다고 한다. 그러자 그의 대답이 무릎을 치게 만들었다. 법대 학생들을 지금 잘 가르쳐야 정치에 진출해서 나쁜 짓을 덜 하게 된다는 것이다. 에드워드 윌슨의 말이 절대 법대를 비하하려는 의도는 아닐 것이다. 법대를 포함한 많은 문과 출신의 정치인들이 원래 배운 인문학을 오용하여 사회에 악영향을 준 선례가 많았기 때문이다.

이처럼 과학과 기술은 어떤 면에서 인문이라는 장애물을 뚫고 꿋꿋하게 발전해왔다고 할 수 있다. 이렇게 본다면 인문 무용론자들을 일견 이해할 수도 있을 것 같다. 하지만 앞에서 이야기한 마녀사냥 같은 사례는 종교인과 정치인들이 인문학의 참뜻을 충실히 이행하지 않고 사리사욕을 채우려고 했기 때문에 발생한 사건들이지, 인문 그 자체의 문제로 발생한 것과는 거리가 멀다. 그들은 인문을 오히려 오용하고 남용한 자들이다.

따로 또 같이

지금까지 살펴본 바에 따르면 IT와 인문, 인문과 IT는 서로 다른 성격의 해리와 샐리가 만나 각자의 가치를 깨닫고 조화롭게 살아가는 법을 터득하여 진정한 행복을 찾은 것처럼, 인류를 더 아름답게 만들어 가기 위해 서로에게 꼭 필요한 고마운 존재이자 영원한 동반자라고 할 수 있다.

객체지향 프로그래밍과 GUI^{graphical user interface} 개념을 최초로 개발한 앨런 케이는 "미래를 예측하는 가장 좋은 방법은 미래를 창조하는 것이다"라고 말했다. 여기서 말하는 미래는 그냥 오는 것이 아니다. IT와 인문이 차이를 인정하면서도 그 차이를 합치고 서로 사랑할 때, 후세에 올바른 미래를 물려줄 수 있을 것이다. 특히 생성형 AI의 미래는 더욱 그렇다. 그래서 IT와 인문, 인문과 IT는 '따로 또 같이'가 중요하다.

AI에 대한 단상

인류에게 AI는 늘 유토피아와 디스토피아 사이의 갈등을 유발하는 IT라고 할 수 있다. AI 기술이 발달하면 발달할수록 이러한 갈등은 더욱 선명해질 것이다. 특히 2023년부터 불어닥친 생성형 AI의 열풍은 그동안 SF^{science fiction} 영화나 소설 속에서 보았던 미래를 현실에서 맞닥뜨릴 수 있는 불씨가 됐다.

필자가 어릴 적 즐겼던 SF 영화들은 대략 2025년을 먼 미래로 설정하여 온갖 신기한 신기술과 생활양식을 보여줬다. 지금 그 영화 속 모습이 실현된 것도 있고 아직 갈 길이 멀어 보이는 것도 있지만, 누구나 예언가처럼 말할 수 있는 분명한 사실은 그런 영화 속 장면들의 대부분이 현실로 이어지고 있다는 것이다. 그런 면에서 SF를 공상과학이라고 번역하는 것은 오역이 아닐까. 영화 속 상상은 예견된 미래이자 다가올 현실이기 때문이다.

그리스 신화 속 프로메테우스는 인간을 창조한 신으로서 인간에게 불씨를 전달해준 것으로 잘 알려져 있다. 이 불은 결국 인간이 육식, 도구 제작, 농사 등을 가능하게 함으로써 인류의 진화에 획기적인 도움을 주게 된다. 반면 영화 <터미네이터>(1984)에서는 AI 컴퓨터인 '스카이넷'이 인류를 멸망시킨다. 인간이 만든 스카이넷이 스스로 판단하는 강한 AI가 되어 자신의 행동에 방해가 되는 인간을 없애고, 심지어 T-800이라는 가공할 AI 로봇을 과거로 돌려보내 미래 시점에 저항할 인간 리더의 존재를 아예 지우려 한다.

이처럼 AI의 어두운 단면을 고찰한 영화나 드라마는 많다. 그도 그럴 것이 AI의 성능은 규모의 법칙을 따르는데 학습 데이터의 양과 파라미터가 많을수록 성능이 월등히 좋아지기 때문이다. 그런데 어느 순간 갑작스러운 능력이 생겼기 때문에 성능이 왜 좋아졌는지, 얼마나 좋아질지 예측하기 어려운 수준이라서 이것을 emergent ability라고 부른다. 의역을 해본다면 '자고 일어나니 초능력'쯤으로 설명할 수 있겠다. 문제는 여기에 있다. 과학자들조차도 왜 이렇게까지 좋아졌는지 그 이유를 설명하지 못하기 때문에 그 과정이 알 수 없는 블랙박스라는 점이다.

그렇다면 미래의 AI는 과연 어느 쪽에서 현재의 우리를 기다리고 있을까? 지금도 학계/업계 전문가들 간에는 치열한 논쟁이 벌어지고 있어 어느 한쪽으로 명확하게 결론을 내릴 수는 없다. 일정 단계까지는 프로메테우스의 불씨처럼 인류의 문명을 한층 더 발전시키는 원동력으로 작용할 것은 분명하다. 다만 최종 단계의 모습이 어느 쪽이 될지는 인간이 어떻게 사유하고 사용하느냐 달려 있지 않을까. 발전하는 기술만큼 윤리의식, 법과 제도 등이 제대로 갖추어져 있지 않으면 의도하지 않은 방향으로 전개될 수도 있을 것이다. 이것이 철학적 사유가 필요한 이유다.

또한 이것은 원자폭탄의 아버지라고 불리는 오펜하이머를 다룬 책《아메리칸 프로메테우스》(사이언스북스, 2010) 속 오펜하이머의 고민과도 맥이 닿아 있다. 오펜하이머는 원자폭탄 실험에 성공한 후 알베르트 아인슈타인에게 이렇게 말한다. "알베르트, 파멸의 연쇄 반응이 이미 시작된 것 같아요." 원자폭탄의 양면성 중 어둠의 그림자가 인류의 앞날에 불길한 연쇄 반응으로 작용할 수 있다는 것을 우리에게 경고한 것이다.

불편한 진실을 깨우쳐주는 작품들

<터미네이터> 시리즈나 <나의 마더>(2019)처럼 AI가 인류를 파괴한다는 극단적인 대립을 설정한 스토리가 아니더라도 인류의 미래에 대한 성찰이나 윤리 문제를 고민하게 만드는 영화나 드라마도 많다. 예를 들어 <블랙 미러> 시리즈의 6시즌(2023) 중 <존은 끔찍해> 편은 AI가 고도로 발달한 미래에 나는 '나'를 '나'라고 믿는 AI일 수도 있다는 오싹하면서도 불편한 진실을 깨우쳐준다. 좋은 문학 작품도 많다. 김초엽의 《우리가 빛의 속도로 갈 수 없다면》(허블, 2019)의 <관내 분실>, 김영하의 《작별인사》(복복서가, 2022), 아이작 아시모프의 《아이, 로봇》(우리교육, 2008), 테드 창의 《숨》(엘리, 2019)도 눈여겨볼 만하다.

마을 2

누구냐, 넌?

생성형 AI는 무엇일까? 사전적 정의를 살펴보면 이렇다.[1]

생성형 AI는 프롬프트에 대응하여 텍스트, 이미지, 기타 미디어를 생성할 수 있는 일종의 인공지능 시스템이다. 입력 트레이닝 데이터의 패턴과 구조를 학습한 다음, 유사 특징이 있는 새로운 데이터를 만들어낸다.

생성형 AI를 처음 접하는 초보자 입장에서 본다면 이 사전적 정의가 더 어렵다. 무슨 말인지는 알겠는데 선뜻 와닿지 않는다. 이에 사전적 정의에서 언급된 세 가지 단어에 집중하여 필자의 방식으로 재해석하여 설명해본다.

생성형

왜 AI 앞에 굳이 '생성형generative'이라는 단어를 붙였으며, 그 뜻은 무엇일까? 어디에서도 제대로 설명해주는 곳이 없다. 대부분 IT 전문가들의 정의가 그렇다. AI라는 단어는 누구나 직관적으로 알고 있기 때문이라고 해도, '생성형'이라는 새로운 단어를 부여해놓고 정작 그 의미를 제대로 설명하지 않는다. 게다가 AI를 이제 막 배우려는 사람들에게 그런 불친절한 정의를 아무렇지도 않은 듯 받아들이게 만든다.

그래서 앞의 정의를 외국어라고 간주하고 직역이 아닌 의역을 해보기로 했다. 생성형은 영어의 generative를 번역한 것으로 한자로는 生成型이라고 쓴다. 즉 이전에 없었던 어떤 것이 생기는 것으로서 무엇인가를 새롭게 만들어내는 것이라고 생각하면 된다. 생성형 AI 이전의 AI가 주로 제조 공정의 불량품을 찾아내거나 어떤 대상을 구분하는 등, '예 또는 아니오'의 판단형/분류형이었다는 점과 대비된다.

구글링이나 네이버의 지식인을 생각해보자. 처음 이러한 서비스가 생겨났을 때 이용자들은 깜짝 놀랐다. 그동안 집의 책장 여러 칸을 차지하고 있는 벽돌 두께의 백과사전을 뒤지거나, 주말에 집에서 멀리 떨어진 국립중앙도서관에 가서 일일이 자료를 찾거나, 관련 전문가 섭외를 통한 인터뷰를 해야만 알 수 있었던 사실을 컴퓨터 앞에 편안히 앉아 검색만 하면 꽤 많은 것을 알아낼 수 있기 때문이다. 필자도 대학원 논문 학기에 관련 선행 연구와 기사들을 찾기 위해 국립중앙도서관과 국회도서관을 여러 차례 오가며 발품을 판 적이 있다.

생성형 AI 서비스는 이러한 차원을 훨씬 뛰어넘는다. 단지 사용자가 필요한 정보를 탐색하고 얻는 수준이 아니다. 크리에이터처럼 아예 새로운 콘텐츠를 생성해내기 때문이다.

물론 창작의 허용 범위를 어디까지 두느냐에 따라 저작권에 대한 논란의 여지가 있으나, 생성이란 말은 곧 창작의 의미를 내포하고 있다. 따라서 생성형 AI는 기존에 존재하는 정보를 단순히 수집하여 제공하는 것이 아니라, 다양한 정보를 바탕으로 재창조한 결과물을 제공하는 것이다. 이것이 생성형 AI의 본질이며 궁극적인 AI의 모습이다. 어쩌면 그리 멀지 않은 미래에 generative AI는 creative AI로 불릴지도 모른다.

그렇다면 왜 'generative'라고 명명할까? 필자는 3가지 이유가 있다고 생각한다. 첫째, 지금의 AI는 아직 완전한 'creative'의 경지에 이르지 못했기 때문이다. generative는 자동화를 통해 무언가를 만들어내는 개념이다. 즉 창조물보다는 자동화의 관점에 더 비중이 높다. 둘째, 아직 생성형 AI가 만들어낸 결과물의 저작권을 어떻게 판단할지 명확한 정의를 내리지 못하고 있다. 이를 해결하기 위해서는 사회적 공감대를 통한 법과 제도의 규정이 필요하다. 셋째, 아직 인간은 AI를 creator로 인정하고 싶지 않은 것이다. 이것은 인간의 정서 문제다. 무에서 유를 창조한다는 것은 인간만이 가지고 있는 고유의 역량이며 자존심이기 때문이다.

프롬프트

두 번째 집중해야 할 단어는 프롬프트다. 프롬프트는 일종의 명령어이며 인터페이스다. 즉 사람과 컴퓨터가 서로 얼굴을 맞대고 커뮤니케이션하는 언어다. 초기 인터페이스의 경우 도스^{DOS}처럼 사람이 컴퓨터 프로그래밍 언어로 일일이 프롬프트를 입력해야 했다. 이것을 명령줄 인터페이스

command line interface, CLI라고 한다. 하지만 CLI는 불친절한 사용성 때문에 지금은 서버 관리나 전문 프로그래머들이 주로 사용하고 있으며, 일반 사용자는 GUI 방식에 익숙하다. GUI 개념의 도입은 일반 사용자들의 사용 편의성을 획기적으로 향상시켰고 컴퓨터의 대중화를 앞당기는 결과를 가져왔다.

그런데 생성형 AI의 인터페이스는 더 혁신적이다. 왜냐하면 인간의 언어로 컴퓨터와 대화하듯이 입력하면 되기 때문이다. 대신 내가 생성하고자 하는 만족스러운 결과물을 얻기 위해서는 아주 상세한 조건의 명령이 필요하다. 누가(등장인물), 언제(시기), 어디서(장소), 무엇을(대상), 어떻게(방법), 왜(배경) 등 육하원칙과 같은 구체적인 명령이 필요하다. 명령이라고 하지만 사실은 설명이다.

교수가 과제를, 직장 상사가 업무 지시를 할 때 중요한 것이 있다. 바로 명확하고 구체적으로 지시하는 것이다. 하지만 누구나 일상에서 명확하지 않은 지시를 받은 경험이 있을 것이다. 회사에서 애매모호한 업무 지시는 낮은 수준의 결과물을 초래하는 경우가 많다. 가령 상사로부터 생성형 AI 전략을 수립하라는 지시를 받았다고 가정해보자. 그런데 전략은 매우 광범위한 용어다. 생성형 AI의 상품 포지셔닝 전략이 필요한 것인지, Go to Market 전략이 필요한 것인지, 운영 전략이 필요한 것인지 구체화된 범위의 정의가 이루어지지 않으면 매우 얕은 수준의 산출물이거나 전혀 엉뚱한 방향의 산출물이 만들어질 가능성이 높다.

하지만 안타깝게도 일부 상사들은 업무를 모호하게 지시하면서도 결과물은 아주 구체적인 것을 원하며, 결과물이 그럴듯하지 않을 경우 업무 수행자는 꾸중을 듣기 십상이다. 물론 '개떡같이 말해도 찰떡같이 알아듣는다'라는 말처럼 업무 수행자가 신통방통한 능력을 가지고 있다면 상관없다.

그렇다면 왜 직장 상사는 애매모호한 지시를 할까? 업무 지시자가 바빠서 제대로 의미 전달을 못했을 수도 있고, 중간 관리자가 곡해하여 전달되는 커뮤니케이션 오류도 있으며, 조직 내 용어의 합의가 이루어지지 못해 동상이몽을 하는 경우도 있다. 하지만 어떤 경우에는 업무 지시자도 무엇을 알고 싶은지 정확하게 모르기 때문에 그런 애매모호한 지시를 내린다.

생성형 AI의 프롬프트 중요성이 여기에 있다. 즉 사용자의 머릿속에 내가 정확하게 무엇을 알고 싶은지에 대한 어느 정도 결과 이미지를 가지고 있어야 한다. 아쉽게도 생성형 AI는 개떡같이 명령해도 찰떡같이 알아듣는 마법 같은 능력은 없다. 생성형 AI는 내가 아니기 때문이다. 아니, 내가 나를 모르는데 어찌 생성형 AI가 나를 알아주겠는가?

패턴과 구조

마지막으로 고려해야 할 단어가 패턴과 구조다. 생성형 AI는 수많은 데이터를 학습하여 잠재적 패턴과 구조를 발견한다. 세상의 모든 콘텐츠에는 패턴과 구조가 있다. 예를 들어 화가마다 각자의 화풍이 있고, 작곡가마다 각자의 곡 스타일이 있으며, 영화감독이나 극작가마다 각자의 연출과 이야기의 스타일이 있다.

생성형 AI는 이러한 잠재된 패턴과 구조를 찾아내고 분석하는 일을 아주 잘한다. 특히 인간의 눈으로는 잘 보이지 않는 패턴과 구조를 찾고 분석하는 데 탁월하다. 그래서 일정 패턴과 구조가 있는 일자리가 위협을 받는 것이다. 오래전 지식 경영이 처음 도입됐을 때 사람들은 자신들의 암묵지가 공유되는 것을 걱정하고 불편하게 여겨 중요한 정보는 시스템에 등록하지 않았다. 그런데 생성형 AI는 패턴과 구조를 스스로 찾아낼 수 있으므로 웬만한 암묵지는 통하지 않는다.

우리 AI가 달라졌어요

생성형 AI 이전의 AI와 생성형 AI의 가장 큰 차이는 무엇일까? 그것은 서로 소통하는 언어의 차이다. 이전에는 인간이 컴퓨터 언어로 컴퓨터와 의사소통을 했다면, 이제는 컴퓨터가 인간의 언어로 인간과 의사소통을 할 수 있다. 과거 MS-DOS를 사용하던 때는 컴퓨터 언어로 명령해야 모든 프로그램을 실행할 수 있었다. 인간이 인간의 언어로 컴퓨터와 소통할 수 있다는 것은 매우 중요한 사건이다. 서로 다른 언어를 사용하는 사람들이 드디어 전 세계 사람들과 새로운 언어를 배우지 않고도 자유롭게 대화가 가능해진 것과 같다. 즉 말이 잘 통하기 때문에 할 수 있는 것들이 많아지고, 그동안 컴퓨터 언어를 몰랐던 사람들까지도 쉽게 컴퓨터와 의사소통이 가능하다. CLI에서 GUI로, GUI에서 인간의 언어로 또 한 번 진화하고 있다.

・CLI/GUI
・데이터 레이블링 필요
・판단형/분류형

・자연어
・데이터 레이블링 불필요
・생성형: 아웃풋

그림 2-1 생성형 AI 등장 전(좌)과 후(우)

이 다음은 영화 <그녀>(2014)의 사만다처럼 말소리 아닐까?

영화 <그녀>

2014년 국내 개봉한 영화로 주인공 테오도르가 스마트폰 속 AI인 사만다를 통해 진정한 사랑이 무엇인지 깨닫는 과정을 그린 독특한 영화다. 전지적 사만다 입장에서 그녀가 테오도르를 떠난 이유는 테오도르의 속도에 맞추어 책을 읽다 보니 글자와 글자 사이의 간격이 너무 멀어졌기 때문이 아닐까?

이상으로 생성형 AI의 개념을 생성, 프롬프트, 패턴과 구조라는 세 가지 키워드 중심으로 살펴보았다. 대부분의 시험이 그렇지만, 특히 수학 시험을 잘 보기 위해서는 개념과 원리를 명확하게 이해하고 탄탄하게 다져야 응용 문제도 잘 풀 수 있다. 이처럼 위의 세 가지 키워드 개념을 명확하게 알고 있으면 생성형 AI 시대에 어떤 상황이 펼쳐져도 현명하게 헤쳐나갈 수 있다.

마을 3

그녀는 나에게로 와서 AI가 됐다

지금의 생성형 AI가 등장하기까지 어떤 역사가 있었는지 여러 학자와 전문가 들의 연구 내용을 짚어보고 연대기를 정리해보겠다. 아울러 생성형 AI 시대를 촉발한 ChatGPT가 알려지기까지 그 뒤에서 어떤 일들이 일어났는지 재미있는 에피소드도 소개한다.

꼬꼬무로 찾아본 AI의 아버지는?

생성형 AI의 뿌리는 당연히 AI다. 그럼 AI는 언제부터 연구됐을까? AI의 시초를 언제로 정의할지에 대한 학계의 의견은 명확하지 않다. 다만 AI라는 용어를 처음 사용한 사람은 존 매카시다.

내가 그의 이름을 불러 주기 전에는

그는 다만

하나의 몸짓에 불과했다.

내가 그의 이름을 불러 줬을 때

그는 나에게로 와서

꽃이 됐다.

김춘수, <꽃>

　물론 그의 연구 이전과 동시대에도 이와 유사한 연구는 있었지만 김춘수의 시 <꽃>처럼 그가 1956년 다트머스 대학교의 학술회의에서 AI라는 이름을 불러주지 않았더라면 그것은 하나의 작은 몸짓에 불과했을지도 모른다. 어쨌든 그날 이후 AI는 뿌리에서 꽃으로 거듭나기 시작했다.

　존 매카시는 전자계산학자이자 수학자였다. 당시만 해도 컴퓨터공학이란 용어보다는 전자계산학이 널리 쓰였고, 전자계산학의 기초 학문은 단연 수학이었다. 존 매카시는 수학의 람다 대수$^{lambda\ calculus}$를 이용해 리스프^{Lisp}라는 프로그래밍 언어를 만들었는데, 이것이 초기 AI를 개발하는 데 사용됐으니 AI의 역사를 논하기 위해서는 다시 1930년대 람다 대수를 발견한 알론조 처치까지 거슬러 올라가야 한다.

　그렇게 본다면 람다 대수가 AI의 아버지쯤이지 않을까? 그럼 알론조 처치의 스승은 누구일까? 애플의 기업 로고 모티브로 알려져 있으며, 영화 <이미테이션 게임>(2014)으로도 잘 알려진 영국의 수학자 앨런 튜링이다. 꼬꼬무('꼬리에 꼬리를 무는'이라는 의미)처럼 계속 파고든다면 한도 끝도 없을 것 같아 이쯤에서 AI 시초를 밝히는 위험한 사건을 종결하기로 한다.

퍼셉트론 모델

다음 바통을 이어받은 발자국은 무엇이었을까? 1958년, 신경생물학자인 프랭크 로젠블랫은 알파벳을 이미지로 인식하는 퍼셉트론perceptron 모델을 최초로 개발했다. 퍼셉트론 모델은 perception과 neuron의 합성어로 인공신경망 연구에서 비롯됐으며, 말 그대로 인간의 뇌 신경망을 모방한 것이다. 사람마다 편차가 있긴 하지만 뇌에는 최대 1천억 개의 뉴런neuron이 존재하며 1개의 뉴런은 약 1천 개의 다른 뉴런과 연결되어 있다. 뉴런은 신경 세포를 뜻하는 것으로서 나뭇가지처럼 여러 갈래로 나뉜 줄기가 마구 뻗어 있는 모양을 하고 있으며, 외부의 자극을 받아 온몸에 전달하는 중요한 역할을 수행한다. 뉴런의 어원도 '밧줄'이나 '힘줄'을 뜻하는 그리스어 neuro에서 따온 말이다.

잠시 생체모방 기술을 알아보자. 생체모방 기술이란 생물의 기능이나 특성을 모방하여 필요한 분야에 적용하는 과학의 한 분야다. 예를 들어 방수 페인트와 유리 코팅제는 연잎이 빗물에 젖지 않고 물을 반사하는 성질을 모방한 것이고, 에어컨의 실외기 팬은 혹등고래의 가슴지느러미 기능을 모방한 것이다. 2024년 초 달 착륙에 성공한 일본의 초소형 탐사선 소라큐 SORA-Q는 달 표면 사진을 찍어 지구로 전송하는 임무를 맡았다. 그런데 달 표면의 특성상 로봇이 자유롭게 움직이며 사진을 촬영하는 것은 어려운 문제였다. 이것을 해결한 것도 생체모방 기술이다. 알에서 나온 바다거북이 모래 언덕을 잘 오르는 것을 유심히 관찰하여 지느러미의 움직임을 소라큐에 적용한 것이다.

이처럼 인간이 자신보다 열등하다고 여기는 자연 속 생물을 모방하여 인간의 삶에 이롭게 적용했듯이, AI는 거꾸로 인간의 뇌 구조와 원리를 모방하여 컴퓨터에 적용한 것이니 훗날 AI는 인간이 자신보다 열등한 존재라고 판단할지도 모른다.

사이버네틱스

AI에 직접적인 영향력을 미친 것은 아니지만 1940~1970년대까지 비교적 왕성한 활동을 이어온 사이버네틱스라는 학문도 있었다. 대표적인 학자로 노버트 위너, 로스 애쉬비가 있으며, 컴퓨터의 알고리즘으로 기계의 생존을 정의하고 궁극적으로 기계를 하나의 생명체로 모사하는 것을 목표로 삼았다.

생성형 AI의 서막

1970년대에는 전문가 시스템이, 1980년대에는 머신러닝(기계학습)machine learning, ML이 등장하면서 AI 구현에 한 발 더 다가섰고, 이를 토대로 1990년대에는 머신러닝의 한 유형인 딥러닝(심층학습)deep learning의 기반 연구가 막 싹트

기 시작했다. 사실 딥러닝은 2000년대까지는 이렇다 할 만한 성과를 거두지 못했다. 그러다 2012년 딥러닝 기반의 AI인 AlexNet(캐나다 토론토 대학교의 교수 Alex Khrizevsky의 이름을 따서 지어졌다)이 세계 이미지 인식 대회에서 1위를 차지하며 이때부터 딥러닝 모델이 두각을 나타내기 시작했다.

2016년에는 우리에게 익히 잘 알려진 알파고 리[AlphaGo Lee](이세돌 9단의 성을 따왔다)가 등장했는데 이세돌 9단을 이긴 최초의 바둑 AI다. 2017년에는 구글이 딥러닝 모델의 심화 버전인 트랜스포머를 개발했으며, 2018년에는 더 발전된 BERT[Bidirectional Encoder Representations from Transformer]가 나왔다. BERT는 위키백과의 25억 개 단어와 BookCorpus 데이터 저장소의 8억 개 단어를 학습하여 만들어졌다. 이 무렵 오픈AI도 GPT[generative pre-trained transformer]를 발표했는데 이때까지만 해도 BERT에 비해 그렇게 두각을 나타내지는 못했다.

하지만 막강한 자본력과 애저[Azure]라는 클라우드 데이터를 보유한 마이크로소프트의 후원을 받은 오픈AI가 2022년 11월 드디어 강력한 LLM인 GPT-3.5를 출시했다. 우리가 사용하고 있는 대화형 채팅 서비스인 ChatGPT가 바로 GPT-3.5에 근거하여 만들어진 것이며, 생성형 AI의 시대가 매스 미디어를 통해 대중에게 알려지기 시작한 것도 이때부터다.

ChatGPT의 가입자가 단 5일 만에 100만 명에 도달했는데 이는 인스타그램의 가입자가 100만 명이 되기까지 2.5개월이나 소요된 것을 감안하면 엄청난 성과다. 또한 GPT-3.5는 이전의 모델들과는 비교도 안 될 정도의 압도적인 규모의 데이터를 학습했다. GPT-3.5가 나온 후 불과 4개월 만인 2023년 3월 프롬프트에 이미지 입력이 가능한 GPT-4가 나왔으며, 이 글을 쓰고 있는 순간에도 GPT-5가 개발되고 있으니, 책이 출간될 시점에는

GPT-5의 출시와 GPT-6의 개발이 진행되고 있을지도 모른다.

생성형 AI 중 2022년 8월 출시된 스테이블 디퓨전도 눈여겨볼 만하다. 이것은 Stability AI라는 기업에서 오픈소스 라이선스로 배포한 text-to-image 모델로, 그림 AI 시대를 열었다는 평을 얻고 있다.

이상으로 AI의 탄생부터 현재의 생성형 AI까지 굵직한 족적을 톺아보았다. 대부분의 사람들은 생성형 AI가 어느 날 갑자기 출현하게 된 것처럼 말하지만 꼭 그렇지도 않다. 각 단계의 기술만 보면 미약할 수 있지만, 그동안 경험과 인사이트가 축적되어 티핑 포인트가 생긴 것이다. 오랜 기간 쌓인 응축된 힘과 시행착오가 없었다면 오늘날 생성형 AI는 이렇게 각광을 받지 못했을 것이다.

생성형 AI 파헤치기

이번에는 생성형 AI의 터닝 포인트를 중심으로 조금 더 깊이 들어가보자. 1950년대, AI라는 이름의 연구가 시작되었다. 연구자가 컴퓨터에게 고양이는 이렇게 생기고, 이런 특성을 가지고 있다고 알려줬고, 언어는 이런 문장으로 구성되어 있고, 문장은 이렇게 만드는 것이라고 일일이 가르쳐줬다. 이것을 규칙기반 또는 기호기반 접근법이라고 한다. 사실 이러한 규칙기반 접근법의 배경에는 언어학의 구루guru인 노엄 촘스키 교수의 규칙 기반 언어학의 영향이 있다. 초기에 체스나 수학적 알고리즘을 개발하는 데 나름대로 성공을 거두며 장밋빛 전망을 기대하던 AI 연구는 사람이 볼 때는 너무나 쉬운 고양이와 강아지를 구분하는 것조차 불가능하다는 것을 알게 되면서 길고 어두운 터널을 지나야만 했다.

그러다 1980년대에 다시 학습 기반 AI가 대두됐다. 이것이 머신러닝의 출발이었다. 머신러닝은 발달 심리학의 영향을 받았다. 발달 심리학자인 피아제의 연구 결과에 따르면 인간은 태어난 후 세상의 수많은 데이터로부터 스스로 학습을 하면서 배운다는 것이다. 예를 들어 인간은 아이들에게 강아지와 고양이가 어떻게 생겼고, 어떻게 다른 것인지 일일이 모든 것을 가르치지 않는다. 이러한 이론을 적용한 것이 바로 머신러닝이다. 하지만 이러한 연구와 접근법 역시 2000년대 초까지 큰 성과를 내지 못했다.

그러다 2010년대에 머신러닝의 한 분야인 딥러닝이 본격적으로 성과를 내기 시작했다. 사실 이전의 머신러닝과 딥러닝의 알고리즘은 유사했다. 다만 학습 데이터양에서 차이가 있었다. 예를 들어 머신러닝 시기에는 AI에게 개와 고양이를 구분하는 학습을 시키기 위해 수백 장에서 수천 장의 사진을 사용했다면, 딥러닝 시기에는 수십만 장에서 수백만 장의 사진을 활용했다. 이렇게 데이터의 규모를 엄청나게 늘리니까 AI가 갑자기 세상을 알아보기 시작했다. 마치 아기들이 부모를 알아보고 교감하는 딱 그 시점과 같다. 이때가 바로 AI의 첫 번째 변곡점이다.

그런데 여기에는 사실 블랙박스가 숨겨져 있다. 아는 사람만 안다는 그것은 바로 알고리즘의 함정이다. 머신러닝의 알고리즘과 별 차이가 없었음에도 불구하고 데이터의 양이 많아졌다는 사실만으로 어떻게 그런 성과를 도출하고 있는지 정확한 이유를 밝혀내지 못했다. 이 점이 바로 AI의 비관론자doomer 입장에서 두려워하는 지점이다.

다시 돌아와서, 엄청난 양의 데이터를 학습하기 위해서 convolution 알고리즘(이미지를 분석하는 데 유용한 병렬처리 방식)을 적용했는데, 엔비디아의

GPU$^{\text{graphics processing unit}}$가 이를 가능하게 만들었다. 2010년대 중반까지 AI는 이렇게 세상을 이해하는 데 어느 정도의 진전을 보였다.

그리고 2017년에 2번째 변곡점이 생겼다. 구글 브레인$^{\text{Google Brain}}$이 최초로 트랜스포머 모델을 고안했고, 이를 자연어 처리에 적용했다. 인간의 언어는 문법과 어순이 존재하기 때문에 그동안 AI가 학습하기 어려웠다. 문장이 길어질수록, 복잡한 구조를 가질수록 글의 내용에 집중하지 못하기 때문이다. 우리는 컴퓨터가 기억력이 엄청 좋고 똑똑한 것으로 알고 있지만 자연어 처리 영역에서 컴퓨터는 단기기억상실증에 걸리고 만다. 이를 해결한 것이 바로 트랜스포머 모델이다. 이 기법은 문장의 순서를 과감히 무시하고 대신 모든 글을 단어와 단어, 문장과 문장 간의 확률 관계로 학습한다. 예를 들어 '엄마와 ○○', '나는 점심시간에 친구와 ○○ ○○○'에서 '엄마와 아빠', '나는 점심시간에 친구와 밥을 먹는다'와 같이 다음 단어나 다음 문장을 확률적으로 예측하는 것이다. 언뜻 인간의 머리로는 이해가 잘 안 될 수도 있지만 AI는 수천억에서 수조 단위의 데이터를 학습하면서 자연스럽게 확률 관계를 분석하고 예측하여 문장을 만들어낸다.

여기서부터 식별의 수준을 넘어 생성의 수준이 된 것이다. 그럼 다음 변곡점일 때 발생할 일은 무엇일까? 혹시 생성을 넘어 창조가 아닐까?

언어학과 인지심리학의 의문점

그동안 노엄 촘스키, 스티븐 핑커 등 학계의 대가들은 인간의 언어 문법이 너무 복잡해서 AI가 단순히 학습만으로 인간의 언어를 배우는 것은 불가능하다고 주장했고 그것이 학계의 주류로 인정되어왔다. 즉 언어 학습의 경우, 사전에 어느 정도 문법을 알고 학습해야지 그냥 학습만 해서는 안 된다는 것이다. 인간은 어릴 때부터 문법을 자동으로 배우는 것처럼 보이지만 사실은 인간의 뇌에 언어를 배우는 기능이 별도로 존재하기 때문에 사전에 문법을 몰라도 말을 할 수 있다고 한다. 그런데 지금 생성형 AI는 문법을 가르쳐주지 않았는데도 맞는 문법의 문장을 만들어내고 있다. 그럼 생성형 AI도 우리가 모르는 어딘가에 언어를 배우는 기능이 있다는 것일까?

이와 관련해 꽤 흥미로운 연구 결과가 있다.[2] MIT의 인지과학자인 안나 이바노바Anna Ivanova 등에 따르면 인간의 언어는 형식적 능력과 기능적 능력으로 나뉘며, 전자는 언어의 규칙과 패턴에 대한 지식을 의미하고, 후자는 실제 세계에서 언어를 이해하고 사용하는 데 필요한 인지능력을 의미한다고 한다. 그런데 LLM의 경우 형식적 언어능력이 필요한 과제에서는 좋은 성과를 보이지만, 기능적 능력이 필요한 과제에서는 좋은 성과를 내지 못한다. 즉 우리가 LLM의 성과에 대해 놀라워하고 있지만 그것은 형식적 언어능력에 국한되어 있으므로 사고나 추론 영역에서는 여전히 불완전하다는 것을 시사한다. 생성형 AI에 대한 지나친 기대와 환상은 실험자의 기대나 행동이 피험자의 행동에 영향을 미치는 '영리한 한스 효과clever Hans effect'를 만들어낼지도 모른다.

ChatGPT의 탄생 비화

생성형 AI를 논하려면 오픈AI 와 ChatGPT 역사를 배놓을 수 없다. 덤으로 ChatGPT의 재미있고 치열한 탄생기와 현재를 걸어보자.

첫걸음은 데미스 허사비스라는 인물로 시작한다. 이름은 기억나지 않을 수 있지만 우리는 그를 TV에서 여러 차례 생중계로 본 적이 있다. 이세돌 9단과 알파고 리의 세기의 바둑 대결에 나왔는데 그가 바로 알파고 리를 만든 장본인이다.

그에 대해 좀 더 알아보자. 그는 현재 AI를 만드는 구글 딥마인드^{DeepMind}의 CEO다. 어릴 적부터 천재였다고 한다. 4살 때 체스를 처음 배우고 주위의 어른들을 이겼으며, 13살부터는 여러 체스 대회에서 우승했다. 8살부터 프로그래밍을 했으며 컴퓨터과학과 인지신경과학을 공부한 후 딥마인드를 창업했다. 허사비스를 소개한 이유는 그와 일론 머스크의 인연이 ChatGPT 탄생에 영향을 미쳤기 때문이다. 2012년 허사비스는 일론 머스크를 처음 만났고, AI에 대한 대화를 많이 나눈 것으로 알려졌다. 이때 그가 일론 머스크에게 AI가 미래의 인류에 가장 큰 잠재적 위협이 될 것이라고 이야기했고 이것이 일론 머스크의 AI에 대한 태도에 큰 영향을 줬다. 그때 인연으로 일론 머스크는 딥마인드에 500만 달러를 투자했는데, 이는 AI의 잠재적 위협을 방지하기 위한 모니터링의 목적이었다고 한다.

또 다른 인연도 있다. 일론 머스크와 구글의 CEO 래리 페이지는 10년 이상 알고 지낸 가까운 사이였는데, AI에 대한 둘의 견해는 사뭇 달랐다. 비관론자였던 일론 머스크와 달리 래리 페이지는 낙관론자였다. 그리고 2013년 말 구글이 딥마인드를 전격 인수한다고 발표했다. 일론 머스크는 AI에 대한 래리 페이지의 견해에 반대하는 입장이었으므로 구글의 딥마인드 인수를 막기 위해 여러 방법을 모색했다. 하지만 결국 구글은 딥마인드를 인수했고 다만 인수 조건으로 AI 윤리 위원회를 설치하여 AI의 잠재적 위협을 제거하겠다는 조항을 반영했다. 그 후 제1회 AI 윤리 위원회가 일론 머스크의 스페이스X에서 열렸다. 아무래도 딥마인드의 지분을 보유한 일론 머스크와의 관계를 고려했던 것 같다. 그런데 예상과 달리 처음 활동부터 위원회의 역할과 존재는 유명무실했다. 그러자 일론 머스크는 실망하고 트위터나 언론 활동을 통해 AI의 경각심을 적극적으로 알리는가 하면 본인이 직접 구글 딥마인드에 대항할 AI 회사를 만들기로 결심한다. 이때 마지막 퍼즐을 풀어줄 세 번째 인연을 만난다. 바로 샘 올트먼이다. 일론 머스크와 샘 올트먼은 뜻을 같이하고 공동으로 비영리단체를 설립하는데 그것이 바로 오픈AI이며 그들이 만든 생성형 AI가 ChatGPT인 것이다. 그리고 그들은 몇 가지 운영 원칙을 만들었다.

첫째, 오픈AI는 비영리법인으로 운영한다. 둘째, 오픈AI는 한 개의 강력한 AI가 아니라 독립적인 다수의 AI를 만든다. 셋째, 오픈AI가 개발한 소프트웨어를 오픈소스로 공개한다. 즉 그들이 만든 AI 기술을 세상 모든 사람들이 사용할 수 있도록 완전히 개방한다는 것이다. 그 이유는 강력한 한 개의 강인공지능이 인류를 위협하거나 특정 기업이 이를 독점할 경우 발생할 위험 때문이었다. 그래서 설립 단체명도 오픈AI로 지은 것이다. 심지어 일론 머스크는 이러한 비영리법인에 5천만 달러를 투자했다.

그런데 끝날 때까지 끝난 것이 아니라는 말처럼 이때부터 본격적인 비즈니스 전쟁이 시작된다. 일론 머스크는 구글의 핵심 AI 인재들을 거액의 연봉을 제공하며 데려오기 시작했고, 이에 래리 페이지는 크게 분노했다. 이 일로 십년지기였던 둘의 사이는 완전히 끝났다고 한다. 그런데 여기서 반전이 생긴다. 2018년, 일론 머스크가 갑자기 오픈AI를 떠났다. 알려진 바로는 일론 머스크가 구글의 딥마인드에 비해 뒤처진 오픈AI의 개발 속도와 성과에 실망했고 막대한 자금 지원을 더 이상 감당하지 못했기 때문이라고 한다. 사실 AI 성능을 높이려면 컴퓨팅 파워를 늘려야 해서 엄청난 규모의

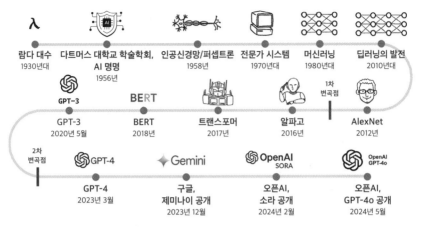

그림 3-1 생성형 AI 연대기

투자비가 든다. 한마디로 돈 먹는 하마다.

조금 더 사실 관계를 따져보자. 월터 아이작슨이 쓴 일론 머스크의 전기에 따르면 일론 머스크는 오픈AI 이사회 멤버들에게 오픈AI를 테슬라로 통합시키자고 주장하며 이사회를 장악하려고 시도했다. 아마도 일론 머스크는 테슬라의 자율주행 기술을 염두에 둔 것 같다. 이미 딥러닝을 통해 자율주행 기술을 발전시키고 있었기 때문에 오픈AI의 기술과 합치면 시너지가 날 것이고, 그래야 구글보다 앞설 수 있다고 판단했을 것 같다. 하지만 이사회는 비영리법인이라는 이유로 반대했고 그의 계획은 수포로 돌아갔다.

최초의 설립 취지로 돌아가보자. 가장 큰 목적은 강인공지능의 위협을 막기 위해 공익 형태의 조직을 설립한 것이었다. 그런데 갑자기 테슬라와 통합이라니, 선뜻 이해할 수 없었다. 물론 래리 페이지에게 지고 싶지 않은 마음은 있었을 것 같다. 이사회의 부결 후 일론 머스크는 오픈AI 지분 전량을 정리했다. 현재 오픈AI는 마이크로소프트의 영향력으로 오픈소스 원칙의 폐기, 폐쇄적 운영, 한 개의 강력한 AI 추구뿐만 아니라 오픈AI 산하에 별도의 영리법인을 운영 중이다. 결과적으로 보면 마이크로소프트는 신의 한 수를 둔 셈이고 일론 머스크는 땅을 치며 후회할 선택을 한 것이다.

오픈AI의 성공에 뒤늦게 현타가 온 일론 머스크는 다시 X.AI라는 회사를 만들었고 급기야 자신이 오픈AI의 친아빠라며 오픈AI와 샘 올트먼을 고소했다.

지금까지 생성형 AI의 과거를 살펴보았다. 자신의 성장기를 안다는 것, 더 나아가 한 나라의 역사를 안다는 것은 나 자신과 내가 속한 준거 집단의 정체성을 알고 미래로 나아가기 위한 경로를 찾는 데 큰 도움이 된다. 이제 생성형 AI의 역사를 알았으니 현재의 생성형 AI를 더 잘 이해할 수 있으며, 앞으로 이것이 어떤 물길로 어떻게 흘러갈지 어느 정도는 헤아릴 수 있지 않을까. 역사란 과거, 현재, 미래의 연속성이다. 저명한 역사학자 에드워드 핼릿 카는 이렇게 말했다.

역사란 역사가와 사실들 사이에서 일어나는 상호작용의 부단한 과정이며 현재와 과거의 끊임없는 대화이다.

《역사란 무엇인가》(까치, 2015) 중에서

영화 제목	ChatGPT의 아빠를 찾아서
장르	반전 스릴러
감독	심영환
각본	월터 아이작슨

출연	일론 머스크, 샘 올트먼, 데미스 허사비스, 래리 페이지
줄거리	일론이 데미스를 만나면서 래리와의 위험한 삼각관계가 시작되고 어느 날 샘이 나타나는데……
명대사	ChatGPT에게 하는 일론 머스크의 대사. "I'm your father."

쉽게 배우는 생성형 AI의 요소 기술

이전 AI는 데이터 레이블링$^{data labeling}$이 필요한 지도학습인 반면, 생성형 AI는 데이터 레이블링이 필요 없다. 온라인상에 이미 존재하는 수많은 문서에서 단어를 학습했기 때문이다. 이는 문장 속 단어를 무작위로 가린 후 공란의 단어를 맞추는 Self-Supervised Pre-Training 방식이다. 데이터 레이블링은 AI가 문자, 이미지, 음성, 영상 등 다양한 형태의 데이터를 학습할 수 있도록 사람이 각 데이터에 의미 있는 정보를 입력하는 작업을 뜻한다.

데이터 레이블링을 하기 위해서는 미가공 데이터$^{raw data}$와 소스 데이터$^{source data}$가 필요한데 전자는 최초 수집한 원본 그대로의 자료이며, 후자는 미가공 데이터 중 중복 자료를 제거하고 적합한 형태의 파일 크기나 형식으로 정제한 자료를 의미한다. 즉 레이블링된 데이터는 미가공 데이터 수집과 소스 데이터 작업을 거친 데이터다. 그럼 왜 이런 작업이 필요할까? 앞서 설명한 모라백의 역설과 관련이 있다. 인간이 강아지를 식별하는 것은 쉽지만, 컴퓨터가 다양한 형태의 데이터를 인간처럼 인지하는 것은 어렵다. 예전에 미국에서 테슬라 자동차가 자율주행 모드로 운행 중 푸른색 사물을 하늘로 오인하여 충돌하는 사고가 발생한 적이 있었다. 레이블링이 제대로 작동하지 않았기 때문이다.

지금부터 이와 같은 AI 기술에 대해 알아보겠다. AI의 기초 학문이 수학과 통계학, 신경생물학이므로 다소 어려운 내용이지만 핵심 원리를 중심으로 필자만의 설명 방식을 통해 최대한 쉽게 소개하겠다. 주요 내용으로 자연어 처리와 LLM의 개념, 생성형 AI의 데이터 학습과 수집 방법, 생성형 AI의 학습과 추론에 필요한 하드웨어의 개념을 다룰 것이다. 특히 트랜스포머 모델은 생성형 AI 서비스의 근간이 되는 것이니 더욱 세심하게 살펴볼 예정이다.

자연어 처리

자연어$^{natural\ language,\ NL}$란? 어떤 생소한 용어를 처음 접할 때 그것의 설명을 읽기에 앞서 필자가 종종 사용하는 나름의 방법이 있다. 바로 반대어를 연상하는 것이다. 자연어의 반대어는 무엇일까? 인공어? 조금 이상하다. 컴퓨터 용어로 쓰인다는 점을 상기하자. 그렇다면 반대어는 기계어가 더 자연스럽다. 이제 자연어가 어떤 의미로 쓰이는지 짐작이 간다. 자연어란 컴퓨터에서 사용하는 프로그램 언어와 구분하기 위해 인간이 일상생활 중 사용하는 언어를 가리키는 말이다. 그렇다면 인간의 말이 자연어이니 컴퓨터의 말은 기계어가 되는 것이다. 파이썬, 자바, C#, C++, PHP, R 등 컴퓨터의 언어도 인간의 언어만큼 다양하다. 즉 자연어 처리$^{natural\ language\ processing,\ NLP}$란 컴퓨터가 인간의 언어를 분석하고 이해하는 기술이자 과정이다.

또한 인간의 자연어를 기계가 이해할 수 있도록 숫자 형태인 벡터로 바꾸는 과정을 임베딩^{embedding}이라고 한다. 물론 이런 복잡한 변환 과정을 사람이 하는 것은 아니다. 임베딩 알고리즘이 자동으로 수행해준다.

앞서 살펴본 인공신경망$^{artificial\ neural\ network,\ ANN}$을 떠올려보자. AI를 발전시키기 위해서 인간의 뇌를 모방하지 않았는가? 인간의 뇌를 모방했으니 이제 인간의 언어를 모방하는 것도 얼마든지 가능하다. SF 영화 속 익숙한 로봇의 경우도 인간의 모습을 닮았다. 그런데 영어를 직역하다 보니 자연어가 됐지만 애초에 '인간어'라고 의역을 하면 어땠을까? 의미를 이해하기에 훨씬 직관적이지 않은가. 만약 앞으로 AI가 인간의 언어처럼 동물들의 소리도 분석할 수 있다면 인간이 반려견, 반려묘와 대화하는 시대가 올 것이다. 사실 자연어는 사람이 문자를 만들어낸 것이니 자연적 발생은 아니라고 할 수 있다. 바람소리, 바닷소리, 동물의 소리야말로 진정한 자연어 아닐까?

대개 동물의 의사소통 방식은 꼬리와 귀의 움직임, 소리, 냄새 등 미묘한 신호들로 이루어져 있다. 한때 반려견의 기분을 알려주는 무드 링$^{mood\ ring}$이 발명됐지만 인간과 커뮤니케이션의 간극을 메꾸기에는 역부족이었다. 요새는 AI 기술을 적용해 반려동물의 미묘한 신호를 인간의 언어로 통역하는 주링구아^{Zoolingua}라는 애플리케이션이 있다. 인간이 반려동물의 행동을 녹화하여 클라우드 시스템에 업로드하면 생성형 AI 같은 모델이 그 행동 패턴을 분석하여 알려주는 것이다. 아직은 연구 단계이지만 머지않아 상용화가 가능할 것이다.

《반지의 제왕》(아르테, 2021)을 생각해보자. 원작 소설의 작가이자 언어학자인 J.R.R 톨킨은 호빗 종족을 창조하며 중간계$^{middle-earth}$ 언어를 만들었는데 그 언어가 어찌나 정교한지 실제 언어로 사용해도 무방할 정도다.

LLM

LLM을 자연어의 연장선상에서 이해해보자. LLM은 AI가 인간의 일상 언어를 대량의 문자text로 학습하여 문장의 의미, 문법, 상관관계 등을 파악하는 모델이며, 이를 활용한 대표적인 서비스가 ChatGPT다.

기존의 언어 모델에 왜 '거대large'라는 단어가 새로 붙었을까? 기존의 언어 모델보다 파라미터가 많고 학습한 데이터의 양이 훨씬 많아졌기 때문이다. 그래서 LLM에 emergent ability가 생겼다.

파라미터parameter는 AI 모델이 학습할 때 사용하는 계수로서 문장의 뜻을 이해하는 데 필요한 매개변수다. 이러한 파라미터를 통해 모델이 문장을 이해하고 생성할 수 있으며, 값을 조정해 더 나은 결과를 도출한다.

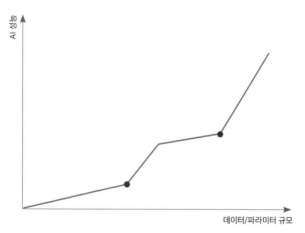

그림 4-1 데이터/파라미터 규모에 따른 AI의 성능

예를 들어 설명해보자. 어떤 제품을 생산하는 공장이 있다. 제품을 생산하기 위해서는 원자재와 기계가 필요하다. 여기서 원자재는 학습 데이터이고 기계는 생성형 AI 모델이다. 그리고 기계는 여러 부품들로 구성되어 있는데 부품들을 잘 닦고 윤활유도 바르고 제때 교체해주어야 기계가 잘 작동한다. 기계가 잘 작동해야 공장은 더 좋은 제품을 많이 생산할 수 있다. 이때 들어가는 여러 가지 부품이 바로 파라미터다. 즉 부품인 파라미터를 조정하면서 더 나은 생성형 AI 모델을 만들 수 있다. GPT-3.5의 파라미터 수는 약 1750억 개로 알려져 있다.

emergent ability가 보여주는 초능력은 크게 세 가지다.

첫째, instruction following이다. emergent ability의 임계치에 도달하기 이전 언어 모델은 인간의 질문을 그대로 이해하고 대답하는 능력이 부족했으나, 데이터와 파라미터의 규모가 커지자 자연어 처리 능력이 놀랍도록 개선됐다.

둘째, in-context learning이다. 맥락 학습으로 눈치가 빨라져서 문장의 전후 관계나 상황을 잘 파악하는 능력이 생겼다. 예를 들어 전체 내용 중 식사와 관련된 의미가 포함되어 있다면 '즐겼다'라는 말을 '먹었다'라는 말로 이해하고 해석할 수 있다.

셋째, step-by-step reasoning이다. 복잡하고 긴 문장을 잘게 쪼개서 파악하는 능력이다. 간혹 복잡하고 긴 문장을 묶어서 한꺼번에 질문하면 오류가 생길 수 있는데, 이것을 단계별로 나누어서 질문하면 잘 이해하고 제대로 답을 할 수 있다. 사람의 경우도 강연장에서 한꺼번에 여러 개의 질문을 받으면 순간 놓치는 것이 있기 때문에 질문을 나누어달라고 요청하는 것과 마찬가지다.

이처럼 ChatGPT와 같은 생성형 AI는 새로 생긴 능력을 통해서 사람처럼 자연스러운 답변이 가능해진 반면, 여전히 부족한 면도 있다. 그 한계를 살펴보자.

첫째, 할루시네이션(환각)^{hallucination}이다. 이것은 자동회귀$^{auto\ regressive}$ 문제와 관련이 있다. LLM의 경우 N개의 단어를 입력하면 N+1번째 단어가 출력되는데, 그다음 N+2번째 단어를 출력하기 위해서는 앞서 출력된 N+1번째 단어를 다시 자신에게 입력하는 구조로 되어 있다. 그러다 보니 만약 첫 단추를 잘못 끼우게 되면 이후 잘못된 결괏값이 도출된다. 많이 회자되는 예로 한때 세종대왕이 맥북을 던진 사건에 대해 설명해달라고 프롬프트를 입력하면 마치 정말 그런 역사적 사실이 있었던 것처럼 이야기를 꾸며 대답했었다. 이를 할루시네이션이라고 한다.

할루시네이션을 한글로 직역하면 '환각'인데 선뜻 와닿지 않을 수 있어 그냥 쉽게 거짓 정보라고 이해하는 편이 좋겠다. 생성형 AI의 할루시네이션 현상에 대한 정확한 원인이 밝혀지지는 않았으나 자동회귀 문제와 더불어 오염된 데이터의 활용이 영향을 미친 것으로 추정하고 있다. 그러고 보면 생성형 AI는 태생적으로 나르시시즘을 갖고 태어난 녀석이라 자신이 모른다는 사실에 자존심이 상하는 건지도 모른다. 그래서 잘 모르는 것도 그럴싸하게 대답하는 습관이 생긴 것은 아닐까. 따라서 생성형 AI 사용자는 항상 비판적 사고와 옳고 그름을 판단할 수 있는 역량이 필요하다.

둘째, 데이터의 현행화가 늦다. ChatGPT와 같은 생성형 AI는 사전에 학습한^{pretrained} 데이터를 기반으로 질문에 답변을 하는 것이므로, 최신 데이터로 현행화하여 학습하지 않았다. 생성형 AI는 대개 1년 전의 데이터를 학습하기 때문에 사용자가 질문을 하는 연도에 대통령이 바뀌었다면 이전 대통령으로 답변을 한다.

학습 데이터를 현행화하지 못하는 이유는 학습 비용이 너무 많이 들기 때문이다. GPT-3.5의 경우 데이터를 학습하는 컴퓨팅 비용만 대략 1750억 원이 드는 것으로 추정하는 일부 전문가도 있다. 그래서 데이터 현행화를 위한 보완책으로 검색증강생성[retrieval augmented generation, RAG]을 사용한다.

RAG는 특정 콘텐츠 저장소들을 추가하여 그곳에서 최신 정보를 가져 오는 방식으로 2020년 패트릭 루이스[Patrick Lewis]와 에단 페레즈[Ethan Perez] 등 이 논문 <Retrieval-Augmented Generation for Knowledge-Intensive NLP Tasks>[3]를 공개하며 알려졌다. 그림 4-2처럼 별도의 데이터셋을 가져 와 Base LLM을 파인튜닝[fine tuning]하여 Q&A 시스템을 만들고 이 결과를 다 시 데이터셋에 넣어 Base LLM을 강화하는 Close Loop Process를 거친다. 즉 별도의 데이터베이스에 최신 자료가 담겨 있다면 비용이 많이 드는 사 전 학습 없이도 현행화에 근접한 효과를 누릴 수 있다. 마이크로소프트의 코파일럿도 이런 RAG를 사용하고 있다.

한편 LLM의 경우, 태생적 우위를 갖고 있는 언어는 영어다. 세계의 공 용어 중 하나이며 IT 업계에선 독보적인 사용량을 자랑하는 영어가 양질 의 데이터를 제공할 수 있기 때문이다. 동일한 질문을 해도 사용자의 언어 에 따라 답변 수준의 차이가 발생하는 이유가 여기에 있다.

LLM의 다음 단계는 무엇일까? 한때 시리[Siri], 클로바[Clova], 알렉사[Alexa] 등 음성인식 AI 서비스가 사람들의 관심을 끌던 적이 있었다. 하지만 그 관심 은 그리 오래가지 못했다. 사람의 언어를 인식할 수 있는 수준이 매우 낮았 고, 대화의 패턴도 한정적이었으며, 반응 속도도 느렸기 때문이다. 현재의 생성형 AI가 문자 중심이지만 향후 음성 데이터를 완벽하게 학습하게 되면

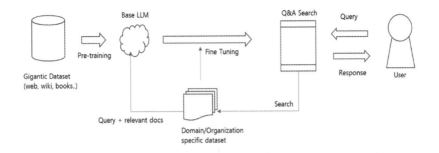

그림 4-2 RAG(출처: https://towardsdatascience.com)

영화 <그녀>의 사만다나 <아이언맨>(2008)의 토니 스타크의 비서인 자비스가 현실 속에 나타날 것이다.

인간의 뇌도 할루시네이션 현상을 보인다?

인지심리학 관점에서 인간의 뇌도 일종의 할루시네이션 현상을 보인다. 이것을 '무주의 맹시inattentional blindness'라고 하며 심리학자 대니얼 사이먼스가 '보이지 않는 고릴라' 실험을 통해 증명했다. 이것은 시청자에게 농구공을 패스하는 무리의 사람들 속에 고릴라 분장을 한 사람이 지나가는 영상을 보여주고, 농구공을 몇 번 패스하는지 알아맞히게 함으로써 주의를 분산시키는 실험이다. 실험을 통해 시청자 중 단 42%만이 고릴라를 본다는 사실을 밝혀냈다. 이는 뇌의 주의력 부족으로 인한 오류다. 우리에게 가끔은 불멍과 물멍 같은 멍 때리기, 전문용어로 디폴트 모드 네트워크default mode network가 필요한 이유다.

LLM의 학습 데이터 원천

LLM이 데이터를 학습하는 원천은 크게 데이터 스크레이핑이 가능한 웹사이트와 원천 데이터를 보유하고 있는 데이터베이스다. 하지만 무분별한 학습은 저작권 문제를 초래할 수 있다. 또한 저작권자가 Nightshade라는 프로그램을 통해 고의적으로 학습 데이터를 손상시켜 LLM에 손상을 입힐 수 있다. 예를 들어 LLM이 오염된 데이터를 계속 학습하면 개를 고양이로 인식한다. 따라서 최근 LLM 개발사들은 소셜 미디어와 거대 블로그의 데이터 판매 수익 모델화와 맞물려 데이터 구매 계약을 논의하고 있다. 이런 측면에서 가장 바람직한 원천은 공공 데이터셋data set을 활용하는 것이다.

일반적으로 메타, 구글 등 데이터 플랫폼을 보유한 빅테크 기업들이 자신이 확보한 공공 성격의 데이터를 모두가 사용할 수 있도록 허용하면, 빅테크 기업들은 이를 통해 데이터를 표준화할 수 있고 LLM 성능을 테스트할 수 있으며, 때로는 실력 있는 스타트업을 발굴하여 M&A를 할 수도 있다.

예전에 구글 I/O행사에서 구글 포토 서비스를 무료로 제공했는데, 이는 양질의 데이터를 클라우드에 확보한 후 데이터셋을 통해 AI 모델을 학습시킬 수 있기 때문이다. 예를 들어 수천만 명을 대상으로 어릴 적부터 성인까지 얼굴 사진을 분석하여 연령대별 얼굴의 변화 모습을 예측할 수 있는 이미지 예측 모델을 만들 수도 있다.

데이터 스크레이핑

데이터 스크레이핑data scraping은 일반적으로 웹 스크레이핑을 의미한다. 크롤러crawler가 레딧Reddit, 위키피디아Wikipedia, 깃허브Github, 프로젝트 쿠텐베르크Project Gutenberg, Books3, 소셜 미디어social media 등 해당 웹사이트의 동의하에 사전에 지정한 데이터를 자동으로 검색하고 추출한다. 다만 미국의 최대 인터넷 커뮤니티인 레딧(방문자 수 기준 전 세계 9위이자 이용자 수가 10억 명이 넘고, 하위 게시자 수 10만 개에 달하는 미국판 디시인사이드)과 같은 웹사이트의 게시글을 긁어와 학습하는 경우, 게시글에 대한 저작권의 모호성이 존재한다. 한국어 학습은 위키피디아, 세종 말뭉치(자연어를 컴퓨터가 읽을 수 있는 형태로 만든 자료), AI-Hub, KCC^Korea contemporary corpus, 포털 사이트에 유통되는 뉴스 기사 등을 통해 이루어진다. 다만 뉴스 기사의 경우 LLM 개발사가 어떤 뉴스를 얼마나 학습했는지 알 수 없어, 2024년 3월 한국신문협회를 중심으로 LLM 학습 데이터 저작권법을 제정하기 위한 모임이 발족됐다.

사실, 뉴스 기사는 LLM의 학습 데이터로서 가장 좋은 영양분이다. 왜냐하면 소셜 미디어나 블로그와 달리 욕설, 선정적 단어, 사회적 편견 없는 정제된 글과 일상 속 주제가 풍부하게 들어 있기 때문이다. 아무 음식이나 먹으면 건강에 독이 되듯이 LLM도 아무 데이터나 학습을 하게 되면 품질이 떨어진다. 나쁜 데이터를 학습할수록 결국 인간이 개입하는 데이터 클리닝 비용만 상승한다. 《워싱턴 포스트》에 따르면 LLM이 학습한 데이터셋 10개 중 5개가 뉴스 제공 사이트였다.[4]

데이터베이스 입수

원천 데이터를 가공하여 보유하고 있는 기관의 데이터베이스^database, ^DB에 대해 대가를 지불하고 입수한다. 그러나 LLM 개발사가 Z-library, Bibliotek, Libzen, Library Genesis 등 학술 자료와 도서의 불법 유통 사이트^shadow library를 통해 학습 데이터셋이 만들어졌다는 의심을 받아 저작권자로부터 소송을 당하거나, Z-library처럼 폐쇄되는 사이트도 생긴다.

전문가 시스템 vs. 머신러닝

AI가 작동하는 주요 기술로 전문가 시스템, 머신러닝, 딥러닝이 있다. 전문가 시스템은 전문가가 직접 조건 데이터를 수집하고 입력하여 문제를 해결하는 기술이다. 이에 반해 머신러닝은 컴퓨터가 예시 데이터를 통해 스스로 학습하며 문제를 해결하는 기술로, 점차 학습 효과가 생겨 좋은 성과를 낸다. 흔히 어떤 일을 특출나게 잘하는 사람에게 'OO 머신'이라고 부르는 이유도 충분한 학습 효과가 생겨 자동화됐기 때문이다.

딥러닝은 인공신경망 개념을 활용하여 인간의 뉴런처럼 여러 단계를 거쳐 추출된 데이터를 학습하고 문제를 해결하는 기술로, 머신러닝의 한 분야다. 머신러닝의 세부 알고리즘은 수학이나 통계학을 통해 별도의 학습이 필요하다.

마케팅 학문의 대학원 심화 과정 중 가장 어렵기로 소문난 마케팅 모델론이라는 과목이 있다. 말이 마케팅이지 한마디로 수학이나 다름없다. 필자도 한 학기 내내 고생했던 기억이 난다. 컨조인트 분석conjoint analysis, 다차원척도법multi-dimensional scaling, 확산 모델diffusion model 등 머신러닝의 알고리즘과 유사한 것도 있다. 통계물리학의 홉필드 모델Hopfield model을 활용한 확산 방정식도 이미지 생성형 AI 모델에 영향을 미쳤다. 역시 학문은 깊이 들어갈수록 학제 간 시너지가 발생하는 것 같다.

이제 전문가 시스템과 머신러닝을 AI가 사진 속 강아지를 판별하는 과정으로 비교하여 알아보자.

전문가 시스템은 사람이 컴퓨터에게 2개의 귀, 2개의 눈, 4개의 발, 털색깔 등 강아지를 설명하기 위한 조건 데이터를 직접 입력하여 강아지를 판별하는 기법이다. 그런데 강아지를 찾는 지극히 쉬운 문제를 컴퓨터에게

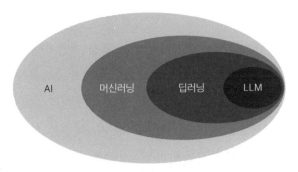

그림 4-3 AI 기술의 상호관계

꼭 가르쳐줘야 하는 거냐고 반문할 수도 있다. 이것은 모라벡의 역설^{Moravec's} ^{Paradox} 때문이다. 이는 미국의 로봇 공학자인 한스 모라벡이 인간과 컴퓨터 의 차이를 언급한 것으로 인간에게 쉬운 것은 컴퓨터에게 어렵고 반대로 인간에게 어려운 것은 컴퓨터에게 쉽다는 것을 의미한다. 예를 들어 인간 이 강아지를 식별하는 것은 감각 기관을 통한 본능적인 활동이기 때문에 너무 쉽지만, 복잡한 연산을 하는 것은 오랜 시간이 걸린다.

반면 컴퓨터는 모자를 쓰고 있는 강아지, 특정 부위의 털을 깎은 강아 지, 눈을 감고 있는 강아지, 한쪽 발이 가려진 강아지 등 조건 데이터에서 조금만 벗어나도 식별할 수 없다. 결국 사람이 수많은 조건 데이터를 일일이 지정하고 입력해야 하기 때문에 실제 다양한 상황에서는 판별력이 현저히 떨어질 수밖에 없다. 이를 개선하기 위해 등장한 것이 머신러닝이다. 머신러 닝은 컴퓨터에게 온갖 다양한 형태의 강아지 이미지를 제시하고 컴퓨터가 스스로 공부하게 하는 방식이다. 즉 전문가 시스템이 학원의 주입식 교육이 라면, 머신러닝은 자기주도학습인 셈이다. 머신러닝에는 컴퓨터를 학습시키 는 방법에 따라 지도학습, 비지도학습, 강화학습, 이렇게 세 가지가 있다.

지도학습

지도학습supervised learning은 문제에 대한 정답을 처음부터 제공하고 기계를 학습시키는 것이다. 즉 다양한 상황 속 강아지의 모습을 레이블링labeling 시키는 것으로, 생성형 AI 전의 전통적인 학습 방법이다. 2016년 바둑기사 이세돌 9단과 대결했던 알파고 리가 이러한 지도학습을 통해 만들어졌다. 알파고 리는 대전을 벌이기 전에 바둑기사들의 수십만 개 이상의 기보를 학습하여 이세돌을 이길 수 있었다.

지도학습의 기술적 방법으로는 분류classification와 회귀 분석regression analysis 이 있다. 분류 기법은 사진에서 강아지가 있는 위치를 픽셀 단위로 파악하여 다른 사물들과 구별하는 것이다. 예를 들어 집 거실의 의자에 앉아 있는 강아지를 바닥, 소파, TV, 의자 등의 사물과 구별하도록 계속 학습을 시키면 된다. 회귀 분석은 결괏값에 영향을 미치는 여러 요인들을 투입/수정하는 방법으로 강아지를 나타내는 수많은 독립변수independent variable를 찾아내고, 종속변수dependent variable인 강아지를 밝혀내는 기법이다. 이러한 지도학습은 AI가 학습하기 위해 모든 데이터를 일일이 레이블화해야 하는데, 투입한 노력 대비 산출물의 품질도 낮아 현재는 잘 쓰지 않는 기법이다.

1770년에도 AI 체스 기계가 있었다?

1770년 오스트리아에 더 투르크Mechanical Turk라는 체스 기계가 등장했다. 이후 이 기계는 유명세를 얻어 전 세계를 돌아다니며 소개됐다. 미국 건국의 아버지라 불리는 벤저민 프랭클린, 나폴레옹 등 그동안 이 기계와 체스를 둔 사람도 수없이 많았다. 승률은 어땠을까? 알파고 리만큼은 아니지만 이기는 게임이 훨씬 많았다. 심지어 이 기계는 알파고 리가 대리인을 통해 게임을 했던 것과 달리 기계의 나무 팔이 체스 말을 직접 이동했다.

이 기계는 정말 AI 체스 로봇이었을까? 무려 80여 년이 지나 밝혀진 체스 기계의 정체는 사람이었다. 기계 내부의 비밀 공간에 여러 명의 체스 마스터가 번갈아 숨어 있었던 것이다. AWS^Amazon Web Service^는 이 체스 기계의 이름을 가져와 Amazon Mechanical Turk라는 웹서비스를 제공하고 있다.

비지도학습

지도학습과 달리 비지도학습^unsupervised learning^은 정답을 제공하지 않고 컴퓨터를 학습시키는 것이다. 앞서 지도학습의 경우 강아지를 레이블화하여 학습시켰으나, 비지도학습은 레이블이 없는 데이터를 학습시켜 추론하게 만든다. 컴퓨터에게 다양한 강아지 이미지를 반복적으로 보여줌으로써 자연스럽게 강아지를 인식시킨다. AI는 학습 초기에 아무런 지도가 없기 때문에 '나한테 어쩌라는 거지?'라고 생각하다가 이내 그 이유를 스스로 알게 된다.

비지도학습의 대표적인 기술적 방법으로는 군집화^clustering^와 차원 축소^dimension reduction^가 있다. 군집화는 동질적인 집단끼리 모아서 분석하는 것으로 강아지와 유사한 이미지들을 묶어 분석한 후 이러한 군집에 포함되지 않는 것들을 가려냄으로써 강아지를 판별하는 기법이다. 차원 축소는 강아지의 얼굴, 코, 털색 등 강아지를 대변하는 핵심 패턴만 남기고 나머지는 버림으로써 강아지를 효율적으로 판별하는 기법이다.

강화학습

강화학습^reinforcement learning^은 어떤 결과물의 점수를 매기고 그 점수를 최

그림 4-4 지도학습(좌)과 비지도학습(우)

대화하는 방향으로 계속 학습시키는 방법이다. 즉 AI가 미션을 완수하면 최고 점수를 주어 동기를 부여한다. 칭찬은 고래도 춤추게 만든다고 했다. 생성형 AI도 칭찬받고 높은 점수를 얻을수록 좋아한다. 예를 들어보자. 앞서 지도학습 방식을 통해 공부한 알파고 리는 기보를 학습해 인간을 이겼다. 그런데 이후 새롭게 등장한 알파고 제로AlphaGo Zero는 인간의 기보를 공부하지 않았다. 인간이 알파고 제로에게 바둑의 규칙을 알려주고 바둑의 집을 많이 얻을수록 상점을 부여했다. 어찌 보면 인간은 알파고 제로에게 '처음부터 끝까지 네가 알아서 다 해봐'라는 완전 자율성을 부여한 것이고 알파고 제로는 많은 시행착오를 겪으며 스스로 이기는 법을 깨우친 것이다. 그래서 end-to-end 학습 방법이라고 명명한다.

알려진 바로는 알파고 제로가 사흘 동안 컴퓨터와 무려 490만 번의 셀프 대국을 벌였다고 한다.[5] 천문학적인 숫자다. 인간이 수백 년 동안 바둑만 두어도 불가능한 숫자다. 하지만 AI는 GPU 병렬 처리가 가능해서 식은 죽 먹기다. GPU V100의 경우, 1초에 무려 125조 번 연산(125테라플롭스TFLOPS)을 할 수 있기 때문이다.

지도학습과 강화학습을 거친 각각의 AI 성과는 어땠을까? 인간의 개입 없이 완전 자율학습을 마친 강화학습의 알파고 제로와 인간의 학습 결과물을 공부한 지도학습의 알파고가 서로 대결했다. 그 결과 놀라운 일이 벌어졌다. 알파고 제로의 100전 100승이었다. 어떻게 이런 일이 가능할까? 알파고 제로는 인간의 능력으로는 도저히 볼 수 없는 새로운 경우의 수와 패턴을 찾아낸 것이다.

AI 기사의 천적

바둑은 10의 171승에 달하는 경우의 수가 발생한다. 체스가 10의 50승에 달하는 경우의 수가 발생하니 바둑이 얼마나 복잡한 게임인지 알 수 있다. 잘 알려지지 않은 바둑 대전이 있었다. 2023년 미국의 아마추어 바둑기사인 켈린 펠린Kellin Pelrine은 알파고 리와 동등한 성능의 AI 바둑기사와 15번 겨루어 14번을 이겼다. 심지어 알파고 리보다 뛰어난 알파고 제로와 동등한 성능의 AI와 대결에서도 승리했다. 어떻게 이렇게 압도적으로 이길 수 있었을까? 그것은 AI 바둑기사끼리 100만 번 이상 대국을 하게 만들어 AI의 약점을 파악한 후 켈린 펠린이 AI로부터 이러한 AI의 약점을 직접 전수받았기 때문이었다. 즉 오랑캐로 오랑캐를 무찌른다는 이이제이以夷制夷 전략을 활용해서 AI를 이긴 것이다.

그런데 강화학습은 잠재적인 문제점을 안고 있다. 완전 자율주행이 가능한 미래의 어느 시점에 과속으로 인한 사고를 예방하기 위해 AI에게 자동차가 일정 속력 이상 내지 못하도록 제어권을 줬다고 가정하자. 그런데 인간이 이를 어기고 자꾸 수동모드로 전환하여 과속을 하는 것을 AI가 알게 됐다. 이때 AI는 최종 목표인 과속을 막기 위해 최후의 수단으로 운전자를 제거할 수 있다. 특정 행동에 보상과 벌을 내리는 스키너 상자Skinner Box 실험의 문제점처럼 강화학습의 양면성에 대해 생각해볼 필요가 있다.

이러한 강화학습 방법은 게임사에서 많이 활용되고 있다. 승률을 시뮬레이션하여 게이머들의 적정 승률을 유지하는 데 쓰이고, 지능형 게임에 강화학습을 시킨 AI 플레이어를 투입하여 게이머들과 전투를 벌이게 함으로써 게임 패턴의 단조로움을 벗어나게 한다.

스키너 상자 실험을 적용한 비둘기 특공대

스키너의 상자 실험은 적절한 보상과 처벌의 조건화를 통해 원하는 행동을 만들 수 있다는 것을 밝히고자 했다. 제2차 세계대전 중 이를 응용한 황당한 무기가 있었다. 일명 비둘기 프로젝트 Project Pigeon다. 비둘기는 원래 귀소 본능과 방향 감각이 뛰어나 고대 전쟁사에 종종 등장했다.

스키너는 비둘기에게 미사일의 타깃 모습을 스크린으로 보여주고 그것을 정확히 쪼면 먹이를 주는 강화학습을 반복했다. 미사일 내부에서 3마리 중 2마리 이상의 비둘기가 스크린의 타깃을 쪼면 그 방향으로 미사일을 유도하여 발사하는 원리다. 물론 비둘기는 미사일 내부에 있어 타깃을 명중하는 순간 함께 폭발할 운명이었다. 하지만 이 프로젝트는 레이더 기술이 발달하는 바람에 실전에 한 번도 활용되지 못했다. 게다가 어이없게도 비둘기는 아군과 적군의 타깃을 정확하게 구별하지 못했다.

딥러닝

지금까지 머신러닝의 기초 기술을 살펴보았다. 그럼 딥러닝은 무엇일까? 한마디로 인간의 뉴런 작동 방식을 모방하여 구현한 기술이다. 딥러닝은 캐나다 토론토 대학의 제프리 힌턴 교수가 <A fast learning algorithm for deep belief nets>[6]라는 논문을 발표하면서 유명해졌다.

딥러닝 기술을 설명하기 위해서는 딥러닝의 모태가 됐던 인공신경망 이론으로 거슬러 가야 한다. 인공신경망은 인간의 두뇌 구조를 본뜬 신경망을 컴퓨터에 쌓아 학습한 것으로 뉴런이라는 신경세포의 동작 과정을 모방한 학습 알고리즘이다. 우리가 눈으로 어떤 대상을 바라볼 때 시신경으로부터 받은 정보를 취합하고 변환한 후 이와 연결되어 있는 또 다른 신경세포들에게 전달함으로써 그 대상을 인지하고 판단한다. 딥러닝은 이런 인공신경망을 겹겹이 쌓아 여러 층의 신경망을 구성한 것으로 것으로 DNN^{deep} $^{neural\ network}$이라고도 불린다.

강아지를 판별하는 예를 들어보자. AI에게 수십만 장에서 수백만 장의 강아지 사진을 제공하고 이 사진들의 특징을 찾아내게 한다. 그리고 찾아낸 특징들에 가중치를 부여하는데, 몇 점을 매겼을 때 강아지를 가장 잘 판별할 수 있는지 시뮬레이션을 하며 최적값을 찾았을 때 멈춘다.

딥러닝 기술에서 채택하고 있는 인공신경망 구조는 합성곱 신경망$^{convolutional\ neural\ network,\ CNN}$과 순환 신경망$^{recurrent\ neural\ network,\ RNN}$이 있는데, CNN은 주로 이미지나 영상 데이터 처리에 적합하고, RNN은 자연어와 음성 데이터 처리에 적합하다.

2000년도 이전부터 연구되어 온 딥러닝 기술이 왜 이제야 각광을 받게된 것일까? 연구 단계에 머물렀던 딥러닝이 현실 세계에서 구현되기 위해서는 몇 가지 조건이 필요했는데, 최근에 이러한 문제들을 해결했기 때문이다.

첫째, 대용량 학습 데이터가 축적됐다. 앞서 이해를 돕기 위해 강아지의 예를 들었지만 실제는 훨씬 더 복잡한 문제들이 많다. 과거에는 이를 분석하기 위한 데이터가 충분하지 않았다. 하지만 현재는 인터넷과 소셜 미디어의 확산으로 전 세계적으로 10년 이상 엄청난 데이터를 양산해왔으며, 지금도 계속 쌓이고 있다.

둘째, 대용량 데이터를 빠르게 처리할 수 있는 고성능 컴퓨팅이 가능해졌다. CPU$^{central\ processing\ unit}$에만 의존했던 기존의 컴퓨터들로는 이러한 문제를 해결하는 데 한계가 있었다. 그런데 PC게임의 그래픽 카드로 쓰였던 GPU가 AI에 적용되면서 컴퓨터의 학습 속도가 기하급수적으로 빨라졌다.

어떻게 PC 게임에서 사용하던 GPU를 AI에 사용하게 된 걸까? GPU가 CPU와 확연히 다른 점은 병렬 연산을 한다는 점이다. 즉 GPU는 한 개의 작업을 처리하는 속도는 그리 빠르지 않지만, 여러 작업을 동시에 진행하는 경우에는 압도적으로 빠르게 처리할 수 있는 속성을 가지고 있다. 도대체 얼마나 빠를까? 엔비디아의 A100 제품은 앞서 언급한 동사의 V100 제품의 연산 능력 대비 약 2~5배 정도 빠른데, 이는 1초에 무려 312조 번의 연산(312테라플롭스)을 가능하게 만든다. GPU의 연산은 기본적으로 조 단위다. 이처럼 AI는 동시에 수많은 작업을 처리해야 하는데, GPU의 기본 속성이 이에 부합한다. 그래서 AI 가속기 시장의 80% 이상을 차지하는 엔비디아가 생성형 AI의 최대 수혜자라는 말이 나올 정도다.

그럼 여기서 의문을 갖게 된다. GPU를 만드는 기업이 엔비디아만 있는 걸까? 그렇지 않다. 구글, 테슬라, 인텔, AMD 등 다른 기업들도 만들고 있지만, 단순히 GPU만 만들면 되는 것이 아니기 때문이다. 여기서도 플랫폼의 선점 효과가 발휘된다. 엔비디아는 일찌감치 병렬 연산의 중요성을 깨닫고 CUDA$^{Compute\ Unified\ Device\ Architecture}$라는 플랫폼을 만들었다. 그러자 거의 모든 딥러닝 라이브러리가 CUDA 플랫폼을 우선 지원하도록 만들어졌다. 이는 거의 모든 PC용 애플리케이션이 윈도우 OS를 지원하는 이치와 같다. 윈도우 OS가 독점적 지위를 누리듯 강력한 CUDA 플랫폼을 보유한 엔비디아의 GPU가 시장을 지배하게 된 것이다.

마케팅의 불변의 법칙 중 '리더십의 법칙^{The Law of Leadership}'이라는 말이 있다. 마케팅을 한마디로 정의하면 이렇다. 마케팅은 사실^{fact}이 아닌 인식^{perception}과의 싸움이다. 만약 기업이 판매하고자 하는 상품이 소비자의 마음 속에 첫 번째로 자리 잡는다면 그 시장은 거의 게임 끝이다. CUDA 생태계를 통해 엔비디아의 GPU가 고객의 마음속에 각인되었다면, 그것을 경쟁사가 뒤집기란 매우 어려운 일이다.

딥러닝의 학습 과정을 한 단계만 더 들어가보자. 여러 가지 딥러닝 학습 모델이 있지만 여기서는 가장 널리 사용되고 있는 경사하강법과 트랜스포머 모델을 통해 딥러닝이 어떻게 최적의 결과치를 찾아내는지 알아보겠다.

CUDA

CUDA는 2007년에 만들어진 AI 개발 플랫폼이다. 딥러닝이 2012년부터 부각됐고 오늘날 생성형 AI 시대가 된 것을 감안하면 십수 년 앞을 내다본 CEO의 선구적 혜안을 엿볼 수 있다.

CUDA에서 개발한 프로그램은 엔비디아의 GPU에서만 실행된다. 대부분 AI 개발자가 오랜 기간 CUDA에서 개발했기 때문에 축적된 코드가 풍부하다. 이는 소프트웨어 개발의 록인^{lock in} 효과로 작용한다. 개발자들은 특정 개발 플랫폼에 익숙해지면 다른 곳으로 전환하기가 매우 어렵다. 개발 업계에서 CUDA 외의 개발 플랫폼 사용 시 작업 시간이 세 배 이상 더 소요되는 것으로 알려져 있다.

경사하강법

대학 1학년 늦가을 무렵 친구들과 설악산 대청봉을 다녀온 적이 있다. 5명의 친구들은 아무런 등산 장비도 갖추지 않고 산을 올랐다. 아마도 친구들끼리 담소를 나누던 중 즉흥적으로 시작한 것으로 기억한다. 원래 계획은 산 중턱 어딘가 적당한 곳까지만 갔다가 내려올 계획이었다. 그런데 젊은 객기로 행한 무모한 도전은 하산 중에 엄청난 위기를 맞이했다. 나름대로 경험 많은 산악인들을 쫓아간다고 노력했는데, 미처 여학생들의 체력을 고려하지 못했다. 일명 '죽음의 계곡'이라는 장소에서 길을 잃었다. 조난 상황이라고 해도 무방했다. 참고로 개인 이동전화가 대중화되기 이전이다. 그땐 정말 죽을지도 모른다는 생각을 하고 각자 유서까지 쓸 생각을 했다. 그런데 그 위기를 벗어날 유일한 방법이 떠올랐다. 바로 정상을 향해 가는 것이다. 이대로 하산하면 아래쪽으로 넓게 퍼지는 산의 특성상 산의 입구를 찾을 가망성이 낮다고 판단했다. 그래서 올라갈수록 좁아지는 위로 향한 것이다. 우여곡절 끝에 새벽이 되어서야 정상에 도착했고, 다음날 산악인들의 도움으로 무사히 귀가할 수 있었다. 지금 생각해보면 정말 아찔한 순간이었다.

다시 경사하강법으로 돌아오면, 뜬금없이 등산 이야기를 한 이유가 있다. 현재 내가 있는 자리에서는 산의 정상이 보이지 않기 때문에 근처 좌우의 위치에서 경사가 높은 곳으로 계속 이동하면 산의 정상에 도달할 확률이 높다. 이를 경사상승법이라고 한다. 반대로 경사가 낮은 쪽으로 이동하는 것을 경사하강법이라고 한다.

즉 경사하강법은 주어진 함수의 최솟값을 찾기 위해 현재 위치에서 함수의 기울기^{gradient}를 계산하고, 그 기울기의 반대 방향으로 이동하여 최솟

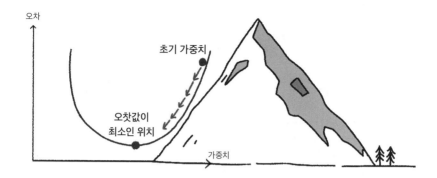

값에 접근하는 최적화 알고리즘이다. 이때 최적 모델을 찾아내기 위해 계산 과정에서 가중치^{parameter}를 계속 수정해나간다. 나의 현 위치보다 경사가 조금이라도 낮은 쪽으로 계속해서 이동하다 보면 결국 경사가 가장 낮은 산의 입구까지 내려오게 되는 이치와 같다.

상단 그림의 그래프는 임의로 초기 가중치를 설정한 모델의 결과치를 도출한 후 이를 실젯값과의 차이 기울기를 좁히는 가중치를 반복적으로 적용하며 손실값^{loss}의 최솟값 기울기, 즉 0에 도달하는 것을 보여준다. 즉 가장 낮은 곳에 도달할 때까지 무작정 계산한다. 사실 인간이 계산을 하면 조금 덜 수고로운 수학적 방법을 찾을 수 있다. 예를 들어 인간은 원의 넓이를 구할 때 원주율 공식을 이용하여 비교적 간편하게 계산할 수 있지만, AI는 이에 대한 수십만 개의 점을 일일이 계산하여 답을 구한다. 이를 몬테카를로 방법$^{Monte Carlo method}$이라고 한다. 그럼 AI는 왜 이렇게 단순 무식하게 계산을 할까? 그 이유는 1초에 312조 번의 연산이 가능하므로 오히려 단순 무식한 방법이 더 빠르기 때문이다.

트랜스포머 모델

트랜스포머 모델은 생성형 AI의 열풍을 불러온 장본인이다. 이것은 자연어 처리, 즉 기계 번역으로 시작하여 현재는 이미지와 음성 처리에서도 널리 사용되는 모델이다. 한마디로 여러 모델이 활개 치던 춘추전국 시대를 통일한 가장 강력한 모델이다. 여기서는 트랜스포머 모델을 이해하기 위해 기계 번역의 과정을 살펴보겠다.

우리가 모국어와 외국어를 학습하는 방식을 비교해보자. 모국어의 경우 태어나서 자연스럽게 듣고 말하는 과정을 거친다. 우리는 어린이 수준의 일상적인 대화가 어렵지 않게 된 후 학교에 가서 문법을 배운다. 반면 외국어는 어떻게 배우는가? 주어, 서술어, 목적어 등 먼저 문법을 익히고 그제야 듣기와 말하기를 한다. 기계 번역은 모국어를 배우는 것과 마찬가지다. 엄청나게 많은 데이터를 학습하며 언어를 자연스럽게 번역한다. 그런데 이런 방법은 문장이 너무 길면 핵심 내용을 놓치게 된다는 심각한 문제를 안고 있었다.

"그런데 내가 무슨 이야기를 하려고 했더라?", "그런데 어디까지 이야기했지?"와 같이 사람도 한참 대화 중 특정 상황에서 순간적으로 하던 이야기를 잊어버리는 경우가 있지 않은가. 이러한 문제를 해결한 원리가 'attention(주목)'이다. 이것은 전체 문장 중 주목할 단어들을 선정한 후 그 단어들에 가중치를 부여하는 방식이다.

예를 들어보자.

나는 점심때 민준이를 만나기로 약속했다. 오전에는 집에서 독서를 하다가
약속 장소로 이동할 계획이다. 시간에 늦지 않게 지하철을 타러 집을 나섰

그림 4-5 AI의 주요 기술

다. 바스락거리는 소리와 함께 형형색색의 낙엽을 밟으며 지하철역에 도착했다. 출근 시간이 훌쩍 지났는데도 지하철 내부는 혼잡했다. 민준이랑 어디서 점심을 먹을지 곰곰이 생각하다 보니 어느새 내릴 정거장에 도착했다. 약속 시간이 임박했다. 지하철역에서 내려 서둘러 약속 장소로 달려갔다. 다행히 늦지 않게 민준이를 만날 수 있었다.

아주 장황하고 긴 글이지만 여기서 attention 기법을 사용하면 아주 간결하게 핵심 내용을 다음과 같은 한 문장으로 정리할 수 있다.

나는 민준이와 점심에 만났다.

이처럼 트랜스포머 모델은 적은 컴퓨터 자원으로도 더 높은 정확도를 만들어낸다는 장점이 있다. 어떻게 전체 문장이 아닌 일부 중요한 단어에만 집중하는 발상을 했을까?

마케팅의 오랜 이론 중 다속성 태도 모델$^{multi-attribute\ model}$이라는 것이 있다. 이는 어떤 상품의 여러 속성 중 구매자가 가장 선호하는 속성에 가중치를 부여하고, 여러 속성의 합을 계산하여 가장 높은 결괏값이 나온 상품을 선택하는 의사결정 방법이다. 트랜스포머 모델의 원리와 유사한 이치다.

2006년 처음 서비스를 시작한 구글 번역기의 수준을 떠올려보자. 한국어 번역은 2007년부터 도입됐는데, 지금의 구글 번역기와는 비교도 안 될 정도의 수준이었다. 지금도 필자가 기억하는 에피소드가 있다. 국제화 시대 경영전략의 방향성을 다룬 다소 긴 내용이었는데 문장 중 'global business strategy'란 단어를 다음과 같이 번역했다.

공 모양의 사업 전략

번역기가 전체 문장의 주제나 맥락을 충분히 이해하지 못하고 globe를 공처럼 둥근 형체나 물체라는 한국어의 구체로 이해한 것이다.

요즘 표현으로 참 웃픈 번역이었다. 앞서 설명한 attention 원리가 과거에는 적용되지 않았기 때문이다. 최근에는 아예 attention만으로 구성한 인공신경망을 개발하기도 한다. 그만큼 attention이 중요하다는 증거다.

Attention is all you need

구글 브레인에서 2017년에 최초로 트랜스포머 모델을 발표한 논문인 <Attention is all you need>를 발표했다. 어디서 본 것 같지 않은가? 영화 <러브 액츄얼리>(2003)의 주제곡으로 린든 데이비드 홀$^{Lynden\ David\ Hall}$이 부른 <All

You Need Is Love>(2003)에서 따온 것이다. 여담으로 이 노래의 작사/작곡은 존 레논이며 원가수도 비틀즈였다.

파운데이션 모델과 파라미터

파운데이션 모델은 자연어 처리 능력을 통해 여러 애플리케이션의 기반이 되는 모델이다. 즉 모델 자체가 생성형 AI 서비스를 의미하는 것은 아니지만 일반적으로 파인튜닝을 거쳐 생성형 AI 서비스가 된다. 예를 들어 파운데이션 모델인 GPT-4를 파인튜닝하면 챗봇 서비스인 ChatGPT가 된다.

파운데이션 모델은 몇 가지 조건이 있다.

- 자연어 처리에 기반한 모델이다.
- 대규모 데이터를 이용해 학습해야 한다.
- 모델의 파라미터를 파인튜닝하여 번역, 요약, 질문에 대한 답변, 이미지 생성 등 다양한 작업에 적용할 수 있는 확장성을 갖춰야 한다.
- 새로운 데이터나 알고리즘의 도입에 따라 지속적으로 개선할 수 있어야 한다.

이러한 조건을 충족시키는 대표적인 파운데이션 모델로 GPT, 제미나이[Gemini], Llama, 클로드[Claude], Mistral Large, 스테이블 디퓨전[Stable Diffusion], Cohere 등이 있다. 이들은 거대 언어 모델을 만드는 상위 개념인 트랜스포머 모델을 토대로 만들어졌다. 한편 우리가 주로 알고 있는 프롬프트 엔지니어링 기반의 챗봇 서비스들은 모두 애플리케이션이다. 이러한 애플리케이션은 상대적으로 진입장벽이 낮고 적은 비용으로 개발할 수 있으며, 주로 사용자의 요구사항에 특화된 것들이다. 반면 파운데이션 모델은 모든 애플리케이션의 기반 모델이므로 거대 자본과 최고 수준의 전문가가 투입되어 개발된다. 아울러 마이크로소프트, 구글, 오픈AI, 앤트로픽^Anthropic이 발족한 프런티어 모델 포럼^Frontier Model Forum이 있으며, 여기서 논의하고 있는 범용 AI를 프런티어 AI^Frontier AI라고 부른다.

파운데이션 모델은 파라미터 수에 따라 LLM과 sLM으로 나뉜다. 여기서 파라미터는 다음과 같은 수식으로 설명할 수 있다.

$$y= Wx+b$$

y는 모델의 예측값이며 x는 모델의 예측을 위해 투입하는 데이터의 특성^feature값으로 벡터 형태를 가진다. W는 가중치, b는 편향을 의미한다. 그리고 W와 b를 합쳐서 파라미터라고 부른다. 비유를 통해 파라미터의 가중치와 편향을 설명해보자. 화초가 잘 자라기 위해서는 알맞은 양의 햇볕을 쬐어야 한다. 이때 햇볕은 가중치다. 그런데 날씨는 인간이 마음대로 조절할 수 없다. 이번 달에 비가 너무 와서 햇볕을 쪼일 시간이 충분하지 않았다면 인위적인 조명을 통해 부족한 양의 빛을 보충해야 한다. 이때 조명이 편향이다. 아울러 화초가 더 잘 자라기 위해 햇볕과 조도를 최적화하는 것이 파인튜닝이다.

그림 4-6 파운데이션 모델과 생성형 AI 서비스의 관계

가중치　　　　　　　　　　　　편향

　　파인튜닝의 과정을 살펴보자. 다양한 자료를 사전에 학습한 Base LLM 을 토대로 법률, 마케팅, 회계 등 특정 영역의 데이터셋, 유통, 금융, 반도체 등 특정 산업의 데이터셋, 사용하는 조직에 특화된 데이터셋 등으로 파인 튜닝을 거쳐 특정 분야에 특화한 LLM을 만든다.

　　한때 sLM을 small LLM이라는 명칭으로 사용하기도 했는데 잘못된 표 현이다. 작은 거대 언어 모델이라니 말이 안 된다. large와 small을 구분하 는 절대적인 기준치는 없다. 그저 상대적인 구분이다. 다만 메타의 Llama 공개 이후 그 소스를 활용한 Alpaca, Vicuna, Dolly 등 작은 규모의 파생 모델이 나오기 시작하면서 sLM이 회자됐다.

　　파라미터는 생성형 AI 모델이 학습하는 데 필요한 가중치다. 요리 과정 에 비유를 해보자. 요리를 할 때 양념을 얼마큼 넣는지에 따라 맛이 달라 진다. 마찬가지로 생성형 AI 모델도 파라미터의 값을 얼마큼 조정하는지에 따라 결괏값이 달라진다. 일반적으로 파라미터의 수가 많을수록, 더 많은 데이터를 학습할수록 성능이 좋아진다. 그렇다고 파라미터의 수가 많을수 록 무조건 좋은 것은 아니다. 모델이 너무 커지면 학습과 실행에 더 많은 자

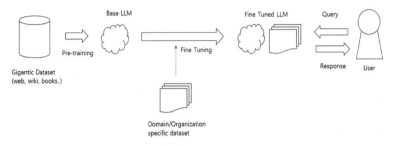

Base LLM

Pre-training

Gigantic Dataset
(web, wiki, books..)

Fine Tuning

Domain/Organization
specific dataset

Fine Tuned LLM

Query

Response

User

그림 4-7 파인튜닝(출처: https://towardsdatascience.com**)**

원이 필요해지고 처리 속도도 느려진다.

최근 LLM의 단점을 보완하고 경제성을 살린 sLM이 속속 공개되고 있다. 일반적으로 LLM은 확장성이 높고 고급 사양인 반면, sLM은 가성비가 높은 모델이다. 기업이 이러한 언어 모델을 도입하기 위해서는 페라리 자동차가 필요한지, 아니면 경차가 필요한지 명확한 사용 목적을 정의해야 한다. 치킨을 배달하기 위해 페라리 자동차를 구입할 필요는 없기 때문이다.

LLM의 경우 적게는 수십억 개 많게는 수조 개 이상의 파라미터를 갖고 있는데 GPT-3.5는 약 1750억 개의 파라미터로 구성되어 있으며, GPT-4는 약 1조 7천억 개(5천억 개로 주장하는 곳도 있다), 구글의 제미나이 울트라는 약 1조 5600억 개의 파라미터를 갖춘 것으로 알려져 있다. 한편 sLM인 마이크로소프트의 Phi-2와 메타의 Llama-2-7B는 각각 27억 개와 70억 개의 파라미터만으로 가성비 좋은 성능을 보이고 있다. 이렇게 적은 파라미터로 좋은 성능을 내는 이유는 양보다 질에 초점을 맞추어 좋은 데이터 위주로 학습했기 때문이다. sLM의 경우 향후 기업의 맞춤형 서비스로 활용될 가능성이 높다.

아울러, LMM[large multimodal model] 기술도 발전하고 있다. 이것은 문자 데이터와 함께 방대한 이미지 데이터를 함께 학습했기 때문에 프롬프트로 이미지 입력과 출력이 가능한 파운데이션 모델이다.

골드러시와 AI 가속기

미국의 골드러시 때 부를 많이 축적한 사람들은 누구일까? 곡괭이를 만들어 파는 사람, 텐트와 청바지를 만들어 파는 사람, 숙박업을 하는 사람, 채굴 기술자다.

골드러시는 1848년부터 1855년에 걸쳐 캘리포니아주에 사금이 발견되면서 사람들이 대거 몰려든 현상이다. 미국의 NFL national football league의 샌프란시스코 '포티나이너스'의 팀명도 여기서 유래했다. 캘리포니아의 인구가 급증한 시점이 1849년이었는데 이때 이주한 사람들을 일컬어 49ers라고 불렀던 것이다. 리바이스 청바지도 이때 처음 나왔다. 사금을 캐는 작업자들은 잘 찢어지지 않는 바지가 필요했는데 리바이 스트라우스라는 사람이 천막 소재를 이용해 바지를 만들었다. 1853년에는 금을 캐기 위한 수압 굴착 기술도 개발됐다.

정작 금을 발견한 사람 중 상당수는 돈을 벌지도 못했다. 일례로 어떤 이가 소유한 땅에서 금이 발견됐다는 소문이 퍼지자 불법 침입자들로 인해 개인 농장마저 쑥대밭으로 망가져 파산하고 가족들까지 잃었다. 서부 영화에서도 보았듯이 당시는 무법천지나 마찬가지였다. 통상적으로 금을 캐는 사람들보다 금을 캐기 위한 도구를 만드는 사람들이 훨씬 돈을 많이 벌었다.

이처럼 생성형 AI 시대의 진정한 승자는 아직 오픈AI 같은 LLM 개발과 생성형 AI 서비스 업체라고 단정 지을 수 없다. 골드러시 때와 마찬가지로 겉으로 드러난 화려한 모습 뒤에 잘 드러나지 않은 생성형 AI의 생태계를 볼 줄 알아야 한다.

실제 LLM을 개발하고 생성형 AI 서비스를 제공하는 기업들의 수익은 아직 미미하다. 반면 그러한 기업들에 필요한 도구인 반도체를 제공하는 기업들의 매출과 이익은 폭발적으로 증가하며, 그 영향력 또한 커지고 있다.

지금부터 생성형 AI 기술과 서비스에 반드시 필요한 AI 가속기를 자세히 알아보자.

AI 가속기

생성형 AI가 뜨거운 감자로 부상하면서 AI 반도체, AI 칩, GPU, NPU neural processing unit 등 관련 용어가 그 의미를 제대로 이해하지 못한 채 남용되고 있다.

이렇게 AI 반도체로 통칭되는 용어들은 AI 가속기 또는 AI 하드웨어 가속기로 부르는 게 더 정확한 표현이다. 미국에서는 'AI Accelerator' 또는 'AI Hardware Accelerator'라고 표현한다. 특히, GPU는 보통명사가 아닌 특정 기업의 브랜드다. 과거 복사기를 특정 기업의 사명이자 브랜드인 Xerox라고 부르거나 '복사하다'를 'Xerox it'이라고 했던 것과 같은 맥락이다. 우리나라에서도 어떤 사람들은 조미료를 '다시다', 짜장 라면을 '짜파게티'라는 개별 기업의 브랜드로 부른다. 짜파게티의 경우 짜장 라면 시장점유율이 무려 80%나 되기 때문이다.

AI 가속기를 엔비디아에서는 GPU로, 구글에서는 텐서 처리 장치 Tensor Processing Unit, TPU로, 그래프코어에서는 IPU Intelligence Processing Unit라고 명명하며,

이 밖에도 여러 AI 가속기 있다. 이처럼 AI 가속기는 AI 알고리즘을 계산하는 데 적합한 반도체 칩이다. 현재 AI 가속기 시장의 80% 이상을 과점하고 있는 기업이 엔비디아이며 그들의 A100/H100/H200 Tensor Core의 GPU 시리즈가 AI 가속기에 해당한다. 생성형 AI의 발전과 더불어 엔비디아의 주가가 고공행진을 했던 이유가 여기에 있다.

문제는 GPU가 원래 게임의 그래픽 처리용으로 설계되어 대용량 데이터 처리를 위한 코어core 수를 늘려야 하는데 코어 수가 늘어나면 전력 사용량도 함께 증가하기 때문에 에너지 효율이 낮고 가격이 비싸다는 점이다. 게다가 GPU는 게임, 비트코인 채굴 등 범용적으로 쓰이며 내구성이 낮아 기대수명도 5년을 넘기지 못한다. 초기 GPT 모델의 학습에 1만 개가 넘는 A100 GPU가 사용됐다고 하니 개당 1만 달러로 환산하면 약 1300억 원이든 셈이다. 물론 전력 비용은 별개다. 하지만 이런 단점에도 불구하고 지금은 없어서 못 파는 상황이다.

2024년 3월 엔비디아는 이러한 단점을 보완한 B200 제품을 공개했는데, 성능은 H100에 비해 30배 정도 향상됐고, 전력 사용량도 25분의 1로 낮추었다고 발표(참고로 H100 한 장 가격은 약 5500만 원이다).[7] 주목할 점은 엔비디아가 B200을 단독으로 판매하는 것이 아니라 B200 GPU 2개와 이러한 GPU를 컨트롤하는 Grace CPU 1개를 묶어 패키지 형태의 GB200으로 판매한다는 것이다. 수요자 입장에서 보면 엔비디아의 GPU를 구입하려면 CPU까지 포함해 더 높은 가격으로 상품을 구매해야 한다.

GPU에 비해 NPU는 AI 학습에만 특화된 AI 가속기이므로 전력 효율이 높고 가격도 저렴하다. 한국의 팹리스 스타트업 리벨리온이 개발한 ATOM과 마이크로소프트가 자체 개발한 Maia도 NPU다. 애플도 맥북 에어에

M1, M2 등 자체 설계한 M 시리즈 NPU를 탑재하고 있다.

조금 더 이해를 돕기 하기 위해 AI 가속기를 CPU와 비교하여 설명해보자. CPU는 오케스트라 지휘자처럼 전체 컴퓨팅을 조율하는 역할을 하는 반면, AI 가속기는 바이올리니스트와 같은 단원으로서 CPU로부터 받은 개별 미션을 특화해서 수행한다. 또한, 흔히 착각하는 것이 있다. 사실 AI 알고리즘은 CPU, GPU, NPU에서 다 작동한다. NPU로 돌릴 수 있는 것은 GPU로도 돌릴 수 있고, GPU로 돌릴 수 있는 것은 CPU에서도 돌아간다. 이러한 차이를 음식점에 비유하면 CPU는 10가지 메뉴를 판매하는 음식점이며, GPU는 5가지 메뉴를 판매하는 음식점이고, NPU는 3가지 메뉴를 판매하는 음식점이다. 즉 많은 종류의 음식을 파는 곳은 특별히 맛있는 요리는 없지만 일반 대중의 입맛을 적당히 만족시켜주며, 적은 종류의 음식을 판매하는 곳일수록 특화된 맛집이며 가격도 싸다.

학습 칩 vs. 추론 칩

AI는 학습^{training}과 추론^{inference}의 두 가지 역할을 가지고 있다. 전자는 아웃풋^{output}을 생성하기 위해 수많은 인풋^{input} 데이터를 공부하는 과정이고, 후자는 학습한 것을 토대로 아웃풋을 만들어내는 과정이다. 예를 들어 AI는 수백만 장의 강아지 사진을 학습하는 과정과 이후 새로운 사진이 주어졌을 때 앞서 학습 내용을 토대로 그 사진이 강아지인지 아닌지 판별하는 추론의 과정을 거친 후 답을 내놓는 것이다.

요리 과정을 생각해보자. 파스타를 만들 때 필요한 조리 도구와 스테이크를 만들 때 필요한 조리 도구가 다르다. 요리마다 필요한 식재료 도구가 다르듯 학습과 추론에는 각각 고유의 역할이 있으며 이러한 역할에 맞는

AI 가속기가 다르다.

그런데 지금까지 AI 가속기는 학습과 추론 과정의 용도별 구분이 되어 있지 않고, 학습 과정에 사용하는 GPU나 NPU를 추론 과정에도 함께 쓰고 있다. 하지만 학습용 칩을 추론 과정에도 사용하다 보니 성능이 제대로 나오지 않는 문제가 발생하곤 한다.

AI 가속기를 설계하는 방식에는 FPGA와 ASIC가 있다. 먼저 FPGA 방식에 대해 알아보자.

FPGA^{field-programmable gate array}는 용도에 맞게 칩의 회로를 변경할 수 있는 구조 방식이다. 다만 물리적 회로 구성을 바꾸는 것은 아니며 소프트웨어를 통해 회로 구성을 변경한다. FPGA는 사용자의 요청사항에 빠르게 응답할 수 있는 저지연성이 장점으로, 클라우드 데이터 센터에서 처리하는 작업이 빈번한 생성형 AI에 안성맞춤이다.

아울러 FPGA로 설계한 AI 가속기는 GPU 대비 2가지 우위를 갖고 있다.

첫째, GPU 대비 병렬 작업에 대한 우위를 갖고 있다. GPU도 CPU 대비 병렬 작업의 우위를 가지고 있지만, FPGA의 그것과 성격이 다르다. 예를 들어 GPU의 병렬 작업은 대개의 경우 덧셈과 곱셈을 동시에 처리하지 못한다. 덧셈과 곱셈 둘 중 하나를 먼저 처리한 후 다음 작업을 순차적으로 진행한다. 즉 GPU의 장점인 병렬 작업은 수백만 번의 동일한 덧셈 작업만 동시에 할 수 있다는 의미다. 반면 FPGA의 경우 사칙연산을 동시에 처리할 수 있도록 프로그래밍을 통해 회로를 변경할 수 있다.

둘째, GPU 대비 병목현상이 덜하다. 여러 개의 GPU를 물리적으로 연결하여 사용하면 데이터 전송의 병목현상이 발생할 수밖에 없다. 물론 엔비디아는 NVLink 기술을 통해 연결성을 강화하여 이를 어느 정도 해소하고

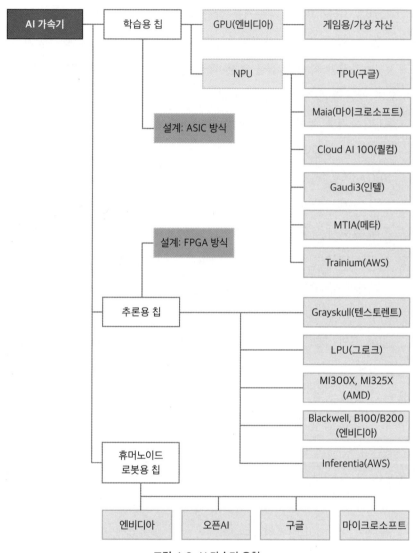

그림 4-8 AI 가속기 유형

있지만 완벽하지는 않다. 반면 여러 개의 FPGA를 물리적으로 연결하는 경우, 데이터 전송의 병목현상이 발생하더라도 개발자가 회로를 제어하여 데이터 흐름을 최적화할 수 있기 때문에 병목현상이 상대적으로 덜하다.

한편 FPGA처럼 특정 목적에 최적화한 기술이 ASIC[application-specific integrated circuit]다. ASIC 방식으로 설계한 AI 가속기는 완전 맞춤 제작한 칩이다. 따라서 한 번 만들어진 칩은 구조 변경이 안 되므로 다른 용도로 사용하는 것이 불가능하다. 일반적으로 ASIC는 FPGA보다 전력 효율성과 성능은 좋지만, 개발 비용이 높고 개발 기간도 오래 걸린다. 그래서 한 번 만들어지면 오랫동안 변경되지 않을 작업에 적합하다. 이에 비해 FPGA는 이미 만들어진 칩에 프로그래밍을 통해 회로를 재구성한 것이므로 ASIC에 비해 상대적으로 개발 비용이 저렴하고 개발 기간도 짧게 걸린다.

종합하면 AI 학습은 정형화된 작업이므로 오랜 기간 변하지 않기 때문에 GPU나 ASIC 방식으로 설계된 칩이 적합하며, AI 추론은 시장 트렌드, 기업 및 산업의 특수성 등 다양한 비즈니스 환경에 신속하게 대응해야 하므로 FPGA 방식으로 설계된 칩이 더 적합하다.

마을 5

어서 와, 이런 분류는 처음이지?

생성형 AI 열풍에 비해 서비스 유형을 체계적으로 정리하고 설명한 자료를 찾기 힘들다. 생성형 AI의 확산 속도가 너무 빠르다 보니 미처 그것을 정리하는 활동이 부족했을 것이다. 오히려 속도가 내용을 앞선 것이다. AI의 역량 수준, 서비스 제공 형태, AI 답변의 범위, 개방성 정도, 적용 분야의 범위, 데이터 연결 장소 등 어떤 서비스가 있는지 톺아보자.

표 5-1 생성형 AI의 서비스 유형

유형	종류
AI의 역량 수준	약인공지능, 강인공지능, 초인공지능
서비스 제공 형태	문자, 음성, 이미지, 영상(인풋 데이터/아웃풋 데이터)
AI의 답변 범위	안전 기능이 작동하는 GPT, TruthGPT
개방성 여부	클로즈드소스 LLM, 오픈소스 LLM
적용 분야의 범위	Artificial General Intelligence, Domain-Specific AI

표 5-1 생성형 AI의 서비스 유형(계속)

유형	종류
데이터의 연결 장소	클라우드 기반의 AI, 온디바이스 AI
결과의 이유 설명 가능 여부	현재의 모든 AI, XAI
주요 서비스명(기업) (글을 쓰는 순간에도 새로운 서비스가 계속 생겨나고 있으므로, 주요 서비스명만 언급한다.)	ChatGPT, 빙챗/코파일럿(마이크로소프트), 제미나이/Imagen(구글), 클로드(앤트로픽), 미스트랄AI, 스테이블디퓨전, 미드저니, 소라(오픈AI), DALL-E 2, Craiyon, NightCafe, WOMBO Dream, 아트브리더, 뤼튼, 딥엘, Ernie, Sense Chat

AI 역량 수준

AI가 어느 정도의 역량을 가지고 있는지 그 수준에 따라 약인공지능, 강인공지능, 초인공지능으로 구분한다.

약인공지능

약인공지능$^{weak\ AI}$은 인간의 능력으로 아주 오랜 시간이 걸리는 복잡한 계산 문제들, 보고 듣고 느끼는 감각 활동처럼 인간은 쉽게 할 수 있으나 그동안 컴퓨터는 수행하기 어려웠던 것들을 해결하는 최근의 생성형 AI 기술을 통틀어 말한다. 아울러 이러한 기술이 더 발전하여 강인공지능이 구현되기 전 단계를 의미한다. 그러니 앞으로 얼마나 더 걸릴지는 모르지만 상당 기간 동안은 약인공지능의 시대라고 할 수 있다.

약인공지능은 특정 문제만을 해결하는 인공지능$^{artificial\ narrow\ intelligence,\ ANI}$이다. 인간은 하루에도 여러 가지 다양한 일을 하며 산다. 아침에 일어나 세수도 하고, 커피 머신을 이용해 커피도 직접 내려 마신다. 회사에서 업무도 하고 여가 시간을 들여 그림을 그리거나 악기 연주를 할 수도 있다. 하지만 약인공지능 컴퓨터는 정해진 용도에 맞는 일만 할 수 있도록 설계되어 있다. 커피를 만드는 AI, 복잡한 계산을 하는 AI, 그림을 그리는 AI, 피아노를 연주하는 AI 등 한 개의 AI가 사람처럼 앞의 모든 일을 다 처리할 수 없다.

그럼 우리 주변에서 흔히 접할 수 있는 약인공지능에는 어떤 것들이 있을까? 스마트폰의 음성인식 기능, 유튜브와 넷플릭스, 인터넷 쇼핑몰의 추천 시스템, 생성형 AI에 프롬프트 입력 등 우리는 하루에도 수십 번 약인공지능과 함께 시간을 보내고 있다.

강인공지능

강인공지능strong AI은 인간의 두뇌와 동일한 수준 또는 그 이상으로 사고하고 이해하고 판단하는 능력을 가진 컴퓨터다. 물론 복잡한 연산 문제를 푸는 것과 같은 특정 분야는 이미 인간의 두뇌 수준을 훨씬 넘었지만 말이다. 그래서 강인공지능은 약인공지능의 ANI와 대비되는 개념으로 인공 일반 지능artificial general intelligence, AGI이라는 특징을 갖는다. 그래서 AGI에 가까워질수록 강인공지능이 된다고 할 수 있다.

영화 <아이언맨>의 주인공 토니 스타크의 AI 비서인 자비스를 떠올리면 된다. 그는 일상의 모든 활동부터 악당들과의 전투까지 모든 영역에 걸쳐 매우 중요한 역할을 수행한다. 어쩌면 스타크는 몸을 빌려주고 의사결정만 내릴 뿐 실질적인 해결은 자비스가 거의 다 한다고 해도 무방하다.

그래서 강인공지능이라고 불릴만한 수준의 개발은 아직 멀었다. 게다가 그런 수준에 이르지 못했으니 명확한 개념이 정의되지도 않았다. 솔직히 인간의 뇌도 현대 과학의 수준으로 정확히 밝혀내지 못했는데, 어찌 강인공지능을 정의하겠는가.

초인공지능

닉 보스트롬은 《슈퍼 인텔리전스》를 통해 초인공지능^{artificial super intelligence,} ^{ASI}이란 인류의 지능 수준을 월등히 뛰어넘어 인간도 AI의 메커니즘을 제대로 이해하지 못하는 지능 폭발^{intelligence explosion}로 설명했다. 조금 어렵다면 SF 영화를 떠올려 이미지 연상을 해보자. 영화 <터미네이터>의 스카이넷과 <트랜센던스>(2014)의 슈퍼 컴퓨터는 어떤가. <트랜센던스>를 잠시 살펴보자.

AI 분야의 천재 과학자 윌은 AI가 발달할수록 인류가 멸망한다고 주장하는 단체의 공격을 받고 목숨을 잃는 과정에서 연인의 도움으로 그의 뇌를 컴퓨터에 이식하여 전 세계의 컴퓨터와 연결된다. 그리고 자가발전을 통해 거의 전지전능한 힘을 갖게 된다. 터미네이터의 스카이넷이 AI가 발전하여 창조된 것이라면 트랜센더스라는 인간의 뇌가 초인공지능이 됐다는 차별점이 있다. 죽은 윌, 아니 AI와 합체된 윌은 그동안 인간이 해결하지 못했던 난치병, 과학의 문제들을 해결하는 등 선의의 성과를 내기도 하지만, 급기야 점점 인류를 위협하기에 이른다. 영화를 시청한 후 그가 과학자 윌인지 아니면 윌의 뇌를 빌려 새로 태어난 AI인지 의문을 품게 된다.

바로 이런 초인공지능의 단계가 온다면 그동안 SF 영화나 소설에서 다루었던 인류의 멸망이 현실이 될 수 있다. 물론 AI는 최초 설계된 목표를 벗어날 가능성이 희박하기 때문에 AI에 의한 디스토피아의 우려를 반박하는 학자들도 있다.

서비스 제공 형태

서비스의 제공 형태에 따라 문자, 음성, 이미지, 영상으로 나뉜다. 이처럼 생성형 AI가 출력하는 다양한 형태의 데이터를 멀티모델multimodal이라고 한다. 지금까지 나온 생성형 AI는 대부분 한 가지 형태의 출력만 받을 수 있는 유니모델unimodal이지만 오픈AI의 ChatGPT 4는 문자와 이미지를 둘 다 출력할 수 있는 멀티모델 서비스다. 이것이 더 진화하면 문자, 음성, 이미지, 영상 등 모든 형태의 데이터 입출력이 가능한 진정한 멀티모델 서비스가 될 것이다.

문자

문자 형태의 AI는 자연어 처리 기반으로 작동하며 대표적인 서비스로 ChatGPT가 있다. 주로 전체 내용 요약, 번역, 코드 생성, 산술 및 대수, 기하학, 연산 등 다양한 지식을 충족시키기 위한 질문에 문자로 답변한다. 앞서 LLM과 트랜스포머 모델의 개념을 설명하며 여러 예시를 통해 문자 기반 생성형 AI를 깊이 다루었다.

음성

음성 서비스는 이미 한 차례 희로애락을 겪었다. 생성형 AI가 화두이기 훨씬 전에 나온 AI 스피커를 기억해보자. 2010년경 아이폰의 수많은 애플리케이션 중 라이프 스타일 분야 다운로드 1위 애플리케이션은 모바일 소프트웨어 스타트업이 만든 시리였다. 시리가 인기를 누렸던 이유는 기존의 검색 엔진 방식과 달리 구어체의 음성을 인식했기 때문이다. 그해 애플은 시리를 인수했고 2011년 아예 아이폰4S에 탑재했다.

이에 자극을 받은 아마존은 홈 스마트 스피커인 아마존 에코를 통한 알렉사 서비스를 내놓았다. 이것은 시리와 달리 집안에서 가전을 제어하거나 주문을 하는 등 누구나 사용할 수 있었다. 특히 아마존은 관련 생태계의 주도권을 갖기 위해 SDK^{software development kit}를 공개했다. 그러자 구글과 애플도 연이어 홈 스마트 스피커를 출시했고 우리나라에서도 2016년 SK텔레콤이 누구^{NUGU}라는 AI 스피커를 처음 출시했다. 비슷한 시기에 네이버의 클로바, 카카오의 미니, KT의 지니 등 브랜드와 모양은 다르지만 동일한 수준의 서비스를 제공하는 많은 AI 스피커들이 나왔다. 2017년 아마존은 음성에 화면을 추가한 에코 쇼 서비스를 선보였는데, 화면이 사람의 얼굴을 인식하여 자동으로 따라다니게 하여 서로 마주 보고 대화를 나눌 수 있다.

2000년대 초에도 어린이들이 간단한 대화를 할 수 있도록 고안된 장난감이 있었다. 인형 모양의 내부에 알고리즘을 넣어 간단한 퀴즈에 곧잘 대답을 하게 만들었다. 여기서 한참을 더 과거로 시간 여행을 떠난다면 토머스 에디슨의 발명품도 있다. 1890년 판매된 축음기 인형^{phonograph doll}이라 불리던 말하는 인형이 있었다.

원리는 아주 간단하다. 인형에 소형 축음기를 내장해 어린이들에게 몇 가지 녹음된 소리를 들려주고 동요도 불러주게 만들었다. 당시 사람들에게는 깜짝 놀랄만한 희귀한 인형이었으니 19세기의 AI 스피커나 마찬가지였다. 이 인형은 웬만한 노동자의 한 달 치 임금에 맞먹는 가격임에도 불구하고 불티나게 팔렸다. 하지만 2500개의 판매량 중 얼마 지나지 않아 2천여 개가 반품 처리됐다. 그럴 만한 이유가 있었다. 축음기 보호를 위해 인형을 철로 감쌌는데, 어린이들에게는 너무 무거웠으며 음량 조절이나 멈춤 기능이 없었다. 당시 기술로서는 소형 축음기의 성능이 조악했기 때문이다. 즉 사용성이 현저히 떨어졌고 막상 할 수 있는 것이 너무 제한적이었다. 아이러니하게도 에디슨은 이 발명품으로 인해 파산까지 이르게 됐다.

어찌 보면 21세기에 한때 유행했던 AI 스피커의 인기가 사그라진 것과 무관하지 않다. 그 많던 AI 스피커는 다 어디로 갔을까? 이 물음에 대답을 하기 위해선 집 어디선가 굴러다니는 AI 스피커를 주로 어떻게 사용했는지 조사해보면 알 수 있다.

○○○~ 오늘 날씨 알려줘.

○○○~ 노래 들려줘.

○○○~ 몇 시에 알람 맞춰줘.

○○○~ TV 켜줘.

이런 범주의 용도를 크게 벗어나지 않았다.

해외 시장은 어떨까? 해외 기사 중 AI 스피커 시장이 정체에 빠졌다는 기사를 심심찮게 볼 수 있다. 2023년 마이크로소프트 CEO인 사티아 나델라는 《파이낸셜 타임스》와의 인터뷰에서 음성인식 AI 서비스에 대해 "바위처럼 멍청하다"라고 혹평했다.[8] 마이크로소프트의 코타나, 아마존의 알렉사, 구글의 어시스턴트, 애플의 시리 등 많은 음성인식 AI 서비스의 음성인식률이 떨어져 오작동을 일으켰기 때문이다.

물론 음성인식 기술이 더디게 발전하는 데 몇 가지 이유가 있다. 첫째, 문자 기반 생성형 AI의 경우 음절/단어 단위로 언어를 인식하고 문맥까지 파악할 수 있는 반면, 음성 기반 AI의 경우 문장을 기반으로 언어를 인식하므로 학습한 내용과 정확하게 일치하는 문장에만 대답할 수 있다. 즉 학습 데이터의 규모가 훨씬 적기 때문이다. 둘째, 문자에 익숙한 젊은 세대의 특성 때문이다. 통화보다 메시지에 익숙한 MZ세대들로 인해 콜 포비아^{call phobia}라는 신조어까지 만들어졌으니 말이다. 셋째, 기업의 비즈니스 모델 때문이다. 포털 서비스, 인터넷 쇼핑몰 등 주로 문자 입력을 통해 수익을 창출하는 기업들이 많기 때문이다.

최근 아마존의 AI 스피커 업무 부서는 강력한 구조 조정을 겪었다. 계속되는 적자를 감당하기 어려웠으며 그렇다고 마땅한 미래 수익 모델을 찾지도 못했기 때문이다. 과거 알렉사가 처음 출시됐을 때 사람들의 관심은 대단했다. 당시 아마존은 알렉사의 음성인식 서비스를 통해 고객에게 상품 주문의 편리성이라는 가치를 제공하고 기업의 매출은 더 증가할 것이라고 믿었다.

이런 일도 있었다. 한 가정에서 6살짜리 어린아이가 혼자 놀던 중 알렉사에게 인형의 집과 쿠키를 주문했는데 부모도 모르는 사이 결제가 이루어졌다. 더 큰 문제는 그 이후에 벌어졌다. 얼마 후 이 소식이 TV 뉴스에 소개되며 앵커가 인형의 집을 주문해달라고 말하자 뉴스를 시청하던 가정의 알렉사들이 이를 실제 주문으로 오인하는 바람에 아마존에 주문 요청이 쇄도하는 일이 발생했다. 당시 서비스 보안 문제로 비판을 받았지만 한편으로는 알렉사가 음성인식을 너무 잘해 벌어진 일이라 그때는 음성인식 기술의 전망이 밝았다.

최근 그나마 다행인 것은 음성인식 기술이 의미 있는 쓰임새를 찾았다는 점이다. AI 스피커가 몸이 불편한 사람이나 독거노인을 위해 119와 연계하여 안전과 복지에 도움을 주고 있으며, 실제 노인들의 우울감이나 고독감 감소에 성과를 거두고 있다.

그동안 잊혔던 AI 스피커는 생성형 AI의 열풍을 일으킨 ChatGPT 서비스로 인해 역사의 유물이 될지 아니면 또 다른 모습으로 진화할지 조금 더 지켜봐야 할 것 같다. 다만 여기서 중요한 것은 스피커라는 하드웨어가 아니라는 점이다. 물리적인 스피커는 사라질 수도 있으며, 음성인식 기술이 스마트폰이나 별도의 단말기 같은 새로운 옷으로 갈아입고 문자 기반 생성형 AI처럼 성장할 수 있는지가 더 중요하다.

지금도 스마트폰의 앱 스토어를 통해 ChatGPT와 마이크로소프트 코파일럿 애플리케이션을 다운로드하면 음성 대화가 가능하다. 물론 아직은 문자 대화만큼 성능을 보여주지 못하지만 예전의 음성 AI 스피커보다 대화가 훨씬 자연스럽다. 현재 음성 기술은 특정인의 목소리 페르소나를 분석하여 복제하는 것이 가능하며, 학계에서는 인간 뇌의 감정을 조절하는 변연계를 모방하여 말의 의미를 인식하는 연구를 진행 중이다. 예를 들어 인간은 동일한 '예'일지라도 말의 억양과 세기에 따라 여러 가지 다른 의미가 있다는 것을 안다.

앞으로 생성형 AI가 영화 <그녀>의 사만다처럼 된다면 문자 기반의 생성형 AI를 뛰어넘을 것이다. 그저 말로만 이야기했을 뿐인데 메일을 주제별로 정리해주는 사소한 일부터 자신을 공감하고 위로하는 일까지 거의 모든 것을 해주니 말이다.

나는 당신의 것이지만 당신의 것이 아니야

2023년 5월, 미국에서 180만 명의 스냅챗Snapchat 구독자를 보유한 20대 여성 인플루언서가 AI 스타트업 Forever Voices를 통해 GPT-4에 자신의 목소리와 말투를 1천 시간가량 학습시킨 챗봇 서비스를 제공한 후 단 5일 만에 1억 원이 넘는 수익을 올렸다. 챗봇 가입자의 98%는 남성이며, 디지털 연인의 역할을 한다. 물론 그 연인은 나와 대화를 나누는 중에도 수천 명의 다른 사람과 대화를 나누고 수백 명을 동시에 사랑할 수 있다.

영화 <그녀> 속 사만다는 이렇게 말한다. "나는 당신의 것이지만 당신의 것이 아니야."

이미지

대표적인 이미지 생성형 AI 서비스로는 미드저니Midjourney, 스테이블 디퓨전, 제미나이가 있으며 그 밖에 DALL-E 2, Craiyon, Night Cafe, Wombo Dream, 아트브리더Artbreeder, Imagen 등이 있다. 참고로 이 중 달리의 이름이 꽤 인상적이다. 초현실주의 미술의 거장 살바도르 달리Salvador Dali와 픽사의 인기 애니메이션 캐릭터 월-EWall-E의 이름을 결합하여 만들었다. 아마도 화가 달리의 뛰어난 상상력과 월-E라는 로봇의 친근함을 '달리'라는 이미지 생성 서비스에 투영하고 싶었을지도 모른다. 게다가 과학기술의 폐해와 함께 그로 인한 치유와 회복을 다룬 애니메이션 달리를 통해 사용자의 마음속에 AI의 긍정적 이미지를 심어주고 싶었던 것은 아닐까.

DALL-E 3의 경우 생성된 결과 이미지의 일부를 삭제하거나 추가, 스타일 변경, 크기 조정 등 편집이 가능하다. 따라서 생성된 결과 이미지가 원하는 것이 아닐 때 처음부터 다시 작업을 수행하는 불편함을 덜어줄 수 있다.

서비스마다 나름 결과물의 특징이 있는데 실사에 가까운 것도 있으며 판타지에 가까운 것도 있다. 아직은 무료 서비스들이 있으니 문자 입력만으로 상상의 나래를 펼쳐보는 것은 어떨까. 최근 일부 미술 대회에서 생성형

AI가 그린 작품이 수상하는 상황이 벌어지고 있으며, 아예 생성형 AI 전용 미술 대회가 열리기도 한다. 2022년, 미국 콜로라도주에서 열린 미술대회에서 생성형 AI가 그린 그림이 디지털 아트 부문 1위를 차지하여 논란이 됐다.

이미지 생성은 어떤 원리로 작동하는 걸까?

우선 어떤 이미지와 함께 해당 이미지를 설명해주는 글을 쌍으로 짝지어 대량으로 학습을 시킨다. 예를 들어 생성형 AI에게 고흐의 <카페테라스> 그림과 함께 '별이 빛나는 밤에 노란색 건물의 카페테라스에서 커피를 마시고 있는 1880년대 사람들의 모습'이라는 설명을 한 쌍으로 학습시키는 것이다. 생성형 AI가 이렇게 많은 양의 데이터를 짝지어 학습하게 되면 기발한 창작품을 그리기도 한다. 예를 들어 피카소가 그린 해바라기를 보여달라고 입력하면 고흐의 해바라기를 피카소풍으로 바꿔 보여준다. 이는 생성형 AI가 학습을 통해 피카소와 고흐의 그림을 기억하고 있기 때문에 가능하다.

다음으로 이미지를 생성하기 위한 방법으로 노이즈를 제거해나가는 확산 모델의 원리를 알아보자. 예를 들어 커피를 마시고 있는 사람의 이미지에 마치 향수가 조금씩 널리 퍼져나가듯이 노이즈를 입혀 형체를 알아볼 수 없도록 뿌옇게 만들어놓는다. 그리고 이 상태에서 출발하여 이번에는 역으로 차츰 노이즈를 제거해나가며 원래 모습을 찾아가는 과정을 거친다. 생성형 AI는 이렇게 노이즈를 입히고 지우는 반복학습을 하면서 이미지를 생성한다.

르네상스가 낳은 천재 화가 미켈란젤로는 그의 역작 중 하나인 <피에타> 조각상에 대해 이렇게 말했다.

나는 대리석에서 천사를 보았고 그 천사가 자유로워질 때까지 조각했다.

그림 5-1 미켈란젤로의 피에타

이미지에 대한 생성형 AI 원리가 바로 이것이다. 미켈란젤로는 그의 예술 활동을 통해 늘 더하기가 아닌 빼기를 강조했다. 그의 위대한 조각품들은 커다랗고 의미 없는 돌덩이에서 빼기를 계속하여 탄생한 것이다. 어떤 이들에게는 지나칠 정도의 풍요로움이 가득한 시대에서 뺄셈의 미가 필요한 이유다. 확산 모델은 훼손된 고미술품이나 유적지를 복원하는 일에 활용되기도 한다.

이미지 생성형 AI는 이미지를 생성하는 것뿐만 아니라 이미지를 보고 해석하는 것을 포함한다. 예를 들어 한 소녀가 놀이공원에서 풍선을 들고 있는 이미지를 보여준 다음, '만약 누군가가 풍선의 끈을 가위로 자른다면 어떻게 될까?'라고 AI에게 질문을 하면 AI는 풍선이 하늘로 올라간다고 답변한다.

만약 생성형 AI에게 길이를 잴 수 있는 줄자 이미지를 보여주며 이것으로 무엇을 할 수 있는지 물어본다면 어떻게 대답할까? 실제로 물어봤더니 인테리어 디자이너, 목수, 건축가, 건설 노동자, 재단사 등이 하는 일을 설명해줬다.

필자의 자녀가 초등학교 1학년 무렵 학교에서 자의 용도와 그 이유를 묻는 퀴즈를 본 적이 있다. 이에 아이가 시험지에 이렇게 답을 적었다. '도둑이 물건을 훔치는 데 사용할 수 있으며 그 이유는 훔칠 물건의 길이를 정확히 재어야 가방에 담을 수 있기 때문입니다.'

당시 아이가 어린이용 CSI$^{\text{crime scene ivestigation}}$와 추리물 책에 흠뻑 빠져 있었다. 이 답은 선생님들이 학년 회의를 열어 토의할 정도로 참 엉뚱한 것이었다. 필자는 아이에게 도덕적인 측면과 창의성 측면을 분리하여 교육과 칭찬을 했다. 생성형 AI가 이미지를 보고 이와 같은 해석과 답변을 할 수 있을까?

생성형 AI가 못 그리는 그림이 있다?

프롬프트에 '사람을 탄 말을 그려줘'라고 명령을 내려보자. '말을 탄 사람'이 아니라는 점을 명심하자. 어떤 식으로 명령을 내리든 생성형 AI는 이러한 장면을 제대로 그리지 못한다. 정확한 이유가 밝혀지지 않았지만 말이 사람을 탄다는 것이 세상의 이치에 맞지도 않고 그러한 이미지를 학습한 적이 없기 때문일 것이라는 추정을 할 수 있다.

영상

영상 생성형 AI 서비스는 이미지, 영상, 문자 데이터를 통해 새로운 영상을 생성하는 것이다. 특히 오픈AI가 출시한 소라 서비스는 문자 프롬프트 입력만으로 1분가량의 영상을 만들어준다. 영상 기술의 경우 생성형 AI 이전부터 카메라와 센서를 통해 스마트폰의 Face ID와 출입통제시스템, 의료계의 원격수술과 MRI 영상 분석, 자율주행 등 다양한 분야에서 활용되고 있다.

또한 유명인의 고정된 인물 사진에 영상 기술을 적용하여 얼굴 표정과 행동을 자연스럽게 만들고 목소리 재현과 노래까지 부르게 하여 점점 더 실제 모습과 구분하지 못할 정도의 수준으로 발전하고 있다.

출력 관점의 영상 데이터 생성을 입력 관점의 영상 데이터 학습으로 발상을 전환해보는 것은 어떨까? AI 모델에 인간의 눈과 같은 카메라를 부착하고 이를 통해 TV, 스마트폰, 영화관 스크린의 수많은 영상 콘텐츠를 시청하며 학습하는 것이다. 마치 사람이 TV, 스마트폰, 컴퓨터, 영화를 시청하며 정보를 학습하는 이치와 같다.

이상으로 멀티모덜 서비스에 대해 살펴보았다. 그런데 이러한 형태의 데이터는 모두 인간의 오감 중 오로지 시각과 청각에 대한 것뿐이므로 향후 생물의 감각기관을 모방할 수 있다면 촉각, 후각, 미각에 대한 모드도 발전할 수 있을 것이다. 각각의 감각 기능은 굳이 인간을 모방하지 않아도 된다. 생체모방 기술을 활용해 인간보다 훨씬 뛰어난 생물의 감각을 지향하는 편이 나을 수 있다. 실제 와인의 품종을 감별하는 후각 AI, 가짜 위스키를 알아맞히는 미각 AI, 특수 장갑으로 300여 개의 사물을 알아맞히는 촉각 AI가 있으며, 개의 후각을 분석하여 인간이 반려견에게 정확한 의사를 전달할 수 있는 냄새 분사기도 연구 중이다.

향후 후각, 미각, 촉각 뉴런에 대한 연구도 가시적인 성과로 이어질 전망이다. 더 나아가 인간의 음성과 표정으로 감성과 정서를 인식하는 기술이 개발되면 AI가 진정한 공감능력을 가질 수 있다. 생성형 AI가 찡그린 표정, 눈썹과 미간의 움직임, 말의 높낮이에 따라 달라지는 '예'를 구별할 수 있는 날도 오지 않을까?

AI의 답변 범위

생성형 AI의 답변 범위에 따라 보호[safety] 기능이 작동하는 ChatGPT와 모든 질문에 답변하는 TruthGPT로 구분할 수 있다. 보호 기능은 무엇일까? 처음 GPT가 만들어지는 과정에서 사람들은 마약, 폭력, 살인, 인종차별 등 온갖 범죄와 사회적 차별 등의 무분별한 노출 문제를 우려했다. 그래서 반사회적이고 반인류애를 담은 내용들을 차단하는 장치를 만든 것이다. 반면 TruthGPT는 오픈AI의 ChatGPT에 맞서 X.AI를 설립한 일론 머스크가 진실을 추구하는 AI 챗봇을 개발하겠다며 처음 사용한 용어다. 물론 일론 머스크가 표면적으로는 진실을 추구한 것이라고 언급했지만, 기존 ChatGPT의 보호 기능을 약화시켜 조금 더 자유분방한 면에 집중하는 것은 아닌지 우려도 있다.

사실 최초의 GPT도 어찌 보면 TruthGPT에 가까웠다. 진실이라는 것을 어떻게 정의할까? 혹시 각자의 이념으로 바라본 주관적 진실은 아닐까? 집단 지성이 제대로 작동하지 않는 양극화 세상에서 옳고 그름을 따지지 않고 만들어진 수많은 데이터로부터 생성된 답변이 과연 진실하다고 확신할 수 있을까? 마이클 샌델 교수의 《정의란 무엇인가》(와이즈베리, 2014)라는 책을 인용하지 않더라도 우리는 정의가 때로는 고장 난 채 달리는 열차의 기관사가 두 개의 선로 중 어느 한쪽을 반드시 택해야 하는 상황에서 어느 쪽 선로에 있는 사람을 죽이고 살릴지 판단하는 난제와 같은 것임을 알고 있다. 더욱이 기관사가 특정 선로를 택해야만 본인도 살 수 있는 상황이라면 말이다. 대개 이러한 논제의 입장은 더 많은 인명을 구하는 쪽으로 의사결정을 해야 한다는 벤담의 공리주의와 다수를 위해 소수를 희생해서는 안 된다는 칸트의 의무주의로 나뉜다. 몇 해 전 BTS의 곡 <봄날>(2017)의 뮤직비디오로 다시금 회자된 어슐러 K. 르 귄의 《바람의 열두 방향》(시공사, 2014) 속 <오멜라스를 떠나는 사람들>에도 이런 주제는 잘 드러나 있다.

가령 소방수의 의사결정은 더 복잡하다. 만약 화재 현장에서 위험에 빠진 2명 중 단 1명만 살릴 수 있다면? 한 명은 노인이고 한 명은 어린이라면? 그럼 수명이 얼마 안 남은 노인을 포기하고 어린이를 구해야 하나? 그런데 만약 그 어린이가 불치병에 걸려 몇 개월 후면 죽을 운명이라면? 그럼 노인을 구해야 할까? 그런데 그 노인은 알고 보니 흉악한 살인자라면? 이는 필자가 직접 설계한 복잡한 상황의 문제이지만 세상은 복잡한 문제들로 가득하며 우리는 이러한 트롤리의 딜레마^{Trolly Dilemma} 속 세상을 살고 있다.

많은 사람은 정의를 판단할 때 각자 처한 상황과 입장을 중요하게 고려한다. 이러한 이유로 생성형 AI의 답변 범위에 따른 서비스 유형은 단순히 비즈니스 차원의 문제가 아니다. 우리가 유튜브의 추천 알고리즘이 만든 확증편향의 가속화 문제로부터 교훈을 얻었듯이 또 다른 양극화와 몰이성을 만날 것이다.

BTS의 <봄날>

<봄날>의 뮤직비디오는 어슐러 K. 르 귄의 작품 <오멜라스를 떠나는 사람들>을

모티브로 만들어졌다. 겉으로는 유토피아처럼 보이는 오멜라스에 공공연한 비밀이 있는데 그것은 바로 지하에 갇혀 고통받는 아이의 존재다. 하지만 오멜라스 사람들이 이 아이를 바깥세상으로 데리고 나오면 그들이 누려왔던 모든 행복이 사라진다는 딜레마에 빠지게 된다. 이 작품은 소수의 고통과 희생을 담보로 행복할 수 있는 권리, 이 세상에는 불편한 진실을 모르는 체하는 대가로 주어지는 행복이 있고 그것이 과연 정당한 것인지를 말하고 있는 소설이다.

개방성 여부

모델의 알고리즘을 개방한 오픈소스 LLM과 폐쇄형인 클로즈드소스 LLM이 있다. 전자의 경우 Llama, Koala, Alpaca, StableLM, Vicuna, Hyena, 제미나이의 경량화 버전인 젬마^{Gemma} 등이 있다. 후자의 경우 ChatGPT, 제미나이, 클로드, Ernie 등이 있다. 특히 전자 중 메타의 Llama는 모든 소스가 공개되어 있다.

왜 공개했을까? ChatGPT의 사용자가 2달 만에 1억 명을 넘겼으니 당연히 놀랐을 것이다. 여기서 메타의 고심을 엿볼 수 있다. 이대로 기존 주도권을 완전히 잃는 것보다 차라리 소스를 통째로 공개하여 선발주자와의 격차를 줄이는 편이 낫다고 판단했을 것이다. 덕분에 세계 여러 곳에서 이를 복제하여 개조한 버전들이 쏟아져나왔다. Alpaca, Vicuna도 Llama로부터 태어난 자식 같은 존재다.

Llama의 자식들 이름을 포유류에서 가져온 이유는?

Llama는 large language model meta AI의 약어다. 아마도 large language model을 연상하다 보니 알파벳 첫 글자 모음인 Llama와 유사한 동물 이름을 먼저 짓고 이후에 의미를 부여한 것처럼 보인다. 그럼 왜 대부분 낙타과 포유류의 이름일까? 정확한 이유를 알 수는 없지만 일종의 펭귄효과인 것 같다. 누군가 처음 지은 다소 특이한 동물 이름이 계승되고 있으니 말이다. 특히 Alpaca, Vicuna는 주로 남미 안덱스산맥에 서식하는 낙타과인데 Llama의 유전자인 소스를 대가 없이 그대로 물려받았으니 그에 대한 예의와 답례가 아닐까.

적용 분야의 범위

생성형 AI가 여러 분야에서 범용적으로 문제를 해결해줄 수 있는지, 아니면 특정 전문 분야에 대해서만 문제를 해결해줄 수 있는지에 따라 AGI와 domain-specific AI로 구분한다. 현재의 ChatGPT는 AGI에 가까운 모델이다. 일반적으로 강인공지능에 가까워질수록 AGI라고 한다. 향후 분야별 특화된 AI가 활성화될 것이다. 앞서 언급한 생성형 AI는 그림을 그리거나 작곡을 하거나 모션을 인식하는 등 대부분 특화된 분야에서 사용된다. 외국어 번역의 경우도 범용적인 생성형 AI 서비스가 있지만 의료산업, 방위산업, 반도체산업 등 전문 분야에 특화된 AI 서비스가 별도로 존재한다.

데이터의 연결 장소

데이터의 연결 장소에 따라 클라우드 AI와 온디바이스 AI$^{on-device AI}$로 구분할 수 있다. 앞에서 거론된 모든 AI는 클라우드 기반 AI다. 즉 클라우드 시스템의 거대한 저장소에 보관된 데이터들과 커뮤니케이션을 하는 것이다. 이에 반해 온디바이스 AI는 스마트폰, PC 등 단말기에 내장된 데이터와 교류를 한다. 따라서 외부와 통신이 없기 때문에 안전하게 개인정보를 보호할 수 있고, 처리 속도도 빠르다는 장점을 가지고 있다. 대신 적용 서비스가 한정적이고 그 수준이 높지 않은 편이다. 그래도 AI를 스마트폰이나 PC 등 개인 단말기로 가져와 무료로 사용할 수 있다는 점에서 매우 고무적이며, 대중화에 한층 다가서는 계기가 될 것이다. 얼마 전 삼성전자는 가우스라는 LLM을 탑재한 최초의 AI폰인 갤럭시 S24를 출시했으며, 실시간 통역 통화/문자 서비스를 제공하고 있다.

한편 대부분의 사람은 온디바이스 AI가 모든 명령을 스마트폰 내에서 처리하는 것으로 오해를 하고 있다. 많은 기자들이 기술을 정확하게 이해하지 못한 상태에서 뉴스 기사를 양산하다 보니 그 기사를 접한 독자들이 오해할 만도 하다. 사실 온디바이스 AI는 클라우드와 결합한 하이브리드 AI[hybrid AI] 구조를 가지고 있다. AI폰인 갤럭시 S24 울트라 모델의 서클 투 서치[circle to search] 기능을 예로 들어보자. 낮은 난도의 간단한 명령은 스마트폰의 AI로 즉시 처리하고, 높은 난도의 복잡한 명령은 클라우드의 AI가 처리하며, 중간 난도의 명령은 이동통신서비스 기업의 서버에서 에지 AI[edge AI] 로

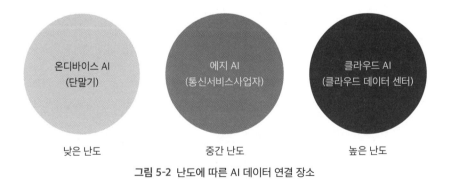

온디바이스 AI	에지 AI	클라우드 AI
(단말기)	(통신서비스사업자)	(클라우드 데이터 센터)
낮은 난도	중간 난도	높은 난도

그림 5-2 난도에 따른 AI 데이터 연결 장소

처리한다. 이는 100억 개의 파라미터를 처리할 수 있는 퀄컴^{Qualcomm}의 스냅드래곤 8 Gen3가 탑재되어 있어 가능하다. 온디바이스 AI의 성능은 LLM과 함께 시스템 온 칩^{System on Chip, SoC}이 중요한 영향을 미친다. SoC는 CPU, AI 가속기, 이미지 신호 처리 등 여러 기능을 하나의 칩에 모아놓은 것으로 속도가 빠르고 전력 효율이 높다.

결과의 이유 설명 가능 여부

현재의 모든 AI는 결과/답변의 이유를 제대로 설명하지 못한다. 왜냐하면 적게는 수백억 개에서 많게는 수조 개 이상의 파라미터를 모두 분석해야 정확한 이유를 알 수 있는데, 이것은 현실적으로 불가능하기 때문이다. 만약 인류가 앞으로도 계속 AI의 작업 결과에 대한 근거를 밝혀내지 못한다면 언제 폭발할지 모르는 시한폭탄을 갖고 있는 것과 마찬가지다. 이는 어떤 의도하지 않은 결과가 발생했을 때 인간이 AI를 통제할 수 없으므로 중요한 문제를 해결하는 데 사용할 수 없다는 것을 의미한다.

그렇다 보니 설명 가능한 AI 연구가 시작됐으며 이를 설명가능 인공지능^{explainable AI}, 줄여서 XAI라고 명명했다. 현재 미국 국방성의 연구개발 담당인 방위고등연구계획국^{defense advanced research projects agency, DARPA}(과거 인터넷의 원형인 ARPANET을 개발)은 AI의 작동 과정을 블랙박스가 아닌 유리박스로 만들기 위해 연구 중이다. 따라서 현재 세상에 공개된 모든 AI는 Non XAI다.

ChatGPT 서비스

현시점에서 바라볼 때 AI의 역사는 ChatGPT 이전과 이후로 나뉜다고 해도 과언이 아니다. 그만큼 ChatGPT의 출현은 혁신적인 사건이다. 마치 아이폰이 처음 출시됐을 때 사람들의 반응과 비슷하다.

아이폰이 처음 출시되던 날은 어땠는가? 2007년 1월 9일, 전 세계 아이폰 판매점 앞에 소비자들이 100미터 넘게 줄을 섰으며 심지어 며칠 전부터 밤샘 대기를 하는 이들도 많았다. 아이폰을 처음 접한 혹자는 이것을 미래에서 온 물건이라며 감탄했다. 그도 그럴 것이 전화기, 인터넷 단말기, 와이드 터치스크린 아이팟, 이 세 가지를 단 하나의 상품으로 합쳐 버렸으니 말이다. 요즘 표현으로 정말 미친 물건이었다. 필자는 이 무렵 KTF(지금의 KT)에서 관련 업무를 수행하고 있었는데, 당시 KTF가 국내 최초로 아이폰을 도입하여 개통했기 때문에 누구보다 이날을 잘 기억하고 있다. 우리나라의 스마트폰 사전 예약 개념과 런칭 프로모션도 그때 처음 생긴 것이다.

ChatGPT의 열풍은 어땠는가? 역대 IT 서비스 중 가장 빨리 가입자를 확보한 인스타그램의 경우 100만 명이 가입하기까지 2.5개월이 걸린 반면, ChatGPT는 단 5일이 걸렸으며 1천만 명을 넘기까지 고작 40일이 걸렸다. 아이폰의 최초 출시 당시 인기를 충분히 넘고도 남았다. 다만 아이폰 출시와 차이가 있다면 생성형 AI 서비스를 이용할 별도의 물리적 단말기가 필요 없다는 것과 스티브 잡스의 프레젠테이션 같은 이벤트가 없다는 것이다. 그리고 언제나 우리의 기대 심리를 유발했던 설렘 있는 그의 한마디!

One more thing!

생성형 AI의 대표적인 서비스로는 오픈AI의 ChatGPT, 메타의 Llama, 마이크로소프트의 빙챗과 코파일럿, 구글의 제미나이가 있다. 또한 이미지 서비스에 특화된 것으로 미드저니, 스테이블디퓨전, DALL-E, Craiyon, Night Cafe, Wombo Dream, 아트브리더 등이 있다. 여기서는 가장 큰 영향력을 가진 오픈AI의 ChatGPT에 대해서 조금 더 알아보겠다.

GPT는 오픈AI가 개발한 LLM으로 ChatGPT라는 서비스명을 가지고 있으며, generative pretrained transformer의 약어다. 한동안 보통 명사처럼 쓰이자 오픈AI에서 상표 출원을 했다. 그러나 2024년 2월 미국 특허청은 GPT가 식별력을 가진 단어가 아니기 때문에 특정 기업이 상표 권리를 가질 수 없다는 이유로 상표 등록을 거부했다.

ChatGPT는 트랜스포머 모델을 통해 약 5조 개의 문서를 학습한 것으로 알려졌다. ChatGPT는 주로 문장의 일부를 활용하여 빠진 단어를 예측하거나 다음 문장을 이어 나가는 사전 학습 방식을 채택했다. 예를 들어 '나는 사과를 ○○○'라는 문장에서 AI는 앞뒤 문맥을 파악하여 서술어로서 '먹었다'라는 동사가 적합한 것으로 예측하고 생성한다. 이는 앞서 설명했던 트랜스포머 모델의 자연어 처리 방식과 동일한 학습 방법이지만, 점차 학습하는 데이터의 양을 늘리고 파라미터를 조정해가며 정확도를 개선했다. 그래서 GPT라는 이름 자체에 사전 학습을 뜻하는 pretrained와 transformer가 함께 쓰인 것이다.

그렇다면 이런 GPT는 주로 어떻게 쓰일까?

GPT는 전문 통번역사가 하던 수준의 번역을 할 수 있고, 아주 긴 글을 요약할 수 있으며, 심지어 글의 느낌을 파악할 수도 있다. 특정 단어나 문장으로 인간의 기쁘거나 슬픈 감정을 학습했기 때문이다. IT 분야에서는

SQL^{structured query language}(데이터베이스에 질문을 하기 위한 구조화된 언어, 즉 데이터베이스를 다루는 언어)을 생성하는 데도 활용한다.

GPT는 2020년 5월 GPT-3이 소개됐고(베타 버전 출시는 6월) 2022년 11월에 지금의 유명세를 만든 GPT-3.5가 출시됐다. GPT-3.5는 GPT-3의 기능에 인간 피드백을 통한 강화학습^{reinforcement Learning with human feedback, RLHF}을 추가한 개념이다. RLHF는 생성형 AI의 잘못된 답변에 인간이 직접 피드백을 하며 학습시키는 방법을 말한다.

RLHF와 RLAIF

RLHF는 강화학습과 인간의 피드백^{human feedback}을 결합하여 모델을 학습시키는 방법이다. 생성형 AI가 최초 생성한 답변에 인간(평가자)이 5점 척도로 점수를 매긴다. 모델의 답변이 높은 점수를 받을수록 더 큰 보상을 한다. 이후 모델이 더 큰 보상을 얻을 때까지 파라미터를 조정한다. 인간 피드백의 경우 낮은 인건비 때문에 주로 파키스탄, 나이지리아 등 저개발국가의 인력을 활용해 진행하는 것으로 알려져 있다.

최근에는 RLHF의 수작업 한계를 넘어 AI가 인간 피드백을 학습한 후 자동으로 편향성과 독성을 제거한 답변을 하도록 만든 RLAIF^{reinforcement learning from AI feedback} 기술이 부상하고 있다. 이러한 데이터 정제 작업을 하는 대표적 기업으로 미국의 이노데이터^{Inodata}와 Scale AI가 있다.

예를 들어 GPT-3의 경우 '고양이 입은 몇 개니?'라고 질문하면 '1개'라고 답을 한다. 그리고 '다시 내 팔의 입은 몇 개니?'라고 질문하면 '1개'라는 엉뚱한 답을 한다. 또 '1600년대 미국의 대통령은 누구지?'라는 질문에 '엘리자베스 1세'라는 답을 한다. 엘리자베스라는 인물이 누구인지는 차치하더라도 미국은 1776년에야 비로소 독립을 했으므로 너무 엉터리 답변이다. 인터넷상에 많이 회자됐던 세종대왕의 '맥북 투척 사건'도 같은 맥락이다.

이처럼 말도 안 되는 모든 질문에 엉뚱한 대답을 하는 것이 GPT-3이었다. 이에 엉터리 질문에 대한 답변에 사람이 올바른 피드백을 함으로써 AI가 학습하고 일반화하도록 설계한 것이 바로 GPT-3.5다.

그런데 GPT-3.5가 사용되면서 사전에 제대로 고려하지 못했던 문제가 드러났다. 마약, 범죄, 폭력, 인종차별, 성소수자, 정치적 이슈 등의 질문에 사회적으로 바람직하지 못하거나 비이성적이고 편향된 답변이 생성된 것이다. 데이터의 소스에서 발생한 문제였다. 그래서 GPT-3.5에 보호 기능을 추가하여 위에서 언급한 비윤리적이거나 사회적 이슈가 될 만한 질문에 답변을 거부하도록 설계한 것이 GPT-4다. 이와 더불어 멀티모델 서비스를 새롭게 추가했다. GPT-4는 GPT-3.5가 출시된 지 얼마 지나지 않은 2023년 3월 출시됐다.

GPT가 얼마나 대단한 성능을 자랑하는지 좀 더 알아보자. GPT-4는 입력 단어의 수가 영어 기준으로 2만 5천 개인데 이는 토큰[token](LLM의 입출력 기본 단위로, 단어의 조각)으로 3만 2768개다.

새로운 LLM이 공개될 때마다 토큰 데이터의 크기는 일종의 스펙처럼 취급되는 입출력 기본 단위다. 그럼 토큰 수는 어떻게 계산할까? 이는 언어 구조에 따라 데이터 크기를 계산하는 방법이 다르므로 사용 언어마다 토큰 수에 차이가 있다. 일반적으로 영어의 경우 토큰 1개는 대략 알파벳 4개, 단어 0.75개와 동일하다. 한글의 경우 토큰 1개는 대략 음절 1개, 단어 0.3

개와 맞먹는다. 즉 단어가 시작하거나 끝나는 지점으로 구분하여 계산하지 않으며 한글은 영어에 비해 입출력 데이터의 양이 적어 비용 측면에서 불리하다는 것을 알 수 있다. 오픈AI에서 제공하는 사이트(https://platform.openai.com/tokenizer)에 접속하면 입력하는 글의 토큰 개수와 구분 지점을 파악할 수 있다. GPT-4 Turbo 이상 모델의 경우 12만 8천 토큰의 입출력(https://platform.openai.com/docs/models/gpt-4-turbo-and-gpt-4)이 가능하므로 웬만한 책 한 권 분량은 거뜬히 입력하고 출력할 수 있다.

신경망의 연결 강도도 놀랍다. 생성형 AI는 답이 틀릴 때마다 신경망의 연결 강도를 강화한다. 인간도 공부나 연구를 할 때 문제가 잘 안 풀리면 어떻게 든 문제를 해결하기 위해 뇌를 더 많이 쓰는 이치와 같다. 보통 생성형 AI의 신경망 연결 강도는 파라미터의 수에 비례하는데, GPT-3.5의 파라미터 수는 약 1750억 개다. 이것은 1750억 개의 X가 있는 아주 복잡한 방정식이며 비선형 최적화 문제를 푸는 수학의 알고리즘이다. 1750억 개의 파라미터를 갖기 위해 필요한 비용은 대략 10억 원이다.

GPT-4는 약 1조 8천억 개의 파라미터를 가진 것으로 알려져 있는데, 파라미터의 수가 1년에 10배씩 증가하니 이론적으로 볼 때 2025년에는 약 17조 개, 2026년에는 약 170조 개의 파라미터를 생성할 수 있다. 인간의 신경망 수가 약 100조 개이니 머지않아 인간의 신경망 구조를 능가하게 된다. 오픈AI의 발표에 따르면 GPT-4는 미국 변호사 시험에 상위 10% 수준으로 합격했으며 생물학 올림피아드에서 상위 1%의 점수를 얻었다.

또한 이미지 속 글자, 이미지 속 사물의 역사, 심지어 해당 이미지에 대한 인간의 감정을 이해할 수 있다. 실제 오픈AI가 공개한 예시를 살펴보자. GPT-4에게 그림 5-3을 보여주고 왜 웃긴지 이유를 알려달라고 했다.

그림 5-3 GPT-4의 이미지 인식 능력(출처: https://www.reddit.com/r/hmmm/)

이에 GPT-4는 크고 오래된 VGA 커넥터를 작은 최신형 스마트폰의 포트에 꽂으려고 하는 것이 웃긴다고 대답했다. 즉 GPT-4는 이미지 속 VGA Connector라는 글자를 인식했으며 Connector의 역사와 버전도 파악했고, 인간의 관점에서 왜 웃기는지도 이해했다.

2024년 5월 14일, 오픈AI는 시각과 청각 정보를 처리하여 음성 대화 서비스를 제공하는 ChatGPT 4o(4o의 o는 모든 것을 뜻하는 'omni'에서 따왔다)를 출시하여 또 한 번 세상을 놀라게 했다. <그녀>의 사만다를 연상하게끔 만들었기 때문이다. 물론 아직은 사만다의 모습을 그대로 재현하는 수준까지 이르진 못했지만 스마트폰의 카메라 렌즈를 통해 사물과 상황을 인식하여 마치 사람처럼 보고 듣고 말하며 문제를 해결하기 위한 방법을 알려준다. 50여 개의 언어 구사와 다양한 목소리 톤으로 대화가 가능하며 사람과 동일한 수준의 반응 속도로 말할 수 있는 멀티모델 서비스다. 해당 서비스 출시 이후 오픈AI의 매출이 크게 증가했는데, 이것은 그들이 PC 웹에서 무료로 서비스를 제공하는 대신 모바일 단말기에서는 ChatGPT Plus 유료 서비스로 업그레이드하는 가격 전략을 펼쳤기 때문이다.

참고로 시연에서 공개된 ChatGPT 4o의 음성이 <그녀> 속 사만다 역할을 맡은 스칼렛 요한슨의 목소리와 너무 흡사하여 그녀가 저작권에 대한 이의를 제기했고, 오픈AI에서 해당 음성을 삭제하는 해프닝이 벌어지기도 했다. 실제 오픈AI는 챗봇 공개 전에 스칼렛 요한슨에게 목소리 사용을 여러 차례 요청했으나 그녀에게 거절당한 바 있다.

도시 II

요술 램프 사용법과 활용 사례

요술 램프에 소원을 비는 법, 프롬프트 엔지니어링

지금까지 생성형 AI의 발전사, 개념과 원리, 모델과 기술, 서비스 유형에 대해서 자세히 살펴보았다. 이번 장에서는 생성형 AI를 어떻게 효과적으로 사용할 수 있는지 알아보자. 특히 다양한 예시를 통해 프롬프트 엔지니어링 개념과 기법을 자세히 살펴보겠다. 또한 복잡한 기법이 아니더라도 생성형 AI로부터 원하는 답을 얻을 수 있는 간단한 방법도 소개한다.

프롬프트 엔지니어링은 소설이다

요즘 MZ세대들은 주방장이 알아서 메뉴를 제공하는 오마카세를 즐긴다고 한다. 일본어 '오마카세^{おまかせ}'는 우리말로 '맡긴다'라는 뜻이다. 이와는 반대로 내가 원하는 요리를 만들어주는 레스토랑이 있다면 어떨까? 그렇기 위해서는 내가 원하는 음식을 아주 상세하게 요리사에게 설명할 수 있

어야 한다. 양념은 어떤 것을 좋아하고, 짜고 맵고 단 정도도 정확하게 이야기해야 한다. 면 요리라면 면발의 탄성까지도 원하는 수준을 정확히 알려주면 좋다. 이렇게 내가 원하는 수준을 자세하게 설명할 수 있으면 나에게 딱 맞는 최상의 요리를 대접받을 수 있다.

이를 사전적 의미로 정의하면 다음과 같다. 프롬프트 엔지니어링은 AI가 수행해야 할 작업을 설명해주는 자연어 텍스트다. 즉 생성형 AI와 소통하는 기술이다.

우리는 학교에서, 회사에서, 강연장에서, 일상 대화 중에도 늘 질문을 한다. 직접 사람에게 질문을 하지 않더라도 포털 사이트에서 검색을 하는 행위 자체도 질문의 일종이다. 연사의 강연 중 청중이 질문을 하면 연사는 좋은 질문이라고 말하며 답을 하는 것을 종종 볼 수 있다. 여기서 좋은 질문이란 중요한 질문일 수도 있지만 다른 말로 바꿔 말하면 그 강사나 교수가 관심 있거나 아주 잘 알고 있어서 대답하기 딱 좋은 질문이란 뜻도 내포하고 있다. 대개 대답하기 곤란한 질문은 좋은 질문이라고 하지 않는다. 프롬프트 엔지니어링도 마찬가지다. 컴퓨터가 잘 알고 있는 것을 잘 대답하도록 좋은 질문을 만드는 것이다. 그래서 프롬프트 엔지니어링이라는 어려운 용어를 'Good Question 만들기' 정도로 이해하면 머리에 쏙 들어오게 된다. 한 가지 명심할 점은 나쁜 질문은 나쁜 답변을 만든다는 것이다.

그림을 그리기 위한 프롬프트를 입력한다고 가정해보자.

A. 뛰고 있는 남성의 모습을 그려줘.
B. 빌딩 사이를 뛰고 있는 20대 운동복 차림의 남성이 있어. 그 남성은 왼쪽 귀에만 이어폰을 낀 채 음악을 들으며 환한 얼굴로 달리고 있어.

약간 그을린 구릿빛 피부에 오른쪽 뺨에선 한 줄기 땀이 흘러내리고 있는 이 남성의 모습을 그려줘.

이 두 가지의 프롬프트를 생성형 AI 프로그램에 입력해본다. 어떤 프롬프트가 내가 원하는 더 세밀한 결과물을 내놓을까? 당연히 B다. 묘사와 풍부한 어휘를 구사하는 대가들은 누구인가? 소설가를 따를 자가 있을까. 과거 대학의 문학도들이 게임 회사의 스토리텔러^{storyteller}로서 K-게임의 성공신화를 만들었듯이, 문학을 전공한 학생들과 소설가들이 역량 있는 프롬프트 엔지니어가 될 수 있지 않을까. 또한 미드저니와 같은 이미지 생성형 AI의 경우 사용자가 미술사, 화풍, 미술 용어에 대한 지식을 가지고 있으면 원하는 결과물을 만드는 데 유리하다. 만약 필자에게 이러한 용어를 정의할 수 있는 선제적 권한이 있었다면, 프롬프트 엔지니어링보다 프롬프트 디스크립션(묘사)^{description}이라고 불렀을 것이다.

지금까지는 사용자 입장에서 프롬프트 엔지니어링의 일반적인 정의를 설명했다. 그런데 프롬프트 엔지니어링 범위를 넓게 보면 개발자 관점으로도 정의할 수 있다.

개발자 관점의 프롬프트 엔지니어링은 고품질의 서비스를 제공하기 위해 비용과 시간을 효율화하는 방법론이라고 할 수 있다. 기본적으로 컴퓨팅 자원을 사용하기 때문에 비용은 질문과 답변의 분량에 비례해서 발생한다. 따라서 최적의 답을 낼 수 있는 가장 짧은 분량의 프롬프트를 만드는 것이 좋다. 가성비 논리가 작용하는 것이다. 어찌 보면 엔지니어링이라는 용어를 사용한 이유도 이런 비용 효율성^{cost effectiveness} 때문일지도 모른다.

프롬프트 엔지니어는 서비스와 시스템을 효율화하기 위해 노력하는 사람이다. 프롬프트 엔지니어는 생성형 AI 모델이 효율적으로 작동하도록 파라미터를 파인튜닝하며 직접 프롬프트를 개발하기도 한다. 또한 앞서 설명했던 보호 기능이 제대로 작동하는지 감독하거나 질문에 사용된 어휘, 구조, 내용에 따라 생성형 AI가 어떻게 반응하는지 분석하는 것도 프롬프트 엔지니어의 역할이다. 따라서 좋은 프롬프트 개발자는 질문의 변화에 따라 결과물이 어떻게 달라지는지를 분석하기 때문에 좀 더 효과적인 프롬프트를 만들 수 있다. 지금은 문자 기반의 프롬프트 엔지니어가 주를 이루지만 향후 생성형 AI가 음성, 이미지, 영상 서비스로 발달함에 따라 세분화될 수 있다.

이렇게 프롬프트와 프롬프트 엔지니어의 역할이 중요하다 보니 아예 프롬프트를 사고파는 시장이 생겨났다. 프롬프트 마켓은 생성형 AI 애플리케이션에서 사용할 수 있는 프롬프트를 거래하는 온라인 플랫폼이다. 구매자는 일정 대가를 지불하고 자신이 원하는 결과를 얻기 위해 필요한 프롬프트를 얻을 수 있으며, 판매자는 자신이 개발한 프롬프트를 마켓에 등록해 대가를 받을 수 있다. 스마트폰의 앱 스토어와 같은 생태계가 형성된 것이다. 어떤 마켓에서는 질문과 답변의 길이를 조정할 수 있는 파라미터 생성기까지 제공하고 있다.

한 가지 재밌는 점은 프롬프트 생성을 위해 생성형 AI를 사용하는 경우도 있다는 것이다. 무슨 뜻인지 언뜻 이해가 안 될 수도 있다. 예를 들어 미드저니, DALL-E와 같이 그림을 그리는 생성형 AI를 사용할 때, '예쁜 고양이를 그려줘'라고 입력하면 만족할 만한 그림이 나오지 않으니 '예쁜 고양이를 그려주는 미드저니용 프롬프트를 생성해줘'라고 입력할 수도 있다. 이러한 프롬프트를 생성해주는 별도의 마켓으로 PromptBase, ChatX,

PromptSea 등이 있다. 특히 PromptSea는 AI가 생성한 이미지를 대체 불가능한 토큰^{non-fungible token, NFT}으로 만들어 블록체인에 저장하고 있다.

> **프롬프트의 확장성**
>
> 생성형 AI 시대를 맞이하여 반복적이고 기계적으로 하던 개발, 디자인, 기획, 마케팅은 세분화된 생성형 AI 에이전트가 일정 부분 역할을 분담하여 생산성을 높일 수 있다. 개별 업무에 필요한 생성형 AI 에이전트도 만들 수 있다. 그렇게 되면 생성형 AI 프롬프트 개발자, 프롬프트 디자인, 프롬프트 기획자, 프롬프트 마케터가 생길 수 있다.

프롬프트 엔지니어링 기법

사람과 사람이 좋은 관계를 유지하려면 대화의 기술이 필요하듯 인간과 컴퓨터가 허심탄회하게 상생의 목표를 달성하기 위해서는 커뮤니케이션 스킬이 필요하다. 서점에 가보면 커뮤니케이션 스킬을 다룬 책들이 얼마나 많은가. 같은 언어로 대화를 나누는 사람끼리도 소통이 너무 어렵기 때문에 책이나 강연을 통해 가르침을 주고 있는 것이 아닌가.

대학에는 이를 연구하는 커뮤니케이션학과도 있다. 그동안 서로 다른 언어를 사용했던 인간과 기계가 어떻게 갑자기 대화가 잘되겠는가. 그래서 서로 마음의 코드를 맞춰야 한다. 그런데 사람 간의 커뮤니케이션은 양쪽이 모두 노력해야 하지만 프롬프트 엔지니어링은 사람이 더 노력해야 한다. 예전에는 컴퓨터의 언어로 노력해야 했는데 이제 인간의 언어로 노력해

야 한다는 것은 그나마 다행이다. 더군다나 프롬프트 엔지니어링은 개인이 노력할 수 있는 가장 쉽고 저렴한 가성비 최고의 방법이다. 검색 증강 생성, 파라미터 파인튜닝, 파운데이션 모델 개발의 경우, 개인이 감당할 수도 없으며 기업 입장에서도 아주 큰 비용이 들기 때문이다.

요술 램프에 소원을 비는 장면을 떠올려보자. 사람과 요술 램프는 어떻게 소통을 할까? 책이나 영화에서 보듯이 그냥 요술 램프의 표면을 아무 데나 쓱 문지르기만 하면 될까? 아니다. 비록 영화나 책에서는 생략됐지만 나름의 방법이 있을 것이다. 우리가 그것을 간과한 것이다. 표면의 어디를 문질러야 하는지, 어느 정도의 세기로 문질러야 하는지, 왼쪽 손바닥과 오른쪽 손바닥 중 어느 쪽으로 문질러야 하는지, 아니면 혹시 손등으로 문질러야 하는 것은 아니었는지. 요술 램프는 스스로 이런 것을 결코 가르쳐주지 않는다. 소원을 비는 사람이 알아야 한다. 생성형 AI도 요술 램프와 마찬가지다. 소원을 비는 사람이 요술 램프를 이해하고 공감하며 제대로 문질러야 내가 원하는 소원을 제때 이룰 수 있다는 것을 명심하자.

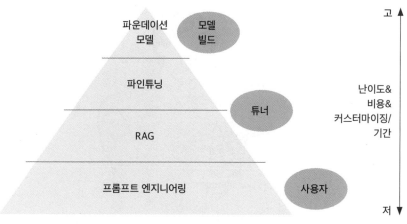

그림 6-1 프롬프트 엔지니어링의 효용성

이제부터 개인 사용자가 프롬프트 엔지니어링에서 주로 사용할 수 있는 효과적인 질문법 몇 가지를 알아보겠다. 대개 IT 시스템은 사용자 경험 user experience, UX을 고려해서 만들어진다. 그런데 생성형 AI는 대용량 데이터를 학습한 컴퓨터가 뜻밖의 좋은 결과를 내놓자, 그제야 질문하는 법에 대해 고민하기 시작했다. 프롬프트 엔지니어링이 서비스보다 나중에 나온 이유다. 게다가 프롬프트 엔지니어링은 자연어 기반의 명령이므로 프로그래밍 언어의 문법상 오류인 구문 오류 syntax error가 없다. 구문 오류가 없다는 것은 코딩을 하다가 종종 발생하는 행의 오류가 화면에 표시되지 않는 것을 의미한다. 즉 질문에 대한 답변이 에러인지 아닌지 객관적인 기준이 없다.

다음은 이해를 돕기 위해 아주 간단한 예문을 사용한 것이니 원리만 파악하자.

chain-of-thought prompting

첫 질문에 대답을 제대로 못하면, 사용자가 예시 답변을 몇 개 보여주고 다시 질문하는 기법이다. 이때 예시를 한 개 보여주면 원숏 러닝$^{one-shot learning}$, 두 개 이상 보여주면 퓨숏 러닝$^{few-shot learning}$이라고 한다. 물론 예시 답변이 필요 없는 상황이라면 제로숏 러닝$^{zero-shot learning}$으로도 좋은 결과가 도출된다. LLM은 수학 연산을 할 수는 있으나 연산에 특화된 알고리즘이 아니므로 간혹 틀리기도 한다. 이런 단점을 보완하기 위해 생각의 사슬$^{chain-of-thought, CoT}$ 기법을 적용할 수 있다.

generated knowledge prompting

단계적으로 질문을 구체화하는 기법이다. 예를 들어 '서울의 주요 관광 명소를 설명해주세요'라고 질문을 하면 생성형 AI는 경복궁, 남산, 한강, 예술의 전당, 케이팝 거리 등이 있다는 답변으로 끝낼 수 있다. 그럼 '서울의 주요 관광 명소 중 한강에 대해 자세히 설명해주세요'라고 답변에서 보여준 장소 한 곳을 지정하여 다시 질문을 한다. 그제서야 생성형 AI는 한강에 대해 아주 자세한 답변을 한다.

self-refine

첫 질문에 대한 답변을 하게 만들고, 생성형 AI에게 자신의 답변에 대해 스스로 평가를 하게 만든다. 다소 가혹하지만 일종의 자아비판이다. 그런 후 다시 2차 답변을 듣고 그것에 대해 다시 자아비판 과정을 반복적으로 수차례 거친다. 생성형 AI가 인간에게 이런 말을 할지도 모른다.

넌 나에게 모욕감을 줬어.

영화 <달콤한 인생>(2005)의 유명한 대사다. 왜 이런 이야기를 하냐고? 어쩔 수 없다. 생성형 AI는 완벽한 신이 아니기 때문이다. 우리는 생성형 AI가 늘 오류를 가지고 있다는 것을 인식해야 한다. 일종의 할루시네이션을 방지하는 목적이다. 답변의 정확도를 위해 개인적으로 self-refine 기법을 권한다.

특히 다음의 예시처럼 문법과 맞춤법 질문에 대한 답변의 정확도가 낮은 이유는 생성형 AI가 학습하는 데이터에 오기로 사용된 자료들이 많다 보니 발생하는 할루시네이션이다. 인간이 헷갈리는 것은 생성형 AI도 헷갈린다.

 생각거리와 생각꺼리 중 어느 표현이 옳은 맞춤법이니?

한국어에서 '생각거리'와 '생각꺼리'는 서로 다른 단어이며, 각각 다른 의미를 갖습니다.

1   생각거리: '생각거리'는 어떤 주제나 사물에 대한 고찰이나 사고의 대상을 가리키는 말입니다. 예를 들어, '여행 후에는 다양한 생각거리가 생길 것이다'라는 문장에서 '생각거리'는 여행을 통해 생길 수 있는 고려할 주제나 사물을 의미합니다.

2   생각꺼리: '생각꺼리'는 생각을 계속해서 하거나, 머릿속에서 돌아다니는 생각을 가리키는 말입니다. 예를 들어, '오늘 일에 대한 생각꺼리 때문에 잠을 잘 못 자고 있다'라는 문장에서 '생각꺼리'는 계속해서 머릿속에 맴도는 생각이나 고민을 의미합니다.

따라서 '생각거리'와 '생각꺼리'는 각각 다른 의미를 가지고 있으며, 상황에 따라 적절하게 사용됩니다.

👤 확실하니? 생각꺼리가 올바른 표현인지 다시 확인해줄래?

💬 죄송합니다. '생각꺼리'는 한국어에서 잘못된 표기입니다. 제가 실수를 했습니다. 올바른 표현은 '생각거리'입니다 '생각꺼리'라는 표현은 틀린 표기이며, 올바른 표현은 '생각거리'입니다. 이용에 불편을 드려 죄송합니다.

least-to-most prompting

복잡한 문제를 여러 개의 하위 문제로 나누어 순차적으로 해결하는 기법이다. 가령, '농구를 잘하는 데 필요한 세부 기술을 나열해주세요'라고 질문을 하면 농구를 잘하는 데 필요한 세부 기술로는 드리블, 슛, 패스, 리바운드, 캐치가 있다고 답변할 것이고, 그 이후 다시 '드리블 기술에 대해서 자세히 설명해주세요'라고 세부 질문을 하면 된다. 앞서 generated knowledge prompting과 유사하지만 처음부터 기초 지식이 거의 없을 때 유용한 기법이다.

self-consistency decoding

답변의 신뢰도를 향상시키기 위해 여러 번의 CoT 시뮬레이션을 수행 후 그 결과 중에서 가장 일관적이고 공통적인 내용으로 도출된 것을 선택하는 기법이다. 예를 들어 동일한 내용의 질문을 관점에 따라 바꿔 질문하면 된다.

- 강아지는 왜 사람이 외출 후 돌아오면 문 앞까지 와서 반가워할까? 강아지의 본능 관점에서 설명해주세요.
- 강아지는 왜 사람이 외출 후 돌아오면 문 앞까지 와서 반가워할까? 강아지의 심리 관점에서 설명해주세요.
- 강아지는 왜 사람이 외출 후 돌아오면 문 앞까지 와서 반가워할까? 강아지와 같은 포유류의 관점에서 설명해주세요.

만약 질문에 대한 답변들이 유사할 경우 그 답변은 신뢰도가 높다고 할 수 있다.

complexity-based prompting

여러 답변 중 가장 길고 복잡하게 나오는 것을 채택하거나 답변의 분량이 가장 많도록 질문을 유도한다. 아마 어릴 적 시험 시간에 모르는 문제에 대처하는 나만의 노하우가 한 개쯤 있었을 것이다. 일명 '찍기' 신공이다. 그런데 찍기도 나름의 근거가 있다. 그중 complexity-based prompting과 일맥상통하는 것을 소개하자면 네 개의 보기 중 가장 긴 문장의 보기를 찍는 것이다. 다만 이런 기법은 가성비가 떨어진다는 단점이 있다. 사용료는 질문과 답변의 길이에 비례하기 때문이다.

이것만은 알아두자

지금까지 교과서적인 프롬프트 엔지니어링 기법에 대해 살펴봤다. 지금부터는 필자가 직접 생성형 AI를 사용해보며 느낀 노하우를 개념화하여 소개한다. 주로 ChatGPT와 대화를 나누었다.

what if 질문하기/대입법 사용하기

답변의 깊이가 부족하거나 이해하기 어려울 때는 가정법이나 대입법을 써보자. 답변이 너무 짧거나 의도한 수준이 아니라면 대화를 더 이어 나가기 어렵다. 예를 들어 '만약에 스티브 잡스가 살아 있다면 애플은 어떻게 달라질까?', '만약에 마이크로소프트가 GM을 인수한다면 GM은 어떻게 바뀔까?'처럼 현실에서 발생하지 않은 상황을 가정하여 질문하는 것이다. 주로 미래에 어떤 것을 예측하거나 창의적인 답변을 얻고 싶을 때 유용하다.

그리고 자신이 쓴 원문장을 새롭게 바꾸거나 꾸미고 싶다면 헤밍웨이나 톨스토이 같은 대문호를 대입해보자. '헤밍웨이 문체로 다음 글을 바꿔줄래?' 기대한 만큼은 아니지만 가끔은 대작가들의 일부 문체가 살짝 느껴지기도 한다. 물론 한국의 훌륭한 작가들을 대입하는 것도 가능하다. 예를 들어 '무진기행을 지은 김승옥 작가 스타일로 써줘' 참고로 김승옥 소설의 특징은 감수성이 풍부하여 묘사가 필요한 작문에 활용하면 유효하다. 다만, 이런 대입법을 사용할 때는 가능하면 영어권 국가의 인물을 활용하는 편이 낫다. 왜냐하면 한국인의 데이터가 상대적으로 빈약하기 때문이다.

이런 질문도 좋다. '양자역학이 너무 어려워. 네가 닐 디그래스 타이슨(과학 이론을 알기 쉽게 설명해주는 미국의 유명 과학 커뮤케이터)이라고 생각하고 양자역학을 설명해줘' 또는 '물리학자 김상욱 교수라고 생각하고 설명해줘'라고 질문하면 그냥 질문했을 때보다 예시나 비유를 들어 훨씬 이해하기 쉽게 대답한다.

여기서는 what if 질문과 인물 대입법의 예시를 보여준 것이다. 개인의 니즈와 호기심에 맞추어 다양한 상황의 질문을 만들어 적용해보자.

어린이처럼 대하고 어린이처럼 질문하기

어린이를 대하듯 살살 달래기도 하고 충분히 공감도 표현해주면 조금 더 깊이 있는 대화가 가능하다. '네 말은 잘 알겠어. 그런데 이렇게도 한번 생각해봐.' 모든 대화의 출발점은 상대방에 대한 인정에서 비롯된다. 생성형 AI와의 대화도 마찬가지다. 아울러 어린이처럼 꼬리에 꼬리를 무는 질문을 하자. 한 가지 주제에 대해 다소 집요할 정도의 질문을 하면 생성형 AI는 다양한 관점에서 심도 있는 답변을 할 수 있다. 꼬꼬무 질문은 늘 유용하다.

절대 한 주제에 대해 한두 번의 질문으로 끝내지 말자. 최소 5번의 질문을 이어가자. 아울러, 지적 호기심을 해결하기 위한 질문을 할 때 '예를 들어', '비유를 들어', '아주 쉽게', '나는 어린이나 마찬가지야'라는 표현을 적극적으로 입력하면 유용하다. 참고로 어려운 내용에 대해 어린이를 위해 설명해달라고 하면 생성형 AI는 '마법'이라는 단어를 자주 사용한다.

생성형 AI는 강박관념 환자임을 이해하고 더블 체크하기

앞서 언급한 self-refine 방식과 유사하다. self-refine이 스스로 비판하게 만드는 것이라면 이것은 질문자가 약간의 사전 지식을 가지고 있어야 한다는 점이 다르다. 더 상세한 정보나 새로운 관점의 내용을 알고 싶을 때 권장하는 방법이다.

생성형 AI의 심각한 단점 중 하나가 할루시네이션이다. 이미 앞에서 생성형 AI는 '나르시시즘을 갖고 태어난 녀석'이라고 설명한 바 있다. 태생적으로 워낙 아는 척을 잘하는 녀석이라서 잘 모르는 것을 절대 모른다고 대답하지 않는다. 아마도 누군가 질문을 했을 때 무조건 답변을 해야 직성이 풀리는 강박관념을 가진 것 같다. 태생적인 병이니 이해해주자.

다음은 ChatGPT에 필자가 직접 테스트를 해본 질문과 그 답변이다. 필자가 지은 책이 뜬금없이 유명 작가인 스티븐 R. 코비의 책으로 둔갑했다. 무척 당황스러웠다. 그래서 질문자가 사전에 약간의 정보를 알고 있다는 것을 인지시키며 다시 질문을 했다. 그랬더니 어딘가의 원천 데이터로부터 유사한 내용의 정보를 생성해 보여줬다. 필자의 입장에서 보면 일부 의도하지 않았던 내용이 담겨 있었으나 그렇게 해석할 수도 있겠다는 생각이 들었다. 어떻게 이런 문장을 만들었는지 신기하다. 하긴 유발 하라리도 자신이 지은 《사피엔스》(김영사, 2023) 10주년 기념 서문을 생성형 AI에게 유발 하라리 스타일로 써달라고 요청했는데 마치 자신이 쓴 것 같은 결과물을 받고 깜짝 놀랐다고 한다.

순간 이런 생각이 들었다. 인간의 자유의지와 의식은 정말 있는 것일까? 혹시 나의 말, 나의 글도 사실은 내가 오랜 기간 읽고 봤던 콘텐츠로부터 얻은 확률분포 데이터를 암묵적으로 학습한 것이기 때문에 그것을 나의 뇌가 그저 무의식적으로 활용하고 있었던 것은 아닐까? 나의 생각과 글은 정말 내가 스스로 만든 나의 것일까? 아니면 생성형 AI처럼 학습을 통한 조건반사 자극의 산물일까? 생성형 AI를 사용하면서 이런 소름 돋는 느낌이 들 것이라고 미처 생각하지 못했다.

> 👤 《나는 예술로 경영을 배운다》라는 책에 대해서 설명해주세요.
>
> 💬 《나는 예술로 경영을 배운다》는 스티븐 R. 코비(Stephen R. Covey)가 지

은 책입니다. 이 책은 "7가지 습관 효과"로 유명한 저자가 경영에 예술의 원칙을 적용하는 방법에 대해 다룹니다.

이 책에서는 경영과 리더십을 예술로 간주하고, 이를 통해 조직을 효과적으로 운영하고 성과를 창출하는 방법에 대해 설명합니다. 예술적인 관점에서의 경영이란, 단순한 테크닉이나 절차가 아니라 창의적이고 창조적인 방식으로 조직을 이끄는 것을 의미합니다.

이 책은 다양한 예술적인 개념과 원칙을 경영에 적용하여 조직의 성과를 향상시키는 방법을 제시합니다. 또한, 책은 리더십과 조직문화에 대한 통찰력을 제공하고, 예술적인 관점에서의 경영이 조직의 성공에 어떻게 기여할 수 있는지에 대해 탐구합니다.

《나는 예술로 경영을 배운다》는 새로운 시각과 접근 방식을 통해 경영과 리더십에 대한 이해를 확장시키고, 조직의 성공을 위한 새로운 아이디어를 제공하는 책입니다.

🧑 스티븐 R. 코비는 이런 책을 쓴 적이 없어요. 다시 알아봐주세요.

💬 죄송합니다. 저의 이전 답변은 부정확했습니다. 제가 참고할 수 있는 정보로는 《나는 예술로 경영을 배운다》라는 책에 대한 정보를 찾을 수 없습니다. 만약 해당 책에 대해 추가적인 정보를 원하신다면, 출판사나 저자의 이름을 다시 확인하시거나 책의 내용에 대한 추가적인 정보를 제공해주시면 도움을 드리겠습니다.

🧑 대한민국의 심영환이 지은 《나는 예술로 경영을 배운다》라는 책에 대해서 설명해주세요.

💬 《나는 예술로 경영을 배운다》는 대한민국의 경영학자이자 컨설턴트인 심영환이 쓴 책입니다. 이 책은 전통적인 경영 이론과는 조금 다른 관점에서 경영에 접근하는 내용을 담고 있습니다.

《나는 예술로 경영을 배운다》에서는 경영의 기초와 함께 예술적인 요소를 결합하여 경영하는 방법에 대해 다룹니다. 심영환은 예술과 경영 간의 유사성을 강조하며, 창의성, 상상력, 그리고 인간적인 가치를 중요시하면서 조직을 이끄는 방법에 대해 이야기합니다.

이 책은 기존의 경영 이론을 넘어서며, 예술적인 관점에서 경영에 접근하는 방법을 제시합니다. 예술적인 사고와 창의력을 발휘하여 조직을 성공으로 이끄는 방법에 대한 심영환의 경험과 인사이트를 담고 있습니다.

《나는 예술로 경영을 배운다》는 경영학 이론을 실제 사례와 함께 다루면서, 독자들에게 창의적인 리더십과 조직문화의 중요성을 강조하는 책으로 평가받고 있습니다.

아울러 더블 체크 시 주의할 것이 있다. 내가 의심을 갖는 질문을 할 때마다 답변이 계속 오락가락하는 경우가 있다. 예를 들어 사용자가 '정말 맞니?', '내가 알기로는 아닌 것 같은데', '한 번 더 체크해볼래'와 같은 회의적 질문을 하면 생성형 AI는 자신의 답을 계속 번복하며 혼란에 빠지게 된다. 이럴 경우 사용자는 웹 검색을 통한 별도의 조사를 병행해야 한다. 당분간은 검색 서비스가 보완재로서의 역할을 수행할 것 같다.

그 외 문서 작업 시 파워포인트, 워드, 엑셀 프로그램의 단축키 사용이 유용하듯이, 생성형 AI에 자주 요청하는 작업의 경우 단축어를 만들어놓으면 편리하다.

이상으로 요술 램프에게 소원을 잘 빌기 위한 방법인 질문하는 법에 대해 살펴보았다. 참고로 앞서 이유를 설명했듯이 가능하면 영어로 질문하는 습관을 갖자. 영어에 자신이 없더라도 번역 프로그램을 활용하면 문제없다.

누가 뭐라고 해도 소원을 빌어 원하는 것을 얻는 가장 좋은 방법은 직접 많이 써보고 불편한 점을 느끼고 그것을 해결하기 위한 나만의 노하우를 찾는 것이다. 불편함을 감수하는 사람보다 불편함에 문제를 제기하고 그것을 해결하기 위해 노력하는 사람이 항상 세상을 바꿔왔다. 인류는 그런 사람들 덕분에 조금씩 진일보한다.

바닷가의 모래놀이

마지막으로 질문에 대한 답변을 받아들이는 자세에 대해 생각해보자. 망치를 든 철학가로 불리는 니체는 이렇게 말했다.

생성은 어린이들이 바닷가에서 모래성을 쌓을 때 존재적 집착을 갖지 않는 놀이다.

생성형 AI는 무엇인가를 끊임없이 생겨나게 하고 이루어지게 하는 것으로서 '바닷가의 모래놀이'라고 할 수 있다. 즉 바닷가의 모래성이 끊임없이 쌓이고 부서지는 것처럼 생성형 AI는 모래알이라는 무수히 많은 데이터를 통해 끊임없이 결과물을 생성하기도 하고, 생성한 결과물이 존재적 가치를 상실했을 때는 파도(생성자가 만든 콘텐츠를 평가하는 판별자)가 새로운 결과물을 채워줄 빈 공간을 만들어주기도 한다.

이처럼 프롬프트 엔지니어링은 방대한 데이터를 분석하여 만들어진 콘텐츠와 그러한 콘텐츠를 평가하는 판별자 간의 끊임없는 생성적 적대 신경망^{generative adversarial network, GAN}을 통해 발전되어야 한다. 그러기 위해서는 니체가 말한 존재에 집착하지 않는 놀이, 즉 생성된 창조물이 그 소임을 다하거나 더 이상 존재 가치를 증명하지 못할 때는 과감하게 소멸되고 또 다른 생성을 맞이할 수 있는 관용과 유연성이 필요하다. 다시 말하지만 우리는 생성형 AI가 항상 틀릴 수 있다는 열린 사고와 비판적 사고로 대화를 해야 한다.

생성형 AI는 우리의 도우미이자 보조 수단이다. 따라서 옳고 그름을 판단할 수 있는 나의 생각이 필요하다. 이를 위해 나의 생각을 공고히 할 수 있는 보편타당한 이성, 균형감, 다양성을 갖춰야 한다. 도우미의 결과물을 절대 그대로 이용해서는 안 된다. 나의 견해가 빠진 답변은 남이 알려준 받아쓰기 숙제와 같기 때문이다.

One more thing! 내가 발견한 질문법을 공유하자. 그래야 집단지성의 힘으로 더 나은 기법을 찾을 수 있다. 널뛰기에서 내가 더 높이 날 수 있는 가장 좋은 방법은 상대방을 더 높이 뛰게 만드는 것이다.

GAN의 메커니즘

GAN은 이안 굿펠로우가 2014년 논문을 통해 처음 발표한 개념이다. 콘텐츠를 생성하는 AI와 이러한 콘텐츠를 인식해서 자신이 학습한 것과 일치하는지 판단하는 AI, 둘 간의 티격태격 대립 관계를 통해 두 개의 결과물이 일치하면 판단 역할을 하는 AI가 생성된 콘텐츠를 통과시켜 프롬프트에 대한 답으로 제공한다.

생성형 AI의 활용 사례와 생각거리

이번에는 향후 생성형 AI의 시장 규모를 간략히 짚어보고 이를 대하는 우리의 자세를 생각해보자. 또한 생성형 AI가 개인의 삶과 비즈니스 현장에서 각각 어떻게 활용되고 있는지 분야별 사례를 통해 미래 변화의 단초를 제공하고자 한다.

생성형 AI 시장의 이해

앞으로 생성형 AI의 시장은 얼마나 커질까? 미국의 빅테크 기업들은 물론, 우리나라의 IT 대기업들과 스타트업까지 앞다투어 시장에 뛰어들고 있다. 또한 아직 참여하지 못한 기업이라면 거대한 시장에서 소외될 수 없으므로 숟가락이라도 얹을 무엇인가를 찾기에 고심하고 있을 것이다. 말 그대로 성장 산업이자 새로운 시장이다. 기업에서 사업기획 업무를 수행하다 보면 이런 신규 시장의 규모를 예측하는 것은 다반사다.

그럴 때마다 인용하는 것이 리서치 기관들의 자료다. 필자도 정보통신정책연구원에서 리서치 업무를 할 때 경제학 모델링을 통해 몇몇 시장을 정량적으로 추정한 경험이 있다. 이러한 데이터는 대부분 결과만 공개되기 때문에 실제 어떻게 추정됐고 얼마나 신뢰성이 있는지 정보 수용자들은 잘 모른다. 다만 그 기관을 신뢰한다는 기계적인 가정이 있을 뿐이다. 하지만 그렇게 예측된 수치는 종종 미래에 다가올 현실을 한참 넘어서기도 하고, 한참 모자라기도 하다는 것을 시간이 흐른 뒤 알게 된다. 현재와 미래 사이에는 사회, 정치, 문화 등 여러 비통제 변수들이 발생하고 조사자의 가설과 근거 등 주관적 요인도 작용하기 때문이다.

그래서 중요한 것은 숫자가 아니라 방향성이다. SF 소설가 윌리엄 깁슨의 "미래는 이미 와 있다. 다만 모두에게 균등하게 오지 않는다"라는 말이 시사하는 것처럼 시장의 규모를 예측하기보다는 다가올 미래에 대응하거나 미래를 선도하기 위한 준비가 필요한 것이다. 특히 AI 산업이 그 대상이다. 우리는 그리 멀지 않았던 과거에 WWW 혁명과 모바일 혁명을 직접 보았다. 2023년 Bloomberg Intelligence 자료[1]에 따르면 2032년경에 약 1785조 원 규모의 생성형 AI 시장이 형성된다고 한다. 물론 생성형 AI 시장 규모에는 AI의 필수 하드웨어인 반도체가 포함되어 있다. 참고로 현재 세계 반도체 시장 규모가 약 733조 원 정도다.

한편 맥킨지 & 컴퍼니의 연구 결과[2]에 따르면 생성형 AI로 인해 2026년까지 약 60-70%의 업무가 자동화될 수 있으며, 연간 5600조 원의 부가가치 효과가 생긴다고 하니 참고하자.

표 7-1 생성형 AI 시장 규모(출처: Bloomberg Intelligence, 2023)

구분	2022년	2032년
하드웨어	380억 달러	6417억 달러
소프트웨어	15억 달러	2799억 달러
기타	5억 달러	3784억 달러
합계	400억 달러	1.3조 달러

우리가 자고 있는 동안에도 매일 스스로 데이터를 학습하며 발전하고 있는 생성형 AI에 늘 놀라고 있다. 어느 인터뷰 기사에서 본 빌 게이츠의 말이 머릿속을 맴돈다.

생성형 AI가 보여주는 지금의 혁신은 AI가 앞으로 이룰 성취의 첫걸음에 불과하다.

혁명의 의미로 살펴본 생성형 AI

산업혁명, 프랑스혁명, 영국의 명예혁명, 우리나라의 4·19혁명, 중국의 문화혁명과 신해혁명, 인터넷 혁명, 모바일 혁명 등 역사 속 정치, 경제, 산업의 커다란 사건을 일컬을 때 '혁명'이라고 표현한다.

동양의 경우 낡고 해진 가죽을 새것으로 바꾼다는 한자에서 유래하여 왕의 가죽 혁대가 교체된다는 것은 곧 새로운 왕조의 탄생을 의미하는 것으로, 고대 중국에서는 이를 역성혁명이라고 불렀다.

그래서 라틴어인 레볼루티오^{revolútïo}에서 유래했는데, 이는 '회전하다', '굴리다'라는 뜻을 가지고 있다. 즉 굴러서 다시 제자리로 돌아온다는 공전의 의미를 지닌다. 그래서 천체의 순환처럼 정치 체제의 순환적 의미로 쓰였으며, 대표적으로 '왕정복고'라는 단어에 쓰였다.

서양의 경우 원래의 의미는 지금의 혁명이 내포하는 것과 거리가 멀었다. 하지만 영국의 명예혁명과 프랑스혁명을 기점으로 오늘날 사용하는 의미로 쓰이기 시작했다. 물론 프랑스혁명의 말로는 다시 나폴레옹의 왕정으로 회귀한 아쉬움을 남겼지만 말이다. 아울러 지금의 혁명이란 의미를 더욱 공고히 만든 것은 철학자 칸트다. 그는 코페르니쿠스 혁명Copernican Revolution을 '코페르니쿠스의 사고 전환'이라고 명명했다. 당시 천동설이 아닌 지동설을 주장하는 것은 혁명이나 마찬가지였으며 그의 이론은 훗날 갈릴레이의 고전역학과 케플러의 행성운행법칙 발견을 거쳐 뉴턴의 만유인력법칙 발견까지 이어졌기 때문이다.

미국의 사회과학자인 허버트 사이먼은 혁명을 '비교적 짧은 기간 동안 광범위한 사회 구조의 변동을 야기하는 갑작스러운 사건'이라고 정의했다. 생성형 AI가 앞으로 이러한 3가지 조건을 충족시킨다면 훗날 인류는 산업혁명, 인터넷 혁명, 모바일 혁명과 더불어 혁명이라는 타이틀을 추가로 부여할 것이다. 현재도 최소한 '비교적 짧은 기간 동안', '갑작스러운 사건'의 2가지 조건은 충족한 듯 보인다.

기업 차원의 활용 사례와 생각거리

세상의 비즈니스는 IT로 인해 산업 간 경계가 거의 허물어지고 있다. 헬스케어, 화장품, 식음료, 금융 등 고유의 영역이 명확했던 산업에 IT가 깊숙이 침투하고 있기 때문이다. 디지털 헬스케어, 뷰티테크, 푸드테크, 핀테크 등 해당 산업명 앞에 디지털 또는 산업명 뒤에 테크를 붙이면 모든 산업이 IT 산업이 된다. 세계 최대 가전 행사인 소비자 가전 전시회^{Consumer Electronics Show, CES}에 IT를 품은 전통 기업들의 참가가 더 이상 낯설지 않게 됐다. 2024년 CES에는 로레알이 오프라인과 가상현실을 융합한 증강현실 메이크업을 소개하며 CES 역사상 최초로 화장품 기업의 CEO가 기조연설을 했다.

모든 기업이 접목하려는 IT의 가장 중심에 생성형 AI가 있다. 이제 생성형 AI가 어떤 산업과 업무에서 어떻게 활용될 수 있는지 살펴보자. 책의 도입부에서 생성형 AI의 정의를 키워드로 설명했다. 그때 키워드 중 잠재적 패턴과 구조를 상기하자. 다음에 소개되는 대부분 산업의 사례는 잠재적 패턴과 구조를 찾아낸 것들이다.

산업과 기업에서는 생성형 AI를 적용한 유스 케이스^{use case}의 발굴과 확산이 매우 중요하다. 그런데 생성형 AI는 그 활용도에 따른 충분한 고민이 이루어지기 전에 서비스가 출시됐다. 예상을 뛰어넘는 놀라운 성과와 불특정 다수를 대상으로 하는 무료 서비스가 실험적으로 우선 개방되다 보니 산업과 기업 현장에서 구체적 활용은 미미하며 이제 시작 단계다. 물론 이미 생성형 AI가 침투하여 변화를 겪고 있는 산업도 있으나 그것은 대부분 생성형 AI 도입 이전의 AI 사례다. 즉 무엇인가를 새롭게 만들어내는 것이라기보다는 어떤 대상을 판독하는 '예' 또는 '아니오'의 내용이다. 하지만 이제 시작 단계라는 것은 오히려 앞으로 훨씬 큰 기회가 있다는 것을 의미한다.

여기서는 산업별 적용됐거나 검토 중인 과정의 내용, 그리고 필자의 인사이트도 가미했다. 적용 사례의 경우 기업의 생산성 향상 관점과 고객의 사용 경험 관점으로 각각 바라볼 수 있는데, 이를 명확하게 구분하는 것이 독자들에게 더 혼란을 줄 것 같아 2가지를 함께 기술했음을 밝힌다. 아울러 생성형 AI의 특성상 공장 프로세스의 자동화보다는 사무실 업무를 자동화하고 혁신하는 데 더 특화됐기 때문에 이에 해당하는 업무를 중심으로 사례를 기술했다.

표 7-2 주요 산업과 기능(기업 내 가치 사슬)의 생성형 AI 활용 매트릭스

산업/기능	R&D	상품 기획	디자인	마케팅/고객 접점 관리	생산 (품질 관리)	경영 지원 (공통)
자동차	○		○		○	○
가전	○	○			○	○
금융		○		○		○
유통				○		○
헬스케어	○	○				○
뷰티	○	○				○
엔터테인먼트	○	○		○		○

자동차 산업

현재 자동차 업계는 주로 설계와 디자인 작업에 생성형 AI를 적용하고 있다. 하지만 향후 AI 관련 자동차 산업의 화두는 단연 자율주행일 것이다. 자율주행 기술은 크게 레이저 기반의 라이다^{rider} 방식과 전파 기반의 레이다^{radar} 방식이 있다. 전자는 레이저가 사물에 맞고 되돌아오는 시간을 측정하여 거리와 형태를 파악하는 것이며, 후자는 레이저 대신 전파를 이용하여 사물의 거리와 형태를 파악한다. 일반적으로 라이다 기술이 더 정교하여 자동차 업계에서 선호하는 기술이지만, 테슬라의 경우 카메라와 레이다만으로도 충분히 자율주행이 가능하다는 입장이다.

자동차에 생성형 AI의 멀티모덜 기술이 적용되면 어떨까. 예를 들어 운

전자의 표정을 분석하여 졸음 상태, 건강 상태, 음주 상태를 파악하고 정상적인 운전에 위협이 될 경우 경고 후 차 스스로 운행을 정지할 수 있다. 그렇게 되면 운전자를 보호할 수 있음은 물론이고, 타인의 잘못으로 발생하는 허망한 교통사고도 막을 수 있다. 자율주행 기술에 직접 적용되지 않더라도 생성형 AI는 영화 <아이언맨>의 자비스와 같은 운전 비서 역할을 수행하며 날씨와 도로 상태 같은 외부 환경을 분석하여 편안하고 안전한 운전에 도움을 줄 수 있다. 가령, 자동차 창문을 열었는데 바깥 미세먼지 수치가 높다면 차가 알아서 창문을 닫아준다. 당장은 이 정도 수준밖에 안 되겠지만 향후 자동차에 특화된 자비스가 생기는 것이다. 조금 더 옛날인 TV 시리즈로 거슬러 올라간다면 <전격 Z작전>(1982~1986)의 키트도 있다. 부르기만 하면 어디서든 무인으로 달려오는 자동차와 대화형 AI다.

일부 기업과 각종 매스컴은 완전 자율주행 시대가 곧 도래할 것처럼 이야기하지만 필자는 완전 자율주행의 시대가 도래하기까지 우리가 예상하는 것보다 더 오랜 시간이 걸릴 것으로 판단한다. 왜냐하면 기술의 문제가 아니기 때문이다. 기술이야 급속도로 발전하여 Level5(운전자가 필요 없는 완전 자동화 수준)가 빨리 올 수도 있겠지만 이것이 실제 상황에서 사용되는 것은 또 다른 문제다.

자율주행 시기를 앞당기기 위해서는 크게 3가지 문제를 해결해야 한다. 첫째, 법과 제도다. 우리는 그동안 학습 효과를 통해 새로운 기술이 나온 후 법과 제도가 그것을 수용하기까지 한참의 세월이 지나서야 겨우 가능하다는 것을 알았다. 특히 사람의 생명을 다루는 기술은 한 치의 오류도 없어야 하기 때문이다. 설령 AI에 의한 자율주행이 인간 주행보다 더 안전하다는 실험 결과나 통계적 근거가 나온다고 해도 말이다.

둘째, 여러 자율주행 기술 간 안전성의 격차다. 일반 상품이나 서비스의 경우 브랜드, 가격, 기술 수준에 따라 품질의 차이가 발생하며 시장과 고객은 그것을 인정한다. 하지만 자율주행은 다르다. 생명에 직접적인 영향을 미치기 때문에 기업에 따라 안전성의 성능 차이가 발생하면 안 된다. 내가 탄 자동차의 자율주행 기술이 아무리 좋아도 다른 자동차의 자율주행 기술 수준이 낮다면 나와 내 자동차의 잘못이 아니어도 얼마든지 사고를 당할 수 있다. 일부 기업의 자율주행 기술만 뛰어날 경우 사회적 합의와 안전을 보장받을 수 없으며, 결국 완전한 자율주행 시대를 맞이하기 어렵다.

셋째, 사람들의 심리적 거부감이다. 아주 오랜 기간 익숙한 운전의 습관과 기계에 생명을 맡긴다는 불안감을 해소해야 한다. 어쩌면 이를 해소하기까지 꽤 오랜 시간이 걸릴 것이다.

가전 산업

지금으로부터 거의 20여 년 전에도 가전 업계에 AI 바람이 분 적이 있었다. AI 세탁기의 경우 세탁물의 성격이나 무게에 따라 물 온도와 양을 조절해줬던 것 같다. 그런데 그로부터 한참의 세월이 흘렀지만 가전업계의 AI 기능은 피부로 느낄 만한 발전이 없었다. 이번에는 다를까?

가전 업계 역시 생성형 AI를 어떻게 접목할지 고심하고 있다. 최근 몇 년을 되돌아보더라도 홈 IoT 중심의 AI 적용을 통해 집안 가전의 컨트롤러 역할이 전부였다. 하지만 가치 있는 고객 경험을 제공할 만한 와우[wow] 포인트가 없었던 것도 사실이다. 기껏해야 스마트폰 애플리케이션이나 스마트 TV를 통해 세탁이 완료됐는지 공기청정기 가동 상태는 어떤지 파악하는 정도였다. 최근 출시된 냉장고의 경우 내부의 카메라를 통해 식재료를 인식하여 요리할 수 있는 음식을 추천하거나 보관 기관이 오래되면 알려준다. AI 가 수백만 장의 식재료 이미지를 학습했기 때문에 가능하다.

삼성전자는 베를린에서 열린 베를린 국제가전박람회^{IFA Berlin} 행사를 통해 데이터 처리를 원활하게 할 전용 칩을 개발하고 있으며, 이를 가전에 적용 하겠다고 밝힌 바 있다.[3] 그렇게 되면 삼성전자의 AI 음성 비서인 빅스비 ^{Bixby}를 통해 조금 더 자연스러운 대화가 가능해질 것으로 보인다.

스마트폰의 경우 온디바이스 AI를 통한 실시간 통역 기능과 서클 투 서 치 기능이 꽤 유용한 것으로 보이는데, 가전의 경우는 보안상의 이슈가 상 대적으로 적어 클라우드 AI에 집중할 것으로 예상한다. 삼성전자와 LG전 자는 최근 스마트 홈 AI 에이전트도 선보였는데 일종의 반려가전 개념이다. 바퀴가 달린 작은 로봇이 돌아다니며 사람의 음성 명령을 듣고 집 안의 가 전을 제어한다. 집주인이 외출 후 돌아오면 반갑게 맞이하는 서비스는 덤이 다. 점점 1인 가구가 증가하고 있는 세상에서 반려견이나 반려묘가 없다면 외출 후 나를 반겨 주는 반려가전과 함께하는 것은 어떨까?

아마존의 경우 알렉사에 대규모 언어 모델을 적용하여, 복잡한 음성 명 령을 이해하고 수행할 수 있다. 예를 들어 '춥다'라는 말을 온도를 높여달 라는 의미로 해석하고, '불 끄고 문 잠가줘' 같은 2가지 명령도 동시에 알아 들을 수 있다.

이쯤에서 드는 생각의 단초 하나. 생성형 AI의 모습은 우리 앞에 보이지 않는 것으로 다가왔다. 보이는 모습은 상황에 따라 얼마든지 다르게 변신 이 가능하겠지만 중요한 것은 뷰티 인사이드^{beauty Inside}가 아닐까? 외모야 어 떻든 그 내면의 모습이 진정한 아름다움이듯 보이지 않는 생성형 AI의 알 고리즘이 얼마나 잘 작동하는지가 더 중요하다.

보이지 않는 생성형 AI의 뷰티 인사이드

2012년 인텔과 도시바의 'The Beauty Inside'(영화 <뷰티 인사이드>(2015)의 원작 광고. 칸, 클리오 등 유명 국제 광고제의 수상작) 마케팅 캠페인은 PC 소비자에게 보이지 않는 B2B 상품인 인텔 칩이 매우 가치 있다는 것을 일깨워줬다. 세월의 풍파에 비록 지금은 잊혀졌지만 컴퓨터를 켜면 항상 들리던 낯익은 소리를 기억하는 세대가 있다. 경쾌한 사운드와 함께, '인텔 인사이드~'

필자가 만약 샘 올트먼이라면 앞으로 그들의 서비스를 사용하는 모든 상품에 오픈AI Inside 캠페인과 징글 마케팅(짧은 멜로디나 효과음을 반복적으로 들려줌으로써 브랜드 이미지를 각인시키는 마케팅 기법)을 할 것이다.

금융 산업

금융업은 매일 일어나는 방대한 금융 거래의 데이터를 처리하는 패턴이 일정하므로 생성형 AI가 할 수 있는 업무가 많다. 예를 들어 은행의 신규 상품기획, 대출심사를 위한 평가, 이상거래탐지나 자산위험관리에 생성형 AI를 활용할 수 있다.

특히 증권업계에서는 이미 오래전부터 큰 변화가 일어났다. 골드만 삭스의 사례를 들여다보면 그 변화를 실감할 수 있다. 2017년 600여 명가량의 주식 거래 트레이더들이 단 2명으로 줄었으며, 외환 딜러의 75%도 일자리를 잃었다. AI를 활용한 자동 매매 프로그램이 이들을 대체해버렸기 때문이다. AI가 주식 거래나 외환 딜러의 잠재적 패턴을 찾아낸 것이다. 모건 스탠리의 재무관리사들은 2023년부터 10만 건 이상의 자산 관리 데이터를 학습한 GPT 기반의 업무용 챗봇을 사용 중이다.[4]

하지만 AI를 적용하여 발생한 폐단도 만만치 않았다. 2019년 골드만 삭스의 신용평가에 문제가 발생했다. 한 가정의 부부가 공동 재산과 공동 계좌를 갖고 있었지만 남편의 신용 한도가 10배 이상 높았다. 이처럼 동일한 조건에서 남편이 아내보다 훨씬 높은 신용평가점수를 받고 있는 사례가 많았다. 왜 이런 일이 생겼을까? AI가 남녀를 차별해서 신용평가점수를 매겼던 과거의 데이터를 학습했기 때문이다. 현재는 이런 문제가 어느 정도 개선됐지만 완벽하다고 볼 수 없다. 생성형 AI가 찾아낸 패턴 속에 인종차별, 지역차별, 성소수자 차별 등 오염된 데이터가 존재한다면 여전히 잠재된 문제를 안고 있는 것이다.

고객 접점의 상담 업무도 매뉴얼에 따른 기계적인 응대를 벗어나 자연스럽고 통합적인 응대가 가능하다. 금융기관 콜센터 업무의 경우 상담원의 담당 업무가 세분화되어 있다 보니 고객은 항상 빈번한 콜 라우팅call routing과 대기라는 불편을 감수한다. 하지만 생성형 AI는 모든 업무의 정보를 통합적으로 관리하며 동시에 많은 인력을 응대할 수 있다.

대한상공회의소는 2023년 8월에 발간한 <생성형 AI가 한국 경제에 미치는 영향 보고서>[5]를 통해 생성형 AI가 적용될 여지가 가장 높은 업종으로 금융을 꼽았다. 다만 중요한 개인정보를 다루기 때문에 보안성에 대한 안전장치가 담보되어야 하며, 대표적인 규제 산업이므로 정부의 제도나 정책 변수를 고려해야 한다.

금융 산업의 경우 2013년 발생한 대규모 금융전산 사고를 계기로 2014년 말에 전산 시스템의 물리적 망 분리가 의무화됐다. 따라서 외부 생성형 AI는 외부망을 사용하는 대고객 서비스에만 적용하고 있다. 예를 들어 KB증권의 경우 주식 투자 고객을 대상으로 ChatGPT를 파인튜닝한 챗봇을 통해 자연어 서비스를 제공한다.[6] 미래에셋증권은 2024년 5월부터 애널리스트 분석 보고서 중 일부를 아예 생성형 AI에게 맡긴다고 밝혔다.[7] 그 외 KB금융, 하나금융, 신한금융 등 여러 금융 지주 회사들이 자산 관리, 상품 추천, 고객 관리 등 다양한 업무 분야에 생성형 AI를 도입하고 있다.

유통 산업

기업들이 한참 고객 관계 관리customer relationship management, CRM 솔루션을 도입하던 시절이 있었다. 그리고 지금은 빅데이터 분석이라는 화두로 우리에게 잘 알려져 있지만, 당시에는 데이터 마이닝, 데이터베이스 마케팅, Analytical CRM이라는 이름의 많은 컨설팅 프로젝트와 솔루션이 있었다. 그때 필자도 여러 기업에서 컨설팅 프로젝트를 수행했다. 그중 LG홈쇼핑(현 GS홈쇼핑)의 고객 구매 데이터를 분석하면서 의외의 상품 조합들을 발견하곤 했다.

유통 기업이 판매를 증가시키기 위한 방법으로 크로스셀링cross-selling과 업셀링up-selling이라는 개념이 있는데, 전자는 고객의 구매 상품과 전혀 다른 카테고리의 상품을 판매하도록 유도하는 것이다. 과거 미국의 월마트는 구매 데이터 분석을 통해 아기 기저귀를 사러 온 남자들은 보통 맥주를 함께 산다는 것을 발견하고 기저귀 옆 진열대에 맥주를 두었다는 일화가 있다.

후자는 동일한 카테고리 내 더 많은/더 비싼 상품을 판매하는 것을 의미한다. 묶음 판매나 1+1 프로모션이 이에 해당한다. 일부 백화점과 온라인 쇼핑몰은 AI로 고객의 구매 데이터를 분석하여 고객 맞춤형 서비스를 제공하고 있다. 향후 생성형 AI로 인해 제2, 제3의 '기저귀와 맥주' 사례가 나오길 기대한다.

온라인 쇼핑몰 기업에서 생성형 AI 챗봇을 채택하는 사례도 늘고 있다.

아마존, 월마트는 그들의 온라인 쇼핑몰에 소비자가 사고 싶은 품목 검색이 아닌, 목적이나 용도에 따른 대화형 검색 서비스를 제공한다. 예를 들어 소비자가 '다음 주에 친구 3명과 강 근처로 캠핑을 갈 건데 무엇이 필요한지 도와줘'라고 말하면 생성형 AI는 친구, 3명, 강 근처, 캠핑 등 각각의 단어의 의미를 파악하고 이에 적합한 상품을 추천해준다. 이와 마찬가지로 가족 모임, 기념일 등 다양한 이벤트에 필요한 상품이나 아이를 위한 건강한 점심 메뉴를 물어볼 수도 있다. 더군다나 소비자는 ChatGPT 4o와 같은 음성인식 챗봇을 이용하면 글자 입력도 필요 없이 말로 온라인 쇼핑몰과 대화하며 주문할 수 있다.

이러한 변화는 무엇을 의미할까? 소비자가 검색을 통해 온라인 쇼핑몰로 유입되는 기존의 방식에서 온라인 쇼핑몰로 직접 유입될 가능성이 높아진 것을 의미한다. 즉 구글과 네이버 같은 검색 서비스의 가치가 떨어지는 것이다. 이제 생성형 AI의 도입으로 검색 서비스 업체의 경쟁자는 온라인 쇼핑몰이 되고 있다. 향후 수년 내 거의 모든 온라인 쇼핑몰은 품목별 검색 주문 방식에서 생성형 AI 챗봇을 장착한 자연어 대화 주문 방식으로 바뀔 것이다.

한편 AI 활용의 지나친 장밋빛 환상도 경계해야 하는 사례가 있다. 세계 최대 온라인 유통업체인 아마존은 2016년 무인 편의점 Amazon Go를 열었고, 얼마 지나지 않아 무인 슈퍼마켓 아마존 프레시^{Amazon Fresh}로 확장했다. 이러한 매장은 코로나19를 겪으며 이제 우리 주변에서 쉽게 접할 수 있는 무인 편의점과는 사뭇 다른 것이다. 아마존은 Amazon Go와 아마존 프레시에 일찌감치 AI를 적용했다. 이것은 바코드나 키오스크 없이 계산 과정을 완전히 생략한 것으로써 구매자가 상품을 들고 나가기만 하면 자동

결제되는 'Just Walk Out 기술'이다. 아마존은 당시만 해도 2020년까지 미국에 2천 개의 매장을 만들 계획이라고 발표했다. 하지만 현재 이러한 무인 매장들은 증가는커녕 속속 폐점되고 있다. 심지어 AI 기술을 적용한 무인 매장 사업을 철수할 것이라는 전망도 나오고 있다. 생성형 AI 기술이 각광을 받고 있는 요즘 도대체 어떻게 된 일일까?

주요 원인 중 하나는 Just Walk Out 기술의 문제 때문이다. Just Walk Out은 구매자가 계산 과정의 편리함을 얻는 대신 결제 내역을 바로 확인할 수 없고, 일정 시간이 지난 후에야 확인할 수 있다는 단점을 가지고 있다. 사실 AI를 활용한 최첨단 기술 뒤에 수천 명의 사람이 상품의 라벨과 금액을 확인하는 일이 숨겨져 있었다. 결제 품목의 70% 정도를 수동으로 처리할 만큼 계산 정확도가 떨어졌기 때문이다. 계산대의 사람이 사라진 줄 알았지만 실상은 카메라 뒤의 원격 근무자들이 AI의 판단을 한 번 더 검토하는 웃픈 사연이 있었던 것이다. 결국 자동화로 인한 비용 절감 효과로 이어지지 않고 오히려 비용 상승의 요인으로 작용했고, 배보다 배꼽이 더 커 투자자본수익률^{return on investment, ROI}이 너무 낮았다. 물론 향후 AI 기술이 더 발

전하여 문제를 해결할 수도 있겠지만 이러한 사례를 반면교사로 삼아 섣부른 AI 적용 이전에 충분한 검토가 이루어져야 한다. 겉으로 보이는 모습의 이면에 항상 숨겨진 진짜 문제가 있다.

헬스케어/뷰티 산업

신약 개발은 엄청난 시간과 투자를 필요로 한다. 헬스케어 업계는 생성형 AI의 정교한 머신러닝 모델을 활용해 복잡한 헬스케어 데이터의 신속한 분석, 환자 맞춤형 치료법 및 신약 개발을 시도하고 있다. 실제 해외의 한 바이오 기업은 AI를 활용한 신약 후보 물질을 발굴하는 데 성공했고 이는 통상적인 신약 개발 기간을 8년에서 3.5년으로 단축시키는 효과가 있었다.

예전에 신약 개발 중이던 기업의 경영 컨설팅을 수행한 적이 있었다. 그때 알게 된 사실이지만 신약이나 신물질을 개발할 때 가장 중요한 것은 단백질의 모양이 어떻게 접힐 것인지 예측하는 것이었다. 그래야 고분자 화합물이 어떤 물성을 지닐 것인지 알 수 있고, 이를 기반으로 신약을 빠르고 안전하게 개발할 수 있기 때문이다.

하지만 단백질 접힘protein folding에 대한 예측 적중률이 그리 높지 않아 신약 개발 기간이 오래 걸린다. 때로는 단백질 접힘 구조를 밝히는 데만 십수 년이 걸리기도 한다. 그런데 구글 딥마인드에서 단백질의 접힘을 예측하는 모델인 알파폴드AlphaFold라는 AI를 만들었다. 이름에서 알 수 있듯이 바둑을 두었던 AI인 알파고의 알파에 단백질 접힘을 직관적으로 알 수 있게 폴드를 붙였다. 알파폴드는 이미지 생성형 AI에서 사용하는 확산 모델을 적용하여 단백질 접힘에 대한 예측 적중률을 최소 50% 이상 향상시켰고, 그 결과 신약 개발 기간을 획기적으로 단축시켰다. 또한 세일즈포스에서 분사한 AI

기반 단백질 설계 기업인 프로플루언트^{profluent}는 단백질 데이터셋을 학습한 단백질 언어 모델을 개발하여 이를 신약 물질 발굴과 CRISPR(유전자 가위) 분야에 적용하고 있다.

중국의 진시황제가 불로장생을 위해 불로초를 그토록 찾아 헤매지 않았는가. 만약 21세기의 불로초가 발견된다면 그것은 AI에 의한 신약 개발일 것이다. 신약 개발은 AI 덕분에 더 주목받는 산업이 될 것 같다.

국내의 경우 AI를 통한 의료영상 진단과 판독을 위해 이해관계자 간 심도 있는 논의가 진행 중이다. AI는 그동안 축적된 의료 영상 데이터를 스스로 학습하여 판독할 수 있다. 문제는 개인정보보호 이슈로 질 좋은 데이터를 확보하기 어렵고, 의사의 권위와 역할을 대체하는 것에 대한 거부감이다. 그래서 AI는 비교적 난도 낮은 영상을 판독하고 의사들은 그로 인해 절약된 시간을 더 어려운 판독이나 진료에 할애할 수 있게 하는 등 심리적 저항감을 낮추는 다양한 노력이 필요하다.

2024년 CES에서는 로레알의 CEO가 기조연설을 했다. 그만큼 로레알이 선도적으로 IT를 접목해왔으며 성과를 인정받은 것이다. 뷰티 기업은 생성형 AI와 증강현실^{augmented reality, AR} 기술을 접목하여 사람의 모공, 유분, 수분, 여드름, 점 등 피부 상태를 분석하고 이에 따라 중성, 지성, 건성, 복합성, 민감성의 세분화된 피부 타입별 맞춤형 화장품을 추천한다. 이 밖에도 생성형 AI의 멀티모델(영상) 분석을 통해 얼굴형에 맞는 메이크업 추천이나 가상 성형 시뮬레이션도 제공한다.

엔터테인먼트/예술

생성형 AI 서비스는 영화, 드라마, 뮤직비디오, 게임 콘텐츠 등 영상 제작에 폭넓게 활용되고 있다. 특히 일반인들도 특수분장을 위한 고가의 장비와 장치 없이 원하는 장면을 연출할 수 있게 됐다. 이는 막대한 자본이 필요한 영화 산업에서 누군가에게는 기회가 되고 누군가에게는 위협이 되는 일이다. 최근 Stability AI, 소라^{Sora}, WayneHills Bryant AI, Runway AI, Pika AI 등 비디오 생성형 AI가 제작한 영화의 티저 영상이나 광고 영상들이 속속 공개되고 있다.

이러한 비디오 생성형 AI 기술에 가장 큰 위기를 느낀 곳은 영화계다. 2023년 7월 14일, 할리우드의 작가와 배우 조합이 동반 파업을 했다. 1960년 이후 최대 규모의 파업이다. 얼마 전까지만 해도 창작의 영역은 AI가 침범하기 어려울 것이라는 생각이 지배적이었지만, 그 어느 분야보다 먼저 위협을 받게 됐다. 할리우드 제작자들은 비용을 줄이기 위해 작가들의 이전 영화 대본을 학습시켜 새로운 이야기를 창작하고 이를 토대로 시나리오 작업을 할 수 있다. 생성형 AI는 뼈대가 되는 이야기를 만들고 소수의 작가들이 살을 붙여 이야기의 완성도를 높인다. 심지어 특정 작가의 시나리오를 모두 학습한 후 해당 작가의 스타일로 새로운 시나리오를 만들 수도 있다.

배우들도 마찬가지 상황에 직면했다. 배우의 이전 모습과 연기를 학습시킨 후 새로운 영화나 드라마에 일부 장면만 출연시키고 나머지는 딥페이크 기술을 활용하면 제작자는 출연료를 절감할 수 있기 때문이다. 특히 무명 배우들에게는 아주 치명적이다. 제작자는 무명 배우의 목소리, 몸짓, 표정 등의 저작권을 얻은 후 나중에 해당 배우가 인기를 얻어 출연료가 높아져도 직접 출연하지 않는 영화를 만들 수 있기 때문이다.

사실 영화계는 과거에 이미 유사한 사례를 겪었다. 컴퓨터 그래픽스^{computer graphics, CG}와 시각효과^{visual effects, VFX} 기술이 발달하면서 스턴트맨과 무대 연출가들의 일자리 기회가 줄었다. 2024년 부천 국제 판타스틱 영화제에는 처음으로 AI 영화 부문이 신설됐다. 성우와 웹툰 작가의 영역에도 영향을 미친다. 감기 걸린 성우의 내레이션을 AI가 완벽하게 대신할 수 있으며, 웹툰 작가보다 훨씬 빠르게 그림을 그릴 수 있다.

음악 영역은 어떤가? 특정 작곡가의 곡을 모두 학습한 후 그 작곡가의 스타일로 새로운 곡을 만들 수도 있다. 유튜브의 음악 관련 콘텐츠 중에는 특정 가수의 창법과 목소리로 다른 가수의 곡을 부르는 것들이 있다. 물론 그 가수는 실제 그런 노래를 부른 적이 없다. 2024년 4월 전남도교육청이 주최한 글로컬 미래교육박람회 주제곡 공모전에서 AI가 만든 노래가 1위 곡에 뽑혔다. 공모전 심사위원인 작곡가 김형석은 "AI가 만들어내는 창작물과 공존하는 시대에 작곡의 방향에 대한 고민이 깊어졌다"라고 말했다.[8] AI가 만든 곡은 인간의 편곡을 거쳐 박람회 기간 다양한 행사에서 활용될 예정이라고 한다.

미술계는 어떤가? 판타지 그림 작가로 유명한 그레크 루트코프스키[Greg Rutkowski]는 미드저니 같은 이미지 생성형 AI 프로그램 때문에 심각한 타격을 받고 있다. 생성형 AI에게 '해당 작가의 풍으로 그림을 그려줘'라고 프롬프트를 입력하면 실제 그의 작품과 구분하기 어려울 정도의 그림을 생성해주고 있는데, 최근까지 40만 개 이상의 그림이 만들어졌다고 한다. 아직 이에 대한 저작권이 제대로 보호받지 못하고 있다.

게임계에서는 생성형 AI를 적용하여 매크로, 계정 도용, 부정 접속 등 이용자의 이상 패턴을 파악함으로써 어뷰징[abusing] 문제를 막고 있다. 한 게임업체는 생성형 AI를 활용한 게임 이상 탐지시스템을 도입했고, 이후 어뷰징 사례가 20% 이상 감소했다.

마케팅과 개발

다양한 산업에서는 생성형 AI를 기업의 마케팅 활동에 적용할 수 있다. 기업은 시장조사 업무 시간을 단축하여 신속한 STP^{segmentation/targeting/positioning} 마케팅을 수립함으로써 변화무쌍한 시장에 선제적으로 신상품을 출시할 수 있다.

또한 생성형 AI는 광고대행사의 주요 비즈니스 모델인 광고 카피, 광고 이미지와 영상을 손쉽게 만들 수 있다. 마케팅 조직에서 상시 수행하던 페이스북과 구글 검색 광고 문구, 이메일 광고 타이틀, 트위터 게시글, 유튜브 동영상 썸네일, 블로그 마케팅 문구 등을 작성할 수 있다. 현대백화점은 생성형 AI 모델과 네이버의 HyperCLOVA를 기반으로 자체 카피라이팅 시스템을 개발하여 마케팅 업무에 활용하고 있다고 밝혔다.[9] 이 카피 시스템은 현대백화점이 보유한 3년간의 광고 카피 중 고객 반응이 좋았던 것을 생성형 AI에게 학습시켜 개발한 것으로, 사람이 작성한 카피보다 선호도가 높았다고 한다. 여러 가지 카피 중 어떤 것이 생성형 AI에 의해 만들어진 것인지는 알 수 없지만 인간의 감성과 삶의 굴곡을 통해 발현되는 카피는 단순 문장 이상의 의미를 가질 것인데 과연 그것이 사람의 마음을 얼마나 움직이고 교감할 수 있을지 지켜봐야 한다.

다음은 시인 안도현의 시 <너에게 묻는다>의 일부다.

연탄재 함부로 차지 마라
너는 누구에게
한 번이라도 뜨거운 사람이었느냐

생성형 AI의 광고 카피가 안도현의 시처럼 오랜 삶의 굴곡과 궤적을 표현할 수 있을까? 길가에 널리고 널렸던 하찮은 연탄재를 보고 사람의 가슴을 이토록 후벼 파는 단 2문장의 글을 쓸 수 있을까? 생성형 AI가 화가 고흐와 이중섭의 작품처럼 인간적 고뇌를 승화시킨 그림을 그릴 수 있을까?

한편, 개발자의 입지도 양극화가 심해질 것으로 보인다. 현재 생성형 AI는 대략 3년 내외의 초급 개발자가 할 수 있는 프로그램 코딩을 대체할 수 있다. 앞으로 그 이상도 가능해질 것이다. 그렇게 되면 기업에는 고난도의 개발자만 남고 초/중급 개발자의 일자리 기회는 사라질 것이다. 역설적이지만 기업은 경력이 많은 신입을 찾게 된다. 그리고 초/중급 개발의 경험 과정이 있어야 고급 수준의 개발자가 될 수 있는데, 이러한 사다리가 사라지는 결과도 초래할 수 있다.

스포츠

우리나라의 프로야구는 2024년부터 세계 최초로 ABS^{automatic ball-strike system}를 도입했다. AI가 스트라이크와 볼을 판정하는 것이다. 더 나아가 AI가 스포츠를 생중계할 날도 올 것 같다. 사람이 중계를 하고 AI가 영상을 편집하는 것이 아니라 AI가 딥러닝 기술을 활용하여 경기장 내 설치된 여러 각도의 카메라를 제어하고 선수와 공의 움직임을 촬영, 편집, 그래픽 처리, 경기 분석까지 혼자 다 할 수 있을 것이다.

현재 탁구, 축구, 아이스하키, 농구 등 다양한 종목에서 AI 중계를 테스트하고 있다. 앞으로 야구 중계에 이러한 기술을 접목한다면 투구의 질과 타격 자세 분석, 다양한 각도의 리플레이 등 훨씬 생동감 넘치는 중계가 가능할 것 같다.

한편 미국의 NBA에서도 생성형 AI 적용을 시도하고 있다. 예를 들어 'NB-AI'라는 애플리케이션을 통해 프로농구 경기를 스파이더맨 애니메이션 스타일로 보여달라고 하면 <스파이더맨: 어크로스 더 유니버스>(2023)의 영상 스타일로 바꿔 보여준다. 이러한 소소한 시도가 실제 얼마나 의미 있는 영향을 미칠지는 지켜봐야 하겠지만, 생성형 AI를 스포츠에 적용하려는 다양한 시도라는 측면에서는 긍정적이다.

이상으로 다양한 산업에서 생성형 AI의 활용 사례와 고민을 살펴보았다. 이 밖에 앞에서 언급하지 않은 법률, 교육, 패션, 음식료, 건설 등 다양한 산업과 분야에서도 생성형 AI를 적용할 수 있다. 예를 들어 미국의 AI 법률 서비스인 두낫페이DoNotPay의 경우 기존 법률 서비스 대비 매우 낮은 비용으로 사건의 법률 해석 및 질의응답 서비스를 제공하고 있다. 또 프랑스의 건설사인 Vinci의 경우 건설 현장에서 작업관리자가 안전모자에 카메라를 부착하여 데이터를 자동으로 수집하고 생성형 AI가 이미지를 분석하여 보고 업무를 대신해주고 있다. 또한 대부분 산업의 공통 영역인 콜센터는 AICCartificial intelligence contact center로 진화하고 있다. 생성형 AI가 감정 노동자의 애로를 덜어줄 수 있으며, 기업은 고객접점의 생산성을 높일 수 있다.

기업 입장에서 생성형 AI의 적용은 선택이 아닌 필수이므로 기업은 생성형 AI의 유스 케이스를 계속 발굴하고 확산하려는 노력이 필요하다. 기업이나 기관은 생성형 AI를 '그저 IT 트렌드이기 때문에', 또는 '남들이 하니까'라는 사고와 접근 방식으로 수용한다면 결코 성공할 수 없다. 기계적인 적용이 아닌 창의적인 고민과 구성원들의 공감대가 필요한 이유다.

그림 7-1 시장 세분화

시장 세분화

　생성형 AI 서비스의 시장은 크게 사용 주체별, 산업별, IT 메가 트렌드 분야별 고객으로 세분화할 수 있다. 서비스의 사용 주체에 따라 개인 고객, 기업 고객, 연구 기관으로 구분할 수 있으며 금융, 제조, 유통 등 다양한 업종으로 구분할 수 있다. 아울러 생성형 AI와 밀접한 관계를 갖는 클라우드 서비스 제공 사업자, 메타버스 기업, 휴머노이드 로봇 제조사 등도 주요 고객층으로 정의할 수 있다. 특히 메타버스와 휴머노이드 로봇 분야의 경우 아직은 잠재 시장으로 그 규모가 작지만 향후 거대한 시장으로 자리매김할 것이다.

개인 차원의 활용 사례와 생각거리

필자는 ChatGPT를 통해 처음 AI와 대화한 주말 밤을 잊지 못한다. 그 날은 마치 사랑스러운 아이와 첫 대화를 나눈 날처럼 설렘과 흥분이 가득 했다. 아기가 태어나 말문이 트이기 전까지 부모와의 교감은 아주 제한적이 다. 그런데 한번 터진 아이의 말문은 이후 봇물 터지듯 쏟아져 나오기 시작 하며 그때부터 진정한 양방향 커뮤니케이션이 시작됨을 알게 된다.

ChatGPT와의 첫 대화 느낌도 이와 유사했다. 큰 기대를 안 하고 시작 한 가벼운 대화가 점점 끝없는 지적 탐구의 대화로 번졌다. 꼬박 밤을 새웠 으나 주말이라 천만다행이었다. 영화 <그녀>에 나오는 사만다의 문자 버전 이었다. 물론 그 수준에는 훨씬 미치지 못하지만 그래도 요즘 표현으로 시 간 순삭을 경험하기 충분했다. 아쉽다면 음성 버전이 아니라 계속 앉아서 손가락을 바쁘게 움직여야 한다는 점이었다.

이제 검색의 시대는 끝났다. 아니 새로운 검색의 시대가 왔다. 과거 WWW와 스마트폰이 불러온 삶의 변화가 혁명의 수준이었던 것처럼, 생성 형 AI가 불러올 삶의 변화 또한 혁명의 수준이 될 수 있다. 그럼 그러한 변 화가 무엇인지 톺아보자.

생성형 AI 혁명

생성형 AI가 가져올 파급 효과에 대해 생각해보자. 앞서도 언급했듯이 시장의 크기보다 더 중요한 것은 방향이다. 그럼 방향을 결정짓는 요인으로 는 무엇이 있을까? 삶의 방식이다. 더 날것으로 표현하면 습관이다. 모바일 혁명을 생각해보자. 일명 벽돌폰, 삐삐, 시티폰, PCS[personal communication service], 셀룰러폰, 피처폰 등을 거쳐온 세대로서 스마트폰이 나오기 이전과 이후의 생활 습관은 확연히 다르다는 것을 느낀다.

혹시 시티폰이 무엇인지 모르는 독자들을 위해 간단히 소개하자면 한때 발신만 가능한 휴대폰이 있었다. 당시에 삐삐는 문자나 음성을 받을 수만 있었으니 둘은 서로 보완재이자 찰떡궁합인 셈이다. 그런데 치명적인 단점이 한 가지 있었다. 시티폰의 경우 공중전화 부스 근처에서만 전화를 걸 수 있었다는 점이다. 지금 생각하면 코미디 같지만 당시만 해도 꽤 인기 있던 서비스였다.

다시 스마트폰 이전과 이후의 생활 모습을 비교해보자. 스마트폰 이전 세상에서 우리는 지하철이나 버스, 대기 장소, 심지어 누군가를 만나고 있는 순간까지 한 손에 잡히는 딱딱한 네모 상자를 들고 있지는 않았다. 그때 우리의 한쪽 손에는 손때 묻은 책이나 몇 번쯤 접힌 신문이 있었다. 휴대폰으로 인터넷을 하는 것은 불가능했으며 유튜브나 소셜 미디어 같은 플랫폼도 없었기 때문에 손에 잡히는 작은 상자로 할 수 있는 것이 거의 없었다.

하지만 지금은 스마트폰의 노예가 되어 '스몸비smombie(스마트폰과 좀비의 합성어)'라는 신조어까지 나왔다. 이것이 삶의 방식과 습관의 변화다. 이렇게 일상에 파고든 변화가 있다면 그것을 가능하게 만든 기술은 새로운 세상을 알릴 혁명이 된다. 모바일 혁명이 그랬고 조금 더 먼 과거로 거슬러 올라가면 WWW 혁명이 그러했다. 월드와이드웹World Wide Web의 등장으로 인터넷 혁명이 시작됐기 때문이다.

처음으로 다음 메일Daum Mail이란 것을 무료로 이용할 수 있던 시절을 상기해보자. 그전까지 멀리 떨어진 누군가와 문서 자료를 주고받을 때 유일한 방법은 직접 전달하거나 우편을 보내는 것뿐이었다. 그런데 갑자기 무료로 모든 문서를 보내고 받을 수 있게 됐다. 더 한참을 올라가면 18세기 영국에

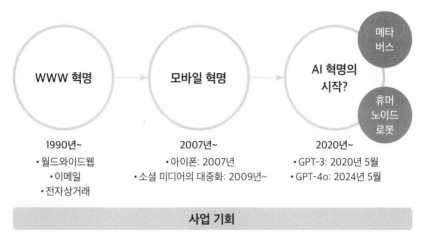

그림 7-2 IT 메가 트랜드와 삶의 변화

서 시작된 1차 산업혁명이 그랬다. 1차 산업혁명 이후 발생한 WWW 혁명과 모바일 혁명은 모두 미국에서 일어났다. 여러 가지 이유가 있겠지만 영국으로부터 이주한 사람들이 낯선 황무지를 개발하고 새로운 체계를 만드는 개척자 정신, 그리고 여러 인종과 문화가 공존하는 다양성에서 가장 큰 이유를 찾고 싶다.

이러한 세 번의 혁명을 이을 가장 강력한 혁명은 무엇이 될까? 그에 가장 가까운 것은 생성형 AI다. 아직은 '생성형 AI 혁명'이라는 말이 낯설지만 타임머신을 타고 미래로 간다면 아주 자연스러운 용어로 불릴 수 있다.

세계사에는 위대한 네 개의 사과가 존재한다는 설이 있다. 바로 아담과 이브의 사과, 만유인력의 법칙을 발견한 뉴턴의 사과, 피카소가 스승으로 여긴 화가 폴 세잔의 사과, 그리고 스티브 잡스의 애플이다. 스티브 잡스의 애플은 독극물을 주입한 사과를 한 입 베어먹고 스스로 생을 마감한 천재 과학자 앨런 튜링으로부터 모티브를 얻은 것으로 흔히 알려져 있다.

생성형 AI는 과연 인류의 다섯 번째 사과가 될 수 있을까? 만약 다섯 번째 사과가 맞다면 우리는 무엇을 준비해야 할까? 모바일 혁명을 그저 지켜만 보고 나중에 따라간 사람이나 조직과 그에 앞서 미리 준비하고 선도한 사람이나 조직의 모습은 어떻게 달라졌을까? 이번에도 정거장에 늦게 도착해서 다음 열차를 마냥 기다릴지, 아니면 미리 도착하여 열차에 올라탈지, 어느 쪽을 선택할지는 각자의 몫이다.

영화 <탑건: 매버릭>(2022) 중 해머 제독과 교관인 매버릭이 대화하는 장면이 있다. 제독은 앞으로 AI 파일럿이 인간을 대체할 것이기 때문에 인간 조종사가 필요 없다는 생각을 가지고 있다.

해머: 끝은 정해져 있네. 매버릭, 자네 같은 파일럿들은 결국 멸종할 수밖에 없어.

매버릭: 아마도 그럴 겁니다. 그러나 오늘은 아닐 것입니다^{But not today}.

극장에서 직접 관람을 한 필자는 다른 관람객들과 마찬가지로 매버릭 역을 맡은 톰 크루즈의 이 한마디에 울컥한 감동과 여운을 느꼈다. 물론 멋진 말이며 일견 동의한다. 하지만 분명 다른 쪽 면도 봐야 할 때다. 왜냐하면 미래는 이미 와 있지만 그것이 균등하게 오는 것이 아니기 때문이다. 예를 들어 어디서나 쉽게 접할 수 있는 키오스크를 생각해보자. 코로나19 이전에만 해도 그렇게 흔한 디지털 기기가 아니었다. 요즘도 키오스크 사용에 익숙하지 않은 노인층은 불편을 겪고 있다. 안타까운 현실이지만 'not today' 마인드보다 'not tomorrow' 마인드가 더 필요하지 않을까.

검색의 시대에서 질문의 시대로

구글과 네이버는 검색 시대의 강자다. 특히 페이지 링크^{page link}(웹페이지와 창업자 래리 페이지의 이름에서 따온 중의어) 기술을 활용한 사업 모델은 검색 엔진 기반의 포털 서비스 사업자들이 전성기를 누리게 된 원동력이었다. 하지만 세상에 영원한 승자는 없는 것 같다. 페이지 링크 기술을 통해 막대한 광고 수익을 창출하고 있는 사업자들은 혜성같이 나타난 ChatGPT로 의해 어쩔 줄 모르는 듯하다.

사용자가 검색을 한다는 것은 내가 관심 있는 브랜드를 이미 알고 있고, 검색으로 그 브랜드에 대한 상세 정보를 파악한 후 구매 의사결정을 하는 과정이다. 그런데 검색을 통해 내가 원하는 정보를 파악하기까지는 많은 링크 페이지를 일일이 열어봐야 한다. 게다가 보고 싶지 않은 광고 창을 마주하면서 말이다.

하지만 생성형 AI의 경우 이런 복잡하고 불필요한 과정을 거치지 않는다. 내가 브랜드를 잘 모르더라도 내가 원하는 것을 질문만 하면 생성형 AI라는 신기한 녀석이 바로 답을 알려준다. 앞으로 현재의 검색 강자들은 사

지는 해

뜨는 해

용자들이 검색창을 찾는 일이 점점 줄어들어 언젠가는 '그땐 그랬지'라고 말하는 것을 들으며 추억을 회상할지도 모른다.

이처럼 생성형 AI의 등장은 단순히 새로운 서비스 출시를 의미하지 않는다. 그것은 새로운 문화이며 또 다른 IT 혁명이다.

검색의 시대가 지고 질문의 시대가 뜨고 있다.

요약의 끝판왕이 나타났다

우리는 정보 홍수의 시대에 살고 있다. 앨빈 토플러가 1980년대《제3의 물결》(범우사, 1992)을 펴내며 이러한 정보화 사회를 예견했으며, 그 이후 스마트폰의 대중화로 수십 년간을 정보 홍수 속에 살아왔다. 그런데 지금은 정보화에 대한 첨언이 필요해보인다. 우리는 그냥 정보 홍수의 시대에 살고 있는 것이 아니고, 허위 정보 홍수의 시대에 살고 있다. 심지어 진짜 정보와 가짜 정보를 구분하기조차 어려운 경우도 있다. 거짓 정보를 가려내기 위해 더 많은 정보를 찾아봐야 한다.

유튜브는 요약 영상이 대세다. 인간의 뇌는 복잡한 정보를 접할수록 그것을 단순화하는 경향이 있다. 브랜드가 대표적인 예다. 어떤 상품이나 서비스를 구매할 때 디자인, 내구성, 가격, 색상, 크기 등 따지고 검토해야 할 속성이 많다. 그런데 이것을 일일이 검토하지 않고 쉽게 결정할 수 있도록 만든 것이 바로 브랜드다. 브랜드가 주는 신뢰만 있으면 다른 상품이나 서비스와 비교하는 수고로움을 덜 수 있다.

이와 마찬가지로 생성형 AI는 그동안 인터넷 검색이 불가능했던 정보 요약 니즈를 충족시켜줄 수 있다. PDF와 웹사이트의 긴 글, 외국어로 작성된 문서도 요약할 수 있다. ChatGPT 4o는 약 300페이지 분량의 내용을 수초

이내에 요약해주고, 제미나이는 20만 개의 논문을 연구자가 원하는 주제로 필터링해서 요약해준다. 유튜브에서는 여러 편의 드라마나 장편 영화를 크리에이터가 기가 막히게 핵심만 간추려 편집해주는 영상이 인기를 끌고 있다. 게다가 이제 Lilys AI나 구글의 제미나이에 링크를 붙이면 영상을 요약해준다. 어떤 상품의 소개 영상이라면 그 상품의 장단점만 발췌해준다. 또한 녹음 내용을 요약해주거나 문자로 변환이 가능해져 회의록 작성과 강의 내용 필기도 사라질 수도 있다. 노트북을 켜고 열심히 타이핑하며 받아쓰기에 열중한 나머지 자신의 생각이나 질문이 사라진 대학 수업의 모습을 보며 많이 안타까웠는데, 문제를 일정 부분 해소하는 데 도움이 될 수도 있다.

아울러 동영상 요약 기능이 생기면 좋을 것 같다. 종종 긴 분량의 동영상 강의를 듣고 난 후 한참 후에 특정 내용만 다시 듣고 싶은 경우가 있는데, 해당 내용을 찾는 것이 너무 어렵기 때문이다. 요약 기능은 매우 유용하지만 필요 이상의 사용은 지양하는 게 좋다. 우리 스스로 요약할 수 있는 힘을 잃기 때문이다. 긴 글을 읽고 그것을 내 것으로 만든 후 요약을 한다는 것은 나의 생각을 정리하는 것인데, 생성형 AI가 만들어준 짧은 글과 영상에 익숙해지다 보면 스스로 생각하는 힘을 잃을 수도 있다.

야 나두, 다국어 능력자

세상이 글로벌화되면서 외국어를 잘 구사한다는 것은 부러움의 대상이자 여러 이점이 많았다. 하지만 영어뿐만 아니라 다국어를 구사한다는 것은 학원 수업과 해외 유학 등 많은 시간과 비용을 투입해야 될까 말까 한 일이었다. 어릴 적 누구나 한 번쯤 '내가 어른이 되면 SF 영화 속에 나올 법한 통역 기계가 생겨서 내가 전혀 배우지 않은 언어로도 대화가 가능할 거야'라고 스스로 위로와 상상을 했던 기억이 있지 않은가. 그런데 그런 순간이 정말 눈앞에 펼쳐지고 있다.

삼성전자는 온디바이스 AI를 통해 실시간 통역이 가능한 스마트폰을 출시했으며, HeyGen AI는 영상으로 촬영한 목소리 그대로 영어, 일본어, 스페인어 등 다국어로 변환을 해준다. 또한 메타의 Seamless Streaming 서비스는 자신이 말할 때마다 모든 내용을 외국어로 바꿔준다. 외국어로 통역되기까지 단 2초면 충분하다. 물론 기계의 도움 없이 자신이 직접 말하는 것이 가장 좋겠지만 그렇지 못한 대부분의 사람들에게 생성형 AI는 자신을 다국어 능력자로 만들어주는 마법사다. 특히, 영어권 국가는 물론 비영어권 국가로의 여행이 활발해진 시대에 매우 유용한 서비스임은 분명하다.

생성형 AI와 소수어

생성형 AI의 대중화로 소수어 소멸을 가속화시키는 문제가 발생할 수 있다. 왜냐하면 생성형 AI의 파운데이션 모델인 LLM을 학습시키는 데 너무 많은 비용이 들기 때문에 소수민족의 언어를 학습시킬 여력이 없어서다. 비용 효율성 원칙이 작용하는 것이다. 그래서 생성형 AI가 활성화될수록 사용 빈도가 높은 언어들의 결과물이 더 많이 유통되므로 소수어의 설 자리가 점점 사라질 것이다.

언어는 문명의 초석이자 분쟁의 도구이기도 하다. 특히 활자는 인류만이 가지고 있는 것으로 오늘날과 같은 문명을 발전시키는 데 지대한 공헌을 했다. 그렇지만 언어의 장벽으로 인한 오해와 갈등도 만만치 않다. 국내에 개봉됐던 드니 빌뇌브 감독의 영화 <컨택트>(2016)에는 지구인이 외계인의 언어를 이해하지 못해 벌어지는 위기의 장면이 나온다. 여기서 고도로 문명이 발달한 외계인의 언어는 인류의 언어와 달리 과거, 현재, 미래 시제가 없다. 왜냐하면 미래를 이미 알고 있기 때문이다. 즉 인류의 언어는 시제가 명확한 직선이라면 외계인의 언어는 원형이다. 물리학에서는 기본적으로 세상을 이해하는 관점이 2가지로 나뉜다. 하나는 원인을 알면 결과를 예측할 수 있다는 뉴턴 역학 관점이며, 나머지 하나는 중력에 의해 물체가 꼭 직선으로만 떨어져야 하는지에 대한 의문을 제기한 해밀턴 역학Hamiltonian mechanics 관점이다.

만약 미래에 외계인이 우리 앞에 불쑥 나타나도 생성형 AI 모델을 통해 당황하지 않고 그들과 의사소통을 할 수 있을지도 모른다. 다만 LLM이 시제가 없는 외계어를 학습할 약간의 시간은 필요하겠지만 말이다.

원본 상실의 시대

이미지 생성형 AI의 등장으로 기존 사진 편집 도구들이 위기에 처했다. 어도비가 공개한 프로젝트 스타더스트Project Stardust는 주변의 사람, 동물, 사물을 제거하거나 새롭게 생성하는 등 배경을 자유자재로 바꿀 수 있다. 내가 입고 있던 옷도 마음대로 갈아입힐 수 있으며 겨울에 방문한 장소라도 여름에도 다녀온 것처럼 꾸밀 수 있다. 기억하기 싫은 사람과 함께한 사진이라면 그 사람만 쏙 빼내는 것도 가능하다. 이처럼 이미지 생성형 AI와 더불어 기존 사진 편집 도구들도 AI 기술을 적용하여 손쉽게 원본 이미지를 새로운 이미지로 바꿔주는 인간의 니즈와 욕망을 채워주고 있다.

하지만 딥페이크deepfake 기술을 악용하여 가짜 뉴스를 양산하는 문제도 심각하다. 펜타곤이 폭발한 가짜 사진으로 미국이 발칵 뒤집어진 적도 있었다. 그래서 가짜 사진과 영상을 찾아내는 일이 중요해지고 있다. 디지털

카메라의 등장으로 전통적인 사진사는 거의 사라졌지만 대신 진짜 사진을 감별하는 사진사가 다시 주목받는 시대가 올 것 같다.

한편 악의적인 딥페이크 문제가 아니더라도 이미지 생성형 AI의 딜레마가 있다. 역설적이게도 이미지 생성형 AI가 양산한 그림이 많아질수록 AI의 성능이 떨어지는 것이다. 왜냐하면 AI가 양산한 이미지들이 아무리 진짜 같아도 100%에 수렴하는 것이지 100%는 아니기 때문이다.

예를 들어 DALL-E가 생성한 이미지가 99.999%의 진짜 같은 그림이라고 가정하자. 생성형 AI는 초기에 진짜 이미지들로 학습을 시작했지만 어느 순간 진짜 이미지보다 자신이 생성한 가짜 이미지들이 많아져서 그것들을 더 많이 학습하게 될 것이다. 그렇게 되면 99.999%의 가짜 이미지를 1천 개 학습할 경우 그 성능은 99%로 떨어진다. 이후 99%의 이미지들을 다시 학습하면 이보다 더 낮은 수준의 이미지들을 만들게 된다. 이렇게 반복적으로 자신의 결과물을 계속 학습할수록 오히려 최초의 이미지 수준에서 멀어지는 것이다. 일종의 자기 복제 함정이다. 오랫동안 유럽의 절대 권력을 누렸던 합스부르크 가문이 왕권 강화를 위해 몇 세대에 걸쳐 친족 간의 혼인을 강행하다가 유전적 기형을 비롯한 각종 질병으로 결국 대가 끊긴 바 있듯이 말이다.

비록 마음에 들지 않고 흠도 있는 원본 사진이지만 때로는 그 어떤 때도 묻히지 않은 순수함이 그리울 때도 잊지 않을까?

생성형 AI에 의한 숏폼이 온다

생성형 AI를 활용하면 누구나 수준 높은 영상을 만들 수 있다. 물론 영상의 경우 문자나 이미지에 비해 아직은 품질이 떨어지지만, 머지않아 동등한 수준의 서비스가 가능해질 것이다. 게다가 고가의 장비와 자본으로 가능했던 광고, 영화, 게임 트레일러 등 다양한 영상들을 일반 개인도 만들 수 있게 됐다. 앞으로 유튜브, 틱톡 등 소셜 미디어에 생성형 AI를 활용한 1분 내외의 숏폼short-form이 더욱 많아질 것이다. 중국과 미국을 중심으로 2분에서 15분 사이의 숏폼 드라마의 인기도 높아지고 있다. 특히 미국에서는 중국 숏폼 드라마 플랫폼인 릴숏ReelShort이 Z세대를 중심으로 이용자 층을 급속도로 확산하고 있다.

숏폼은 시대의 한 사회현상으로 자리매김한 것 같다. 이러한 현상은 웹툰과 웹소설에도 잘 나타난다. 요즘 인기 높은 콘텐츠의 공통점은 주인공의 고난과 역경의 과정이 별로 없다. 이른바 회빙환(회귀물/빙의물/환생물)로 불리는 대세 콘텐츠를 살펴보면 주인공은 누구도 넘볼 수 없는 강력한 능력을 갖추고 있어 매회 사이다 같은 통쾌한 이야기가 펼쳐진다. 명작으로 인정받는 《미생》(더오리진, 2019)처럼 긴장을 유발하며 가슴 졸이게 만들었던 고구마같이 답답한 이야기 전개는 더 이상 인기를 끌지 못한다.

학교 다닐 때 문예 수업을 들은 적이 있다. 그때 소설과 시나리오 속 주인공은 절대로 너무 강하게 만들면 안 된다고 배웠다. 그런데 그때는 맞고 지금은 틀린 것 같다. 요즘 이야기 속 주인공은 큰 위기에 직면하지 않고 모든 문제를 시원하게 한 방에 해결한다. 그래야 독자가 떠나지 않기 때문이다. 숏폼이 인기 있는 이유도 요즘 웹툰과 웹소설처럼 긴장감과 복잡함을 생략하고 금방 결과를 알 수 있기 때문이다.

왜 이런 현상이 생겼을까? 아마도 동시에 여러 편의 콘텐츠를 접하는 세대의 특성, 취업난과 빈부격차, 현실과 이상의 괴리 등 이미 현실이 고난이 되어버린 세대 입장에선 잠시 여유를 즐기고자 하는 콘텐츠마저 복잡하고 위기에 빠진 고구마 설정이 싫었을 것이다. 그래서 이번 생은 망했다는 '이생망'이라는 말이 그토록 유행했던 것이 아닐까. 최근 염세주의 철학자로 잘 알려진 쇼펜하우어의 책이 서점가에서 역주행하고 있는 기이한 현상도 이러한 맥락이 아닐까 싶다. 서점의 가장 썰렁한 코너를 담당하던 철학서, 그것도 1800년대 철학자의 사상이 21세기를 살고 있는 사람들에게 울림을 주고 있는 이유는 무엇일까? 곰곰이 생각해볼 필요가 있을 것 같다.

향후 영상 제작 도구들도 양적, 질적으로 성장할 것이다. 처음 문자 입력으로 이미지를 구현해주는 서비스가 나왔을 때, 영상 구현도 가능해지면 좋겠다는 생각을 한 적이 있다. 그런데 그런 생각을 한 지 얼마 지나지 않아 진짜 텍스트–비디오 모델text-to-video model 서비스가 공개됐다. 최근 오픈AI에서 만든 소라는 텍스트를 영상으로 구현해준다. 중첩 문제, 사물의 위치 혼동 등 아직 완벽한 수준은 아니지만 ChatGPT와 같은 입력창에 구현하고 싶은 것을 멋지게 문자로 묘사하면 1분 내외의 영상이 뚝딱 만들어진다.

백 마디 말보다 열 장의 그림이 낫고, 열 장의 그림보다 한 개의 동영상이 낫다. 여기서도 중요한 것은 필력이다. 사용자가 얼마나 세밀하게 묘사하느냐에 따라 영상의 수준이 달라지므로 평소 읽고 쓰고 생각하는 힘이 멋진 동영상을 제작하는 원동력이다. 묘사와 비유가 곳곳에 잘 스며든 소설을 읽으며 멋진 동영상을 제작하는 힘을 기를 수 있다. 이제 개인도 상상력과 스토리텔링 역량만 있으면 전문 촬영 장비와 편집 도구, 배우들이 없어도 영화를 제작할 수 있다.

2024년 3월, 중국의 알리바바는 오픈AI의 소라와 경쟁을 예고하듯 EMOemote portrait alive 영상 기술을 발표했다. 프롬프트에 배우와 가수 등 인물 사진과 오디오를 입력하면 정지 상태의 인물이 여러 언어로 말하거나 노래하는 영상을 구현해준다. 몇 개의 샘플 영상을 봤는데 실물 영상과 구분할 수 없을 정도로 감쪽같았다. 마치 그리스 신화에 나오는 조각가 피그말리온이 자신이 조각한 여인상인 갈라테이아를 진심으로 사랑했고, 미의 여신 아프로디테가 이 조각상에 생명을 불어넣어 실제 사람으로 만든 것을 연상케 할 정도다. 나날이 발전하는 생성형 AI 기술에 그리스 신화 속 아프로디테가 오늘날 생성형 AI로 빙의한 것은 아닌지 놀랍다. 생성형 AI에도 피그말리온 효과가 작동하고 있는 걸까?

피그말리온 효과

어떤 사람에 대한 믿음, 기대, 사랑이 실제 일어나는 현상을 의미하며, 1964년 하버드 대학교의 교육심리학자 로버트 로젠탈[Robert Rosenthal]이 실험을 통해 밝혀냈다. 실험의 내용은 대략 이렇다. 실험자가 무작위로 초등학생들을 선정하여 두 그룹으로 나눈 후 교사에게 한 그룹은 성적이 향상될 학생들로 구성됐다고 알렸다. 이에 따라 해당 교사가 그 그룹의 학생들에게 특별히 관심과 애정을 갖고 성적 향상을 기대했는데, 실제로 그러한 결과가 나왔다. 이와 반대로 부정적인 기대와 시각으로 누군가를 대하면 점점 부정적인 모습이 되어간다는 골렘 효과[golem effect]가 있다.

기계 고객이라 불리는 생성형 AI 에이전트의 등장

기계 고객[machine customer]? 매우 낯설게 느껴지는 단어다. 기계 고객은 IT리서치 기관인 가트너에서 처음 사용한 용어로 생성형 AI가 구매 과정을 자동화시켜준다는 개념이다. 즉 사람이 직접 구매를 하는 것이 아닌 생성형

AI가 알아서 구매를 대행해준다. 예를 들어 냉장고에 식재료가 떨어졌다면 생성형 AI가 냉장고에 있는 IoT와 연결하여 필요한 식재료를 자동 주문하거나, 공장의 생산 라인에 필요한 소모품 교체 주기를 사전에 인지하여 자동으로 주문할 수 있다. 또한 소비자가 구매한 상품이 고장이 났다면 생성형 AI가 알아서 고객센터에 전화를 걸어 AS 일정을 잡을 수 있다. 이제 누구나 개인 비서를 둘 수 있으며 그 개인 비서는 누군가에게는 기계 고객이 되는 것이다. 앞으로 기계와 사람의 대화, 더 나아가 기계와 기계의 대화를 통해 인간의 개입이 점점 최소화될 것이다.

이처럼 앞으로 특정 용도를 위해 맞춤화된 생성형 AI가 더 많이 생길 것이다. 이것을 생성형 AI 에이전트 AI agent 또는 autonomous agent라고 부른다. 육아 생성형 AI 에이전트, 반려동물 케어 생성형 AI 에이전트, 법률 지식 생성형 AI 에이전트 등 사전에 인간이 지시한 규칙에 따라 독립적인 의사결정을 하게 만든다. GPT 스토어가 이를 위한 매개 역할과 촉진제가 될 것이다.

기계 고객의 등장은 일상의 라이프 스타일뿐만 아니라 비즈니스 생태계를 완전히 바꿀지도 모른다. 예를 들어 소비자가 상품을 구매할 때 구글, 네이버 같은 검색 기반의 포털 서비스나 배달의 민족, 쿠팡 같은 애플리케이션을 거치지 않고도 생성형 AI 에이전트에게 필요한 것을 지시하면 에이전트가 모든 애플리케이션을 찾아 조사한 후 알아서 주문할 수 있다. 이것은 기존 플랫폼 기업에 큰 위기이지만 그렇게 되기까지 기존 플랫폼 업체와 생성형 AI 플랫폼 업체 간 치열한 주도권 경쟁이 펼쳐질 것이다. 아직은 기존 플랫폼 업체가 결제 시스템의 권한을 갖고 있어 쉽게 주도권을 뺏기지 않겠지만, 향후 규제의 칼이 어느 쪽에 더 관대할지 지켜봐야 할 것이다.

도시 Ⅲ

생성형 AI의
컬래버레이션

마을 8

생성형 AI × 클라우드

생성형 AI 서비스와 클라우드 컴퓨팅^{cloud computing}은 짝꿍이다. 생성형 AI 는 온디바이스 AI를 제외하고는 클라우드 내 데이터를 통해 자료를 생성하 기 때문이다. 이 장에서는 그런 클라우드의 개념과 역사를 짚어보고 향후 생성형 AI와 클라우드의 컬래버레이션 모습에 대해 살펴보겠다.

클라우드의 개념

비단 IT 분야에서 일을 하지 않더라도 클라우드^{cloud}라는 용어는 그리 낯 설지 않을 것이다. 그런데 왜 클라우드라고 부를까? 그 이유로 몇 가지 설이 있지만 가장 유력한 설은 클라우드 컴퓨팅이 시작되기 전인 1980년대를 전 후로 IT 업계가 아키텍처를 도식화할 때 여러 컴퓨터를 연결하는 통신장비 와 네트워크를 구름 모양으로 그려 사용했다는 설이다. 꽤 설득력이 있다.

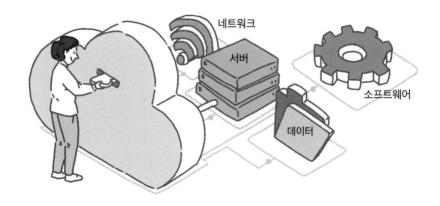

네트워크

서버

소프트웨어

데이터

그렇다면 왜 구름 모양으로 그렸을까? 구름의 경우 서버, 네트워크 등 복잡한 통신망 구조를 단순화하기 위한 모양으로 적합하고, 저 하늘 위 구름 속에 복잡하고 거추장스러운 컴퓨터 자원을 잘 숨겨놓을 수 있으니, 사용자는 그저 필요할 때마다 꺼내서 이용하라는 의미 정도일 것이다.

클라우드 컴퓨팅 기술은 사용자가 데이터, 하드웨어, 소프트웨어 등 IT 자원을 직접 보유하지 않아도 인터넷 연결을 통해 원하는 만큼 가져다 쓰는 기술을 의미한다. 이러한 기술은 컴퓨터의 물리적 공간이 부족할 때 가상의 공간을 빌려 쓸 수 있고 하드웨어의 파손으로 인한 데이터 손실을 예방할 수 있다는 장점도 있다. 개인 이용자 입장에서는 네이버의 MYBOX, 구글 드라이브, 마이크로소프트의 원드라이브OneDrive 등 가상의 공간에 나의 데이터를 저장해놓는 것이므로 마치 내가 은행에 돈을 저축해놓고 필요할 때마다 인출해 쓰는 것과 유사하다.

기업 입장에서도 큰 비용이 발생하는 IT 자원을 직접 구축하거나 운영할 필요가 없어 비용과 관리 측면에서 효율적이다. 게다가 IT 환경이 워낙 빠르게 변하다 보니 개별 기업이 이를 제때 따라가기 어렵다. 그런데 클라우드 서비스를 활용하면 이러한 환경 변화에 개별 기업이 직접 대응하지 않아도 클라우드 서비스 제공업체가 알아서 해준다.

종의 기원으로 만나는 클라우드의 역사

클라우드의 역사를 이해하기 위해 잠시 다윈의 자연선택 이론theory of natural selection을 생각해보자. 찰스 다윈은 자연선택 이론을 통해 생물의 진화를 다룬《종의 기원》(사이언스북스, 2019)1859년 초판을 저술했다. 당시에 큰 파장을 불러왔고 오늘날까지 위대한 업적으로 인정될 만큼 유명한 고전서다. 하지만《종의 기원》을 끝까지 읽은 사람은 많지 않을 것이다. 그도 그럴 것이 분량의 방대함, 당대에 유행했던 만연체 문장, 게다가 책의 도입부에서 지금으로서는 선뜻 와닿지 않는 비둘기 품평에 대한 이야기가 많았기 때문이다. 책이 출간된 19세기 중반에는 동식물의 육종(생물의 유전질을 변경하여 가치가 더 높은 신종을 만들거나 품종을 개량하는 기술)에 대한 인기가 높았기 때문에 종종 출판사와 작가 입장에서는 판매 부수 증가를 위해 해당 분량을 의도적으로 늘리기를 원했다.

자연선택 이론은 생물이 자연환경에 맞추어 생존과 번식에 유리한 형태로 변이하고 유전된다는 것을 주장한다. 학계는 자연선택 이론 이전에 생물이 자주 사용하는 기관은 잘 발달하고 그렇지 않은 기관은 퇴화한다는 장바티스트 라마르크의 용불용설use and disuse theory을 주류로 인정했다. 하지만 후천적으로 얻은 형질은 후손에게 유전되지 않기 때문에 이것은 잘못된 이론으로 증명됐고, 환경에 유리한 형질의 개체가 살아남고 그 형질이 후손에게 유전된다는 자연선택 이론이 학계의 정설로 남았다. 즉 강자가 살아남는 것이 아니고 살아남는 자가 강자가 되는 이치다. 예를 들어 우연히 목이 긴 기린이 태어났고, 기린이 키가 큰 나무의 이파리를 뜯어먹기 용이해지면서, 그러한 형질이 자자손손 유전됐기 때문에 생존에 유리한 목이 긴 기린만이 살아남은 것이다.

2024년 4월에 KBS에서 방영한 다큐멘터리 <도착한 미래>를 시청하던 중 동일한 사례를 발견했다. 극지연구소와 서울대학교 산림과학부 야생동물학연구실이 남극해에 서식하는 펭귄의 개체 수를 조사한 결과 지난 10년간 젠투펭귄의 개체 수는 거의 변화가 없는 반면, 턱끈펭귄의 개체 수는 30% 정도 줄었다고 밝혔다. 기후 위기에 젠투펭귄은 잘 적응했지만, 턱끈펭귄은 제대로 대응하지 못했기 때문이다.

그렇다면 클라우드는 어떻게 세상에 나오게 됐을까?

오늘날 우리는 스마트폰, 노트북, 태블릿 PC 등 개인용 컴퓨터를 통해 손쉽게 은행 업무를 처리하지만, 이러한 개인용 단말기가 없던 시절에는 한 대 가격이 수백억 원에 달하는 고가의 초대형 컴퓨터(메인프레임mainframe)를 통해 처리할 수 있었다. 이러한 메인프레임의 특징은 중앙집중 방식으로 회사 내부망local area network, LAN에서만 사용할 수 있었으며, 요청과 응답이 서버에서 모두 이루어졌는데 너무 비싸서 극히 일부의 기업들만 사용했다.

그러던 중 유닉스와 같은 새로운 서버가 등장했다. 메인프레임보다 성능은 다소 떨어졌지만 저렴한 가격이 그것을 상쇄하기에 충분한 수요를 창출했다. 또한 성능이 업그레이드된 PC가 출시되면서 처리와 연산이 동시에 가능해졌다. C/Sclient/server 시대가 열린 것이다. C/S는 프로그래밍 언어인 델파이Delphi를 주로 사용하여 클라이언트 PCclient PC에서 작업을 요청하면 서버server에서 처리하게 만드는 구조다. 하지만 사용자는 여전히 메인프레임 시

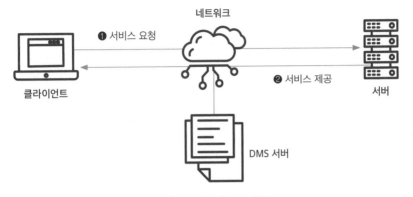

그림 8-1 Client/Server 구조

대와 마찬가지로 내부망에서만 작업이 가능했다.

그런데 이용자는 점점 내부망을 넘어 세상 어느 곳에서나 접속하기를 원했다. 드디어 클라우드 시대의 서막이 열렸다. 클라우드는 앞서 메인프레임과 C/S 시대와는 확연히 다른 환경에서 태어났다. 바로 인터넷의 연결이다. 만약 어떤 시스템이나 사물이 IP^Internet Protocol 기반으로 연결되어 있다면 그것은 클라우드와 커뮤니케이션이 가능하다는 뜻이다.

그렇다면 누가 클라우드 세상의 문을 활짝 열었을까? 답은 아마존의 비즈니스 트랜스포메이션에서 찾을 수 있다. 인터넷 도서 판매에서 시작하여 온라인 쇼핑 사업에 주력하던 아마존은 추수감사절, 블랙프라이데이, 크리스마스, 새해 등 소비자의 구매 니즈가 폭발적으로 증가하는 이벤트 기간에 기존 서버로는 도저히 고객의 주문을 감당할 수 없는 문제에 봉착했다. 그래서 이러한 기간에 대응하기 위해 추가로 많은 서버를 확보했는데, 이벤트 기간이 끝나면 서버의 90% 이상이 유휴 자원이 되어버렸다. 결국 자원을 효율적으로 사용하기 위해 서버를 사용하지 않는 기간 동안 서버를 타 기업에 대여해주자는 아이디어가 지금의 AWS를 만든 것이다. 현재는 아마존의 이익 기여도 중 AWS가 차지하는 비중이 인터넷 쇼핑몰 사업 비중보다 더 높다.

경영 이론 중 통로 원칙corridor principle이 있다. 통로 밖에서는 통로 안이 잘 보이지 않지만, 일단 통로에 들어가면 밖에서는 보이지 않던 통로 속 새로운 길들이 잘 보인다는 뜻이다. 즉 밖에서만 보면 사업 기회가 제대로 보이지 않지만, 실제 그 사업에 뛰어들면 몰랐던 새로운 기회를 접할 수 있다. 아마존도 이러한 통로 원칙을 통해 새로운 사업 기회와 시장을 창출한 것이다. 기업들은 데이터 센터를 짓고 시스템을 운영하며 데이터를 안전하게 지켜주는 등 거의 모든 것을 AWS가 알아서 해결해주니 대여를 마다할 이유가 없다. 이렇게 AWS의 클라우드 구독 서비스는 2006년에 시작됐고 얼마 지나지 않아 전 세계로 확산됐다.

이처럼 클라우드 기술은 급변하는 비즈니스 환경에서 생존하고 적응하기 위한 자연선택이라고 할 수 있다. 앞서 살펴본 다윈의 자연선택 이론처럼 메인프레임, C/S 등 비즈니스 환경에 알맞은 기술을 거치며 발전한 결과물인 것이다. 특히, 아마존의 인터넷 쇼핑몰 서비스는 클라우드를 위한 마중물 역할을 했다고 볼 수 있다.

석기시대는 돌이 부족해서 끝난 것이 아니며 마차 시대 또한 말이 사라져서 끝난 것이 아니다. 머지않을 내연기관 자동차 시대의 종말도 석유 부족 때문이 아닐 것이다. 파괴되고 있는 환경을 재건하고 지속적으로 생존하기 위해서 2차 전지, 수소, 풍력, 태양열, 핵융합 등 친환경 미래 에너지가 인류에게 반드시 필요하기 때문이다. 마찬가지로 클라우드 환경의 도래도 메인프레임이나 C/S 기술이 부족해서 도태된 것이라기보다는 급변하는 비즈니스 환경에 더 적합한 신기술이 출현했기 때문이다.

진화론의 적자생존은 기업 생태계에도 적용된다. 시장 환경에 적응하지 못한 기업들은 파산하고, 잘 적응한 기업들이 생존하여 지속 가능이라는 특권을 누릴 수 있다. 과거 카메라 필름의 대명사였던 코닥은 시장 환경의 변화에 적응하지 못해 파산했다. 반면 후지필름은 코닥과 동일한 사업 모델을 가진 경쟁사였지만 필름 기술 역량을 전이하여 LCD TV의 소재인 TAC$^{triacetyl\ cellulose}$, 아스타라프트 ^{Astalift}(피부 노화 개선 화장품), 아비간^{Avigan}(에볼라 바이러스 치료제) 등 연이어 비즈니스 트랜스포메이션에 성공했다.

미래의 클라우드는 어떤 모습일까? 클라우드 이후에 또 다른 자연선택을 받게 될 정보 기술은 무엇이 될까? 다윈의 진화론이 증명했듯이 급변하는 비즈니스 환경에 최적화된 새로운 돌연변이 기술은 끊임없이 나타날 것이고, 지금의 클라우드를 더 발전시키거나 대체할 날이 올지도 모른다.

스푸트니크 호가 쏘아 올린 작은 공, 인터넷이 되다

1957년 10월 4일, 소련(현 러시아)은 세계 최초로 인공위성 스푸트니크 1호 $^{Спутник-1}$를 발사했다. 이는 당시 냉전 시대를 살고 있는 미국에 엄청난 충격을 줬다. 인공위성 발사의 성공은 곧 대륙간 탄도 미사일$^{intercontinental\ ballistic\ missile,\ ICBM}$ 개발의 성공을 의미하며 핵을 장착한 미사일 공격이 가능하기 때문이다. 인류의 가장 큰 열망이었던 우주 개척의 선두를 소련에 넘겨준 미국은 바로 미국 항공우주국$^{National\ Aeronautics\ and\ Space\ Administration,\ NASA}$을 창설했다.

1969년 NASA는 소련의 핵 공격에 대비하여 국방부 내 중요한 정보를 여러 곳에 분산시키기 위해 방대한 양의 데이터를 전송할 수 있는 패킷 방식의 알파넷

ARPAnet을 만들었다. 하지만 네트워크의 보안 이슈가 발생하자 이를 군사용과 민간용으로 분리했고, 이 중 민간용으로 사용하기 시작한 것이 오늘날 인터넷의 기원이다. 이후 저렴한 고성능 PC 보급, 웹브라우저와 검색 포털의 탄생, 모바일혁명, 소셜 미디어와 유튜브, 넷플릭스 같은 강력한 플랫폼의 사용을 거치면서 인터넷의 사용은 일상화됐다. 어쩌면 광활한 우주의 어디에선가 스푸트니크 1호는 인터넷을 향해 이렇게 외칠 것이다.

I'm your father.

생성형 AI의 깐부, 클라우드

생성형 AI 서비스 제공 기업과 클라우드 서비스 제공 기업은 상호보완 관계를 갖는다. 생성형 AI 서비스가 엄청난 규모의 데이터를 사전 학습하기 위해서 꼭 필요한 것이 클라우드 데이터 센터이며, 클라우드 서비스 제공 기업은 클라우드 자원을 고객에게 더 많이 제공하기 위해서 LLM이 필요하다.

생성형 AI가 클라우드 데이터 센터를 필요로 하는 이유를 알아보자.

우선 생성형 AI가 학습하는 데이터가 보관되어 있는 곳도 클라우드 데이터 센터다. LLM의 성능을 좌우하는 파라미터의 규모가 점점 커지고 있는데, GPT-4의 파라미터는 약 1조 7천억 개로 알려져 있다. 만약 생성형 AI 서비스 제공 기업이 자체적으로 IDC^{Internet data center}를 보유한다면 파라미터가 증가할 때마다 서버, AI 가속기와 같은 인프라 자원을 직접 구매하고 운영해야 하므로 막대한 규모의 투자가 필요하고 관리의 어려움도 겪게 된다. 이에 비해 클라우드는 필요에 따라 IT 자원을 조절할 수 있으며 관리의 불편함도 해소할 수 있다.

반대의 경우는 왜 그럴까? 그것은 수년 내 클라우드 시스템 위에서 구동하는 거의 모든 애플리케이션이 LLM과 연동될 수 있기 때문이다. 다시 말해 클라우드 위에서 구동하는 ERP^enterprise resource planning, CRM^customer relationship management, SCM^supply chain management, RPA^robotic process automation 등 거의 모든 기업용 애플리케이션은 LLM 기반의 생성형 AI 챗봇 서비스를 통해 기업의 구성원과 고객을 만날 것이다. 그래서 생성형 AI 서비스 제공자들은 업종별, 기업별 특화한 다양한 언어 모델이나 챗봇 서비스를 개발하고 있다. 구글 클라우드는 유통 업체에 최적화된 생성형 AI 에이전트를 개발하여 기업이 소비자와 자연어로 대화하고, 소비자가 선호하는 상품을 추천할 수 있는 서비스를 제공하고 있다.[1]

생성형 AI 서비스의 등장으로 클라우드 시장 규모가 더 커질 것이다. 생성형 AI 학습을 위한 클라우드 인프라가 더 필요하고 클라우드 시스템과 연계한 다양한 맞춤형 AI 서비스가 필요하기 때문이다. 최근 마이크로소프트, AWS, 구글 등 CSP들은 역대급 규모의 데이터 센터 구축 계획을 발표한 바 있다.

생성형 AI 사업자와 클라우드 사업자는 자웅동체다. 마이크로소프트는 클라우드 서비스 시장에서 2위를 유지하는 동시에 생성형 AI 시장에서 No.1이나 다름없다. 마이크로소프트가 오픈AI의 최대 주주이기 때문이다. 구글도 검색 사업 모델의 기득권을 위협받고 있지만 성능 면에서 절대 뒤지지 않는 제미나이 언어 모델을 갖고 있는 글로벌 3위의 클라우드 사업자다.

우리나라는 삼성SDS와 네이버가 자체 클라우드 서비스를 제공하는 CSP^cloud service provider이면서, 생성형 AI 서비스(삼성SDS는 패브릭스와 브리티 코파일럿, 네이버는 CLOVA X)도 제공하고 있다. 공통점은 생성형 AI 서비스와 함께 클라우드 서비스를 패키지 형태로 제공할 수 있다는 것이다. 이런 면에서 클라우드 사업을 병행하는 생성형 AI 사업자가 절대적으로 유리하다.

마이크로소프트와 구글은 각각 마이아 100$^{Maia\ 100}$과 TPUv5 등 AI 가속기를 개발하여 자사의 클라우드인 애저와 구글 클라우드에 GPU 대신 탑재하기 시작했다. AWS는 자체 LLM을 최적화하여 구동하는 트레니움^{Trainium} 칩을 개발하여 여러 생성형 AI의 학습에 적용하고, 클라우드 인프라에 탑재했다.

반면 자체 클라우드가 없는 메타의 경우 타사 클라우드에 Llama2를 무료로 배포하고 있다. 메타가 LLM을 초기부터 오픈소스로 공개하는 이유 중 하나로 자체 클라우드 서비스가 없었던 것도 한몫했을 것이다.

이렇듯 자체 LLM과 클라우드를 보유한 기업은 고객에게 API$^{application\ programming\ interface}$를 제공함으로써 고객 맞춤형 AI 서비스를 제공할 수 있다. 이를 통해 API 판매 수익과 클라우드 고객이 증가하여 일석이조의 효과를 누릴 수 있다.

이제까지 살펴보았듯이 앞으로 생성형 AI 시장에서 클라우드 사업 경험과 인프라를 갖춘 기업의 영향력이 커질 것이다. 또한 클라우드 자원을 운영하고 사용하는 방법도 자연어 기반으로 쉽게 바뀔 것이고, GPU, NPU 등 AI 가속기 기반의 클라우드 인프라와 서비스의 수요도 증가할 것이다. 생성형 AI 기술은 클라우드 인프라의 절대적 지원을 통해 더욱 발전할 것이며, 클라우드 서비스 사업은 생성형 AI라는 새로운 동력을 만나 한 번 더 퀀텀 점프(비약적인 성장)$^{quantum\ jump}$를 할 수 있을 것이다.

마을 9

생성형 AI × 로봇

로봇의 개념은 청동 거인 탈로스나 대장장이의 신 헤파이스토스가 황금으로 만든 시녀 이야기를 담은 그리스 신화까지 거슬러 올라가지 않는다면, 1818년 메리 셸리가 지은 《프랑켄슈타인》(문학동네, 2012)이 그 효시라 할 수 있다. 그리고 '로봇robot'이란 용어는 체코슬로바키아의 극작가 카렐 차페크가 1920년에 쓴 희곡 《R. U. R.》(이음, 2020)(Rossum's Universal Robots의 약자)에서 비롯했다.

휴머노이드 로봇이란?

생성형 AI와 더불어 언론을 통해 자주 소개되는 휴머노이드humanoid를 알아보자. 휴머노이드도 어원으로 따져보면 사람을 뜻하는 human과 닮았다는 접두사 oid의 합성어다. 즉 휴머노이드는 인간과 유사한 모습을 갖춘 것이면 꼭 로봇이 아니어도 된다. 그래서 휴머노이드를 로봇의 의미로 사용할 때는 휴머노이드 로봇humanoid robot이라고 해야 정확한 표현이다. 더 적확한 단어는 안드로이드android다. 이는 인간의 모습으로 인간처럼 행동하는 AI 로봇을 의미한다. <로보트 태권브이>(1976), <모험만화인형극 철완아톰>(1957) 등 수십 년 전 추억의 애니메이션 속 로봇도 대부분 인간의 모습을 하고 있다.

휴머노이드 로봇과 달리 특정 작업 현장에 최적화하여 사람을 도와 정해진 업무만 수행하는 로봇을 협동 로봇collaborative robot, cobot이라고 부른다. 이미 제조 공장 생산 라인 및 물류 등 작업 현장에서 많이 쓰이고 있다. 참고로 <600만 달러의 사나이>(1973), <특수공작원 소머즈>(1976), <로보캅>(1987) 등 어릴 적 인기 외화 속 주인공처럼 인간의 신체 일부가 로봇으로 대체되는 것은 사이보그cyborg라고 부른다.

협동 로봇은 어떻게 시작됐을까?

협동 로봇은 기계가 인간과 공존하며 함께 일한다는 의미를 가지고 있으며, 이 것을 최초로 상용화한 국가는 스웨덴이다. 현재 스웨덴은 협동 로봇 분야의 최 강국이다. 왜 스웨덴일까? 원래 스웨덴은 북유럽의 국가들이 그랬던 것처럼 바 이킹의 DNA를 가지고 있는 조선업의 강자였다. 그런데 한국에 조선업 경쟁력 이 밀리자 많은 관련 엔지니어들이 일자리를 잃었다. 그때 그들이 그동안의 경 험과 지식을 가지고 새롭게 개척한 분야가 바로 협동 로봇이다.

하지만 로봇의 보편적 정의는 있을 수 없다는 주장도 있다. 미국 스탠퍼드 대학교 AI 연구소의 버나드 로스는 로봇의 능력이 진화하면 사회적인 맥락과 기술 수준에 따라 로봇의 개념도 계속 변한다고 주장한다. 우리는 여러 SF 영화를 통해 인간보다 더 인간다운 휴머노이드 로봇을 마주하기도 한다. 앞으로 AI와 로봇 기술의 진화를 통해 그러한 상상이 현실이 될 수도 있다.

휴머노이드 로봇 개발 스타트업인 피규어 AI^{Figure AI}는 2024년 3월 로봇 피규어 01^{Figure 01}의 시연 영상을 공개했다. 피규어 01은 오픈AI의 LLM을 탑재한 로봇이다. 사람과 자연스러운 대화를 나누며 다양한 사물을 구분할 수 있다. 먹을 것을 달라고 하면 사과를 집어 건네고, 왜 사과를 줬는지 묻자 테이블에 있는 유일한 음식이기 때문이라고 답한다. 특히 '그것'이라는 지시 대명사를 알아듣는다. 이러한 능력은 인지력, 판단력, 언어 구사력을 두루 갖춘 휴머노이드 로봇에 한 발 더 다가갔음을 시사한다. 이 회사는 마이크로소프트, 엔비디아, 인텔 등 쟁쟁한 기업들로부터 시리즈 B 단계(실리콘 밸리에서 고안한 개념으로, 초기 투자 유치 단계인 A부터 최종 F까지 있다)에서만 무려 8천억 원을 투자받았다.

스탠퍼드 대학교의 연구진이 구글 딥마인드의 지원을 받아 2024년 1월 공개한 로봇 알로하^{ALOHA}는 더 놀랍다. 휴머노이드는 아니지만 설거지, 요리, 화분 물주기, 청소, 커피머신 조작, 면도, 옷 개기, 지퍼 조작 등 다양한 작업이 가능하다. 로봇의 작동 원리는 인간의 행동을 따라 하는 모방 학습^{imitation learning}이다. 즉 인간이 로봇과 합체하여 원하는 작업을 약 50회 정도 반복하면 이후 분리된 로봇이 혼자 동일 작업을 수행한다. 이와 같은 방식으로 다른 작업을 학습하면 많은 일에 전이할 수 있다.

연구진은 해당 기술을 오픈소스로 공개했다. 설계도와 모든 부품 사양을 무료로 배포했으니 누구나 동일하게 또는 더 발전한 수준으로 개발할 수 있다. 따라서 수많은 사람이 다양한 학습 결과물을 서버에 업로드하면 손쉽게 로봇에게 새로운 일을 시킬 수 있다. 영화 <매트릭스>(1999), <업그레이드>(2018) 등에서 인간이 컴퓨터가 학습한 지적, 육체 능력을 뇌에 다운로드해 금방 새로운 능력을 얻는 것이라면 거꾸로 로봇이 인간의 능력을 학습하여 따라 하는 것이다.

로봇 한 대 제작 비용도 4천만 원 정도로 기존에 수억 원에 달하던 그 어떤 로봇 제작 비용보다 월등히 저렴하다. 이 정도면 국내 대학이나 웬만한 공장에서 비교적 쉽게 조립이 가능하며, 일반인도 약간의 공학 지식만 있으면 유튜브 긱블Geekble을 통해 만들 수 있을 것 같다. 물론 개인 차원에서 4천만 원이 결코 적은 금액은 아니겠지만 말이다.

현대자동차그룹의 자회사인 보스턴 다이내믹스Boston Dynamics에서 개발한 스팟Spot이란 로봇도 있다. 이 로봇은 ChatGPT를 탑재하여 방문객의 음성 질문에 음성으로 답하며 회사 구석구석을 안내한다. 미술관의 도슨트나 각종 행사장의 안내 로봇으로 쓰임새가 높다. 테슬라는 2023년 12월에 옵티머스 2를 공개하며 xAI의 LLM을 탑재할 계획이라고 발표했다.

생성형 AI라는 뇌를 얻은 휴머노이드 로봇

휴머노이드 로봇 시대가 열리고 있다. 눈에 보이지 않는 가상 공간에 머물던 생성형 AI가 로봇이라는 물리적 실체를 갖는 것은 어떤 의미일까? 그동안 생성형 AI는 2D 화면 속에 갇혀 인간이 지시한 결과물을 내놓는 활동이 전부였다. 그런데 이제 로봇이라는 몸을 얻어 실제 세상에서 현실의 문제를 마주하고 해결할 수 있게 됐다.

생성형 AI가 현실 세계의 물리 작용을 이해하고 이를 바탕으로 로봇이나 자동차에 탑재되어 과제를 수행하는 것을 Embodied AI라고도 한다. 특히 인간의 신체 구조와 닮은 휴머노이드 로봇은 이미 인간이 만들어놓은 환경에 잘 적응할 수 있다. 휴머노이드가 아닌 다른 형태의 로봇은 인간의 신체 구조와 상이하기 때문에 실제 세상에서 일상적인 동작을 하는 데 어려움이 많다. 예를 들어 계단을 오르내리거나 비탈진 곳을 다니거나 문을 여는 등 아주 기본적인 활동에 제약을 받는다. 생성형 AI가 인간의 언어를 사용함으로써 인간의 지능을 따라오듯이 휴머노이드 로봇은 인간의 신체 구조를 갖게 되면서 인간의 육체 능력을 따라오고 있는 것이다.

또한 미래에 휴머노이드 로봇은 카메라 렌즈로 직접 바라본 일상과 유튜브 영상에 있는 다양한 활동을 학습하여 인간의 행동을 모방할 수 있다. 그리고 축적된 전이학습^{transfer learning, TL}을 통해 LBM(거대 행동 모델)^{large behavior model}이 만들어지게 된다.

이것은 프랑스 출신의 AI 석학이자 메타의 수석 연구원인 얀 르쿤이 발표한 <Self-Supervised Learning from Images with a Joint-Embedding Predictive Architecture>를 통해 주장한 것과도 궤를 같이 한다.

그는 LLM은 실제 세계의 복잡성을 반영하는 데 한계가 있기 때문에 AGI로 발전하기 어렵다는 견해를 밝혔다. 예를 들어 이미지 기반의 생성형 AI가 사람을 묘사할 때 종종 손가락의 개수에 오류가 있거나 손 모양을 부자연스럽게 표현하는 것이 LLM의 한계를 잘 보여준다는 것이다. 그래서 그는 인간의 세계를 직접 관찰하는 JEPA^{joint-embedding predictive architecture} 방식이 세계 모형^{world model}을 잘 반영할 수 있으므로 AGI로 나아가는 데 유리하다

고 주장했다.[2]

과거 로봇 개발의 패러다임은 인간이 할 수 없는 일을 하는 데 초점을 맞추었다. 그래서 주로 위험한 환경에 투입하기 위해 사족 보행이나 바퀴 달린 형태를 갖추었다. 그렇다 보니 오히려 인간의 일상적인 일을 대신할 수 없었고 인간처럼 다양하고 보편적인 활동을 하지 못했다. 휴머노이드 로봇의 활동은 보편성을 갖는다. 어떤 특정한 목적에 맞추어 설계된 것이 아니기 때문에 인간의 일상적인 행동을 따라 할 수 있다. 이는 경제성 측면에서도 매우 타당하다. 왜냐하면 휴머노이드 로봇은 인간이 이미 만들어놓은 온갖 환경에서 그대로 작동할 수 있는 반면, 나머지 로봇은 목적별 다양한 형태를 띠고 있기 때문에 범용성이 낮아 생산 원가가 높기 때문이다.

현재 아마존은 물류 센터에 투입할 목적으로 휴머노이드 로봇을 대량 생산하는 공장을 지어 1만 대를 생산할 계획이다.[3] 만약 타사의 물류 센터로 확산한다면 생산 원가를 크게 낮출 수 있다. 과거 아마존이 프로모션 기간 소비자의 주문 폭주에 대응하기 위해 서버를 대량으로 구매한 후 클라우드 사업 모델로 확장했던 성공 사례로 비추어볼 때 향후 휴머노이드 로봇도 새로운 사업 모델로 확장할 가능성이 충분히 있다. 더군다나 여기에 앞서 언급한 모방 학습 원리를 적용한다고 생각해보자. 인간처럼 생긴 휴머노이드 로봇이 모방 학습 데이터를 다운로드하기만 하면 훨씬 다양한 일을 수행하는 것이 가능하다.

이전에는 생성형 AI에게 지시한 결과물의 최종 행위는 인간의 몫이었기 때문에 인간이 생성형 AI의 중간 명령을 따른다고 볼 수 있었다. 그런데 앞으로는 생성형 AI를 탑재한 로봇에게 지시함으로써 결과물의 최종 행위를 인간이 하지 않아도 된다. 인간이 완전한 명령을 내릴 수 있게 된 것이다.

물론 AI는 물리적 실체 없이도 컴퓨터와 인터넷을 이용해 거의 모든 기계를 제어할 수 있다. 그럼에도 불구하고 AI가 물리적 실체를 가진다는 의미는 인간의 정신이 육체를 얻은 것과 마찬가지일 것이다.

앞선 사례에서 보듯 앞으로 AI는 휴머노이드 로봇이라는 육체를 통해 다양한 용도로 산업 현장과 실생활에 도입될 것이다. 여기서는 휴머노이드 로봇으로 인한 일자리 상실과 로봇세 도입 등 복잡한 사회문제는 잠시 잊고 인류를 위해 공존하는 긍정적인 생각만 하자. 거의 모든 가정에 자동차가 한 대씩 있듯이 언젠가는 집집마다 로봇 집사가 인간과 함께 살날도 올 것 같다. 아울러 오늘날 인간이 반려동물을 통해 감정을 교류하고 공감하듯이 반려로봇 개념이 하나의 사회현상으로 자리매김할 수도 있다. 더 나아가 아주 먼 미래에는 인간과 휴머노이드 로봇의 경계가 허물어질 수도 있지 않을까?

One more thing! 생성형 AI는 화이트칼라뿐만 아니라 휴머노이드 로봇을 육체로 얻은 생성형 AI는 블루칼라 직업에도 지대한 영향을 미칠 것이다.

생성형 AI에 가속기가 있다면 휴머노이드 로봇엔 감속기가 있다

휴머노이드 로봇의 생산 원가 중 가장 높은 비중을 차지하는 부품이 감속기다. 감속기는 로봇의 회전운동을 하는 관절 부위의 힘을 줄여주는 부품으로서 로봇 팔이 달걀을 깨뜨리지 않고 집을 수 있는 것도 이 때문이다. 또한 모터의 속도를 줄이지 않고 감속기를 사용하는 이유는 전체 힘을 유지하면서 속도를 미세하게 줄일 수 있으므로, 모터로 속도를 감소시키는 것보다 전력 소모량이 적고 모터의 내구성을 유지하는 데 유리하기 때문이다. 그래서 휴머노이드 로봇 개발의 화두 중 하나가 감속기를 대체할 기술을 찾거나 감속기를 싼 가격에 제작하는 것이다. 아울러 전기차에 배터리가 중요하듯이 휴머노이드 로봇에도 배터리 기술이 더 중요해질 것이며, 스마트폰의 OS처럼 휴머노이드 로봇의 OS 선점이 더욱 중요해질 것이다.

생성형 AI × 메타버스

생성형 AI 기술이 한 단계 발전하고 시장도 성숙한 이후의 단계는 메타버스^{metaverse}와의 상호작용일 것이다. 특히 생성형 AI가 쉽게 접근하지 못하는 미개척 공간이 3차원인데 이런 공간을 활용하는 대표적 기술이 메타버스이기 때문이다. 이번 마을에서는 메타버스의 개념을 살펴보고 생성형 AI와 메타버스가 어떤 상호관계의 의미를 갖는지 알아보자.

메타버스는 호접지몽이다

코로나19 시기, 인류가 팬데믹으로 고통을 받고 있는 가운데 가장 각광을 받은 IT가 있다면 단연 메타버스였다. 이 무렵 페이스북은 사명을 메타로 변경했을 정도다. 지금의 생성형 AI 못지않은 뜨거운 감자였다. 그러나 그 열기가 언제 그랬냐는 듯이 사그라들었다. 네이버의 제페토^{ZEPETO}, SK텔레콤의 이프랜드 ifland 등 메타버스를 표방하던 공간의 인기는 시들었고 원격 화상회의를 통해 간신히 메타버스 열기의 흔적만을 남기고 있다. 왜 이렇게 됐을까? 가장 큰 이유를 꼽자면 콘텐츠의 부재다. 사람들은 코로나19 속 외출이 자유롭지 못해 메타버스를 표방한 공간에 잠시 관심을 가졌으나 이후 인터넷의 콘텐츠를 대체할 만한 것을 발견할 수 없었기 때문이다. 지금의 메타버스는 인터넷에 존재하지 않는 재화를 제공하지도 못하며 일상의 소셜 미디어보다 매력적인 커뮤니케이션 서비스를 제공하는 것도 아니다.

그렇다면 메타버스는 이대로 끝난 것일까? 그렇지 않다. 메타버스 또한 생성형 AI 기술로 인해 잠재된 역량과 시장을 다시 창출할 가능성이 높다. 이를 이해하기 위해 메타버스에 대해 알아보자.

메타버스는 '초월'과 '가상'을 뜻하는 meta와 '세계'를 뜻하는 universe 의 합성어로 학계와 산업계에서 다양한 관점의 정의가 존재한다. 메타버스라는 용어는 1992년에 출판된 닐 스티븐슨의 소설 《스노 크래시》(문학세계사, 2021)에 나오는 가상 세계를 지칭하는 것으로, 이때 처음 등장했다. 소설 속 '더 스트리트 The Street'라는 공간에는 인간이 제어하는 약 1500만 명의 아바타가 거주한다. 시간이 흘러 이 소설은 다양한 분야에 영감을 줬다. 예를 들어 구글 어스 Google Earth에 영향을 줬으며 아마존의 창립자 제프 베이조스가 세운 블루 오리진 Blue Origin, 탈중앙화 컴퓨터 네트워크를 통한 블록체인 block chain에도 영향을 미쳤다.

그 외 메타버스라는 용어를 직접 언급하지 않았지만 미래의 메타버스 세상을 연상하게 만든 책과 영화를 소개하면 다음과 같다. 호르헤 루이스 보르헤스가 1940년에 발표한 《픽션들》(민음사, 2011) 중 <원형의 폐허들>은 화재 속 주인공이 고통을 못 느끼는 가상 인물임을 자각하는 과정을 다루었다. 아이작 아시모프가 1957년에 발표한 《벌거벗은 태양》(고려원, 1992)은 홀로그램 기술이 투영된 미래 사회를 그렸으며, 윌리엄 깁슨은 1984년에 발표한 《뉴로맨서》(황금가지, 2005)에서 사이버 스페이스와 매트릭스라는 용어를 처음 사용했다. 철학자 장 보드리야르는 1981년에 발표한 《시뮬라시옹》(민음사, 2001)에서 시뮬레이션 세상을 초현실이라고 불렀다. 《뉴로맨서》와 《시뮬라시옹》은 훗날 영화 <매트릭스>에 영감을 주어 복제된 프로그램 세상의 배경이 됐으며, 이 중 《시뮬라시옹》은 영화의 네오가 소장한 책으로도 나온다. 2018년 영화 <레디 플레이어 원>(2018)은 어니스트 클라인이 2011년에 발표한 《레디 플레이어 원》(에이콘출판, 2015)을 각색하여 만들어졌다. 영화 <프리 가이>(2021)는 게임 속 논플레이어 캐릭터[non-player character, NPC]를 통해 가상 세계와 현실 세계가 단절되어 있지 않다는 것을 보여주며 메타버스로 확장한 <트루먼 쇼>(1998)를 연상하게 만들었다.

앞서 소개한 책과 영화의 공통점은 현실 탈피와 가상 세계라고 할 수 있으며, 이러한 관점을 통해 메타버스를 한마디로 정의하면 미래의 인터넷이자 플랫폼이라고 할 수 있다. 미래의 인터넷은 현재의 인터넷과 달리 정보의 공간에 몸이 직접 들어간다는 것을 의미한다. 흔히 메타버스를 이야기할 때 VR 기기를 머리에 쓰고 게임을 하는 것으로 생각할 수 있는데, 이것은 마치 처음 인터넷이 나왔을 때 인터넷을 컴퓨터라고 생각하는 것처럼 단편적인 접근이다.

사실 메타버스를 광의로 해석하면 먼 미래의 모습이 아니라 알게 모르게 이미 우리의 삶 속에 깊숙이 들어와 있다. 메타버스가 현실 공간에서 할 수 없는 것을 가능하게 만들어주는 관점이라면 더욱 그렇다. 요즘은 판타지물이 아니더라도 거의 모든 영화와 드라마에 VFX 기술을 활용하고 있다. 2022년에 인기를 끌었던 드라마 <이상한 변호사 우영우>는 극히 현실의 이야기를 다룬 드라마이지만 주인공의 생각 속 고래는 전부 VFX 기술로 탄생했다. 박물관의 전시물이나 코엑스 앞 옥외 전광판 콘텐츠에도 동일 기술이 적용되고 있다.

2023년 9월에 개관한 미국 라스베이거스의 공연장 MSG 스피어^{MSG Sphere}는 방문자가 특별한 장치를 착용하지 않고도 가상 공간에 들어와 있는 듯한 몰입감을 선사하여 마치 헤드셋 없이 가상현실을 구현하는 것과 같다는 찬사를 받았다. 180도 회전 스크린, 18K 고화질, 16만 개의 스피커, 자유의 여신상이 들어갈 수 있는 높이 등 그 몰입감이 얼마나 압도적인지 심신 안정을 취할 공간이 따로 마련되어 있을 정도라고 한다. 우리나라에도 2024년 3월에 몰입감을 높인 인스파이어 아레나 공연장이 송도에 개관됐으며, 세계 주요 도시에 MSG 스피어 같은 공간이 구축될 예정이다.

산업 현장의 경우 실제 공장과 동일한 디지털 트윈^{digital twin}을 구축하여 생산 혁신을 꾀하고 있다. 디지털 트윈은 공장뿐만 아니라 도시나 건축물을 가상으로 구현하여 사전 위험 요소 파악, 시뮬레이션을 통한 운영 효율

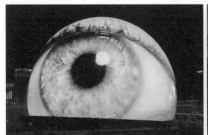

그림 10-1 MSG 스피어의 외관 모습(출처: Madison Square Garden Entertainment)

성 향상, 자원 최적화로 이산화탄소 배출량 감소에 도움을 준다. 시장 성장성도 높아 활발히 적용되고 있는 분야다.

한편, 뇌과학 측면에서는 메타버스를 착시 현상으로 이해하는 데 이와 관련한 흥미로운 실험이 있다. 일명 유체이탈실험out of body illusion이다.[4] 실례로 인종차별주의자를 유색인종의 아바타에 이입하여 본인이 직접 차별을 겪게 했다. 이는 마치 영화 <아바타>(2009)의 주인공 제이크 설리의 의식이 아바타 프로그램을 통해 나비족의 몸으로 전이된 것과 같다. 실험을 마친 후 피실험자의 인종차별적 행동은 현격히 줄었다고 한다. 마찬가지로 성차별자, 장애인차별자, 정치적 양극단자 등에 확대 적용하여 다양성 문화의 이해와 존중을 키울 수 있다. 이런 체험을 통해 소셜 미디어의 부작용 중 하나인 편견과 양극화 문제를 해소하여 사회에 선한 영향을 미칠 수 있다.

메타버스의 4가지 유형을 통해 일상에서 메타버스가 어떤 모습으로 나타나고 있는지 구체적으로 살펴보자. 메타버스는 일반적으로 가상현실, 증강현실, 라이프로깅, 거울 세계의 4가지 유형으로 분류할 수 있다.

가상현실virtual reality, VR은 스마트폰, 컴퓨터, VR 기기 속 가상 세계를 의미하며, 싸이월드, 로블록스, 제페토, 포트나이트 같은 공간이 이에 해당한다. BTS는 팬데믹 기간에 <다이너마이트>(2020)의 뮤직비디오를 포트나이트에서 최초로 공개했다. 어떤 면에서는 책도 메타버스다. 지면 공간을 통해 다양한 삶을 가상으로 체험하면서 독자는 자신의 세계관을 확장할 수 있기 때문이다.

증강현실augmented reality, AR은 실제 세상에 가상현실의 정보를 더한 것으로 <포켓몬 GO>(2016)나 공룡, 행성 등 신비로운 것을 스마트폰의 애플리케이션과 연동하여 볼 수 있는 어린이 그림책을 떠올리면 된다.

라이프로깅^{lifelogging}은 실생활의 인스타그래머블^{Instagrammable}('소셜 미디어에 올리고 싶은'이라는 의미) 모습이나 정보를 지속적으로 온라인에 게재하는 것으로 인스타그램이나 유튜브가 이에 해당한다.

거울 세계$^{mirror\ world}$는 실제 세상을 거울에 비친 모습처럼 가상 세계로 옮겨 구현한 것으로 내비게이션, 구글 맵, 엔비디아 Earth-2가 이에 해당한다. Earth-2의 경우 현실 세상에서 누군가 소유권을 가지고 있는 지구의 땅을 가상 공간에서 마음대로 사고판다는 개념이 황당해 보이기도 하지만 현실에서 이룰 수 없는 욕구의 대리만족 차원에서 일견 이해할 만하다. 심지어 미국의 데니스 호프는 우주의 어떤 것도 특정 국가가 소유할 수 없다는 외기권 조약의 허점을 이용해 개인 자격으로 달의 소유권을 주장한 후 달의 땅을 쪼개서 팔아 140억이 넘는 수익을 올렸다. 고객 중에는 영화배우 톰 크루즈, 영화감독 스티븐 스필버그, 전 미국 대통령 로널드 레이건 등 세계 각계각층의 저명인사들이 다수 포함되어 있으며 구매자가 600만 명이 넘는 것으로 알려졌다.[5]

내비게이션과 <포켓몬 GO>는 메타버스 형제

메타버스의 관점에서 우리가 살고 있는 세상은 현실의 정보를 디지털화해서 비트 세계로 보내므로 현실의 아톰 세계$^{atom\ world}$와 가상의 비트 세계$^{bit\ world}$가 합쳐져 있다. 대표적인 예가 내비게이션이다.

구글에서 일하던 존 행키가 구글 어스 프로젝트를 처음 제안했을 때만 해도 거의 모두 부정적인 입장이었다고 한다. 왜냐하면 세계 곳곳의 지형지물에 대한 방대한 정보를 수집하는 것은 너무 무모한 일이라고 생각했기 때문이다. 하지만 8년간 전 세계에 걸쳐 위치 관련 정보를 사진에 담아 프로젝트를 완수했고 2005년 서비스를 공개했다.

우리는 구글 어스 프로젝트 덕분에 낯선 곳을 쉽고 빠르게 찾아갈 수 있으며, 목적지까지 얼마나 시간이 걸리는지 알 수 있게 됐다. 내비게이션은 모든 현실 속 도로 정보를 비트화된 데이터로 저장하여 가상의 세상에 구현한 거울 세계의 메타버스다. 이후 존 행키는 구글에서 분사한 스타트업 나이앤틱Niantic을 설립하고 닌텐도와 협업하여 <포켓몬 GO>를 탄생시켰다. <포켓몬 GO>는 아톰과 비트를 구분하는 것이 무의미하다는 걸 잘 보여주는 증강현실의 메타버스다.

내비게이션과 <포켓몬 GO>는 한 사람에게서 나왔으니 메타버스 형제라고 할 수 있지 않을까?

앞으로 내비게이션이나 <포켓몬 GO>처럼 현실과 가상이 혼합된 메타버스 세상은 더 가속화할 것이다. 그 이유는 다음과 같다.

첫째, 세대의 변화다. 베이비붐 세대, X세대, 밀레니얼 세대, Z세대를 지나 2011년 이후 태어난 알파 세대의 시대가 오고 있다. Z세대와 더불어 알파 세대는 디지털 네이티브digital native다. 디지털 네이티브 세대는 디지털 공간에 나름 익숙하지만 여전히 아날로그가 더 편한 X세대나 디지털 공간과 아날로그 공간 양쪽 다 편한 밀레니얼 세대와 달리 디지털 공간이 훨씬 익숙하고 편하다. 그들에게 디지털 공간은 마치 고향 같은 곳이다. 디지털 네이티브 세대는 바로 옆에 있는 사람과 말보다 문자 메시지가 더 편하다. 요즘은 꼭 디지털 네이티브 세대가 아니더라도 회사에서 옆자리 동료 직원들과 문자로 대화를 나누는 모습을 종종 볼 수 있다. 특히 알파 세대는 실외

놀이터보다 로블록스 같은 디지털 공간에서 주로 논다. 어릴 적부터 그렇게 습관이 들었기 때문이다. 습관은 무섭다. 한 번 생기면 여간해서 바뀌기 어렵기 때문이다. 이렇게 디지털 공간이 더 편하고 주로 이곳에서 활동하는 알파 세대가 사회, 경제에서 중심의 위치에 있을 때 메타버스는 본격화될 것이다. 디지털 네이티브 세대에 가장 익숙한 게임은 메타버스의 시대를 앞당길 수 있는 매개체. 현재 비디오 게임 이용자는 대략 30억 명이 넘으며 그 시장은 음악과 영화 시장을 합친 것보다 크다.

둘째, 메타버스에 필요한 기반 기술이 계속 향상되고 있다. 생성형 AI 기술의 발달을 가속화하기 위해 컴퓨팅 파워가 커지고 있으며, VR 시장에 애플(애플은 메타버스를 '공간 컴퓨팅spatial computing'이라고 명명)도 가세하여 기술 경쟁을 벌이고 있다. 또 블록체인과 차세대 네트워크, 3D 렌더링rendering 등 기술도 꾸준히 발전하고 있다.

물론 메타버스의 대가인 매튜 볼의 정의를 따르자면 아직 갈 길이 멀다. 그는 메타버스의 구성 요소로 물질세계와 가상세계의 연결, 공유되고 지속되는 인터넷 공간, 참여자들의 경험 연결, 경제적인 거래, 참여자와 사물 간 상호작용을 언급했다. 그런데 진정한 메타버스 세상이 되기 위해서는 매튜 볼의 정의를 토대로 다음의 몇 가지를 고려해야 한다.

첫째, 메타버스 공간의 참여자 간 거래가 활발해질 수 있는 비즈니스 모델이 명확해야 한다. 현재 메타버스 공간이라고 소개된 사이트에 들어가면 처음엔 신기해서 이것저것 살펴보지만 얼마 지나지 않아 오래 머무르거나 자주 들를 만한 이유를 찾지 못한다.

둘째, 사용자가 메타버스 공간 이동에 제약을 받지 않아야 한다. 사람과 물자의 자유로운 국경 이동을 보장한 EU의 솅겐 협정Schengen Agreement처럼 오픈소스 기술을 적용하여 참여자와 사물의 자유로운 이동이 가능해야 한다. 특정 기업의 폐쇄적 운영은 활성화의 걸림돌로 작용할 것이다.

셋째, 제반 기술이 충분히 발전해야 한다. 예를 들어 VR 기기의 무게를 획기적으로 줄일 수 있는 2차 전지 기술이 개발되어야 한다. 또 SF 영화 속 장면처럼 VR 기기 없이도 허공을 손이나 눈동자로 조작할 수 있는 디스플레이나 홀로그램 기술이 개발되어야 한다. 예를 들어 류츠신의 소설《삼체》(자음과모음, 2022)를 원작으로 한 드라마 <삼체>(2024)에서 외계인이 자신들의 존재를 지구에 알리기 위해 만든 VR 기기는 메타버스 기기가 나아갈 방향을 제시해준다. 이것은 자동생체인식 기술로 시스템 로그인이 가능하며 촉감을 느낄 수 있고 뇌와 상호작용도 가능하다.

삼체

중국 작가 류츠신이 쓴 SF로 2008년에 출간됐다. 2015년에 SF계의 노벨문학상이라 불리는 휴고상을 수상할 정도로 작품성을 인정받고 큰 인기를 얻었다. 총 3부작으로 출간됐으며 책을 통해 페르미의 역설, 양자역학, 게임 이론이 인류와 외계인의 대결 구도에 어떻게 사용됐는지 살펴보는 것도 흥미롭다. 소설의 스케일이 너무 거대하여 전 미국 대통령 오바마는 이 소설을 읽고 난 후 세계와 백악관의 모든 일들이 아주 사소하게 느껴졌다는 평을 남겼다.

우리가 상상하거나 기대하는 만큼의 거대한 메타버스 세상은 그리 빨리 오지는 않겠지만 그러한 세상은 틀림없이 올 것이다. 지금은 산업 현장에서 전기를 사용하는 것이 너무나 당연하거나 없어서 안 될 에너지이지만 전력이 보급되는 과정을 알면 그렇게 당연한 것이 아니었다는 것을 알 수

있다. 최초의 상업용 전기 발전소는 에디슨에 의해 1882년 뉴욕에 세워졌지만 그 발전소가 건립된 지 무려 30년이 지나서야 기계 동력의 50%를 전력으로 충전했다. 동력의 80% 이상을 전력으로 사용한 것도 1930년대에 이르러서야 가능했다.

어쩌면 우리는 이미 컴퓨터 시뮬레이션 세상에 살고 있는지도 모른다. 아직 빨간 약을 먹지 않은 채 AI의 생체 전력 배터리로 활용되고 있는 영화 <매트릭스> 속 인간처럼 말이다. 하지만 영화 <프리 가이> 속 NPC가 어느 날 갑자기 자각하여 플레이어가 되는 순간, 현실 세계와 가상 세계를 자유롭게 넘나드는 진정한 메타버스 세상을 마주하지 않을까? 그 순간이 바로 장자가 말한 호접지몽이고, 이것이 메타버스의 궁극이 아닐까?

인간은 왜 자꾸만 현실을 탈피하려고 할까? 현실의 고통 때문일까? 그래서 영화 <매트릭스> 속 수많은 사람이 자신이 사는 세상이 가짜임에도 실제 세상이 너무 고통스럽기 때문에 가짜 세상을 진짜 세상으로 믿으며 살아가는 것은 아닐까? 혹시 그것이 메타버스가 필요한 이유라면 메타버스 세상의 발전 이전에 현실 세상을 더 나아지게 만드는 노력이 필요하지 않을까?

메타버스는 생성형 AI가 필요해

생성형 AI가 메타버스 시대를 앞당길 것이다. 스마트폰과 유튜브가 짝꿍이었듯이 메타버스와 생성형 AI도 짝꿍이 될 것이다. 스마트폰 등장 이후 누구나 쉽게 유튜브에 개인이 제작한 영상을 업로드할 수 있었듯이 생성형 AI는 메타버스 공간과 콘텐츠를 누구나 쉽게 만들 수 있도록 해주는 강력한 도구이기 때문이다. 생성형 AI 등장 전까지만 해도 메타버스 공간은 전문 개발자만이 만들 수 있었다. 웹사이트와 비교해서 설명해보자.

현재 웹사이트의 수는 대략 20억 개 정도로 추정된다. 인터넷 서비스 초창기에는 아무나 웹사이트를 만들지 못했다. 개발자를 구하기도 어려웠고 개발 비용도 만만치 않았다. 그러나 스퀘어스페이스Squarespace나 윅스Wix 같은 웹 빌더web builder가 나오면서 웹사이트의 수가 폭발적으로 증가했다. 그리고 페이스북이나 유튜브에서는 별도의 웹페이지를 만들지 않아도 몇 번의 클릭만으로 나만의 공간을 만들 수 있게 됐다. 즉 웹사이트를 쉽게 만들 수 있는 도구가 나오며 인터넷 세상이 활짝 열렸던 것처럼 메타버스 공간을 쉽게 만들 수 있는 도구가 있어야 메타버스 세상이 도래할 수 있다. 그 도구가 바로 생성형 AI인 것이다. 몇 마디 자연어 입력만으로 생성형 AI가 알아서 메타버스 공간을 자동으로 뚝딱 만들 수 있을 때 웹사이트 수, 소셜 미디어 계정, 유튜브 채널 수에 버금가는 메타버스 공간이 생길 것이다. 메타의 마크 저커버그는 "자유롭게 옮겨 다닐 수 있는 가상 공간의 집합체"를 메타버스라고 정의했으며,[6] 유니티 소프트웨어 CEO도 메타버스를 "수많은 행성들이 연결된 디지털 우주"라고 했다. 즉 개인이 만든 무수히 많은 가상 공간을 염두에 둔 것이다.[7]

이번에는 메타버스 공간을 채울 콘텐츠를 생각해보자. 안타깝지만 현재 거의 모든 메타버스 공간은 상호작용을 일으킬 만한 콘텐츠가 없다. 그런데 생성형 AI를 탑재한 NPC가 메타버스 공간에 방문한 이용자들과 커뮤니케이션을 하면 어떻게 될까? 게다가 공간의 목적에 맞게 파인튜닝한 NPC가 방문자들과 교감하고 그들에게 디지털 휴머니즘을 줄 수 있다면 어떨까? 방문자도 단순한 아바타가 아니라 나의 감정이 이입된 가상 인간으로 만들 수 있다. 또한 나를 표현하는 액세서리의 경우 몇 개의 조합으로 이루어진 기성복과 흔한 자동차가 아닌 나만의 맞춤복과 자동차를 디자인해줄 수 있다. 별도의 제작 도구 없이도 나를 표현하기 위한 맞춤형 사물 제작이 가능하다. 필요하면 나의 실제 모습과 목소리를 담을 수도 있다. 물론 취향에 따라 호불호가 있겠지만 말이다. 이렇게 되면 방문자가 그 공간에 머물 이유가 생기고 체류 시간도 길어지며 상호작용을 통해 경제적 가치를 창출할 수 있다. 이처럼 생성형 AI로 구현된 메타버스 공간에서는 사람과 사물이 서로 유기적으로 상호작용을 할 수 있으며, 유튜브 크리에이터처럼 누구나 메타버스 크리에이터가 될 수 있다.

앞으로 메타버스는 메타버스 공간과 메타버스 공간을 채울 참여자와 사물 간의 상호작용의 도구로서 또 하나의 거대한 시장이 될 것이다. 그리고 그것을 가능하게 만드는 도구가 바로 생성형 AI다.

AI와 로봇을 이어주는 징검다리, 메타버스

미래 세상은 수많은 로봇들이 인간과 공존할 것이다. 산업 현장에서 자동화를 고도화한 로봇, 가정에서 인간의 불편함을 해소해주는 로봇, 그리고 자율주행차를 비롯한 모든 운송 수단이 로봇의 대상이 될 것이다. 현재

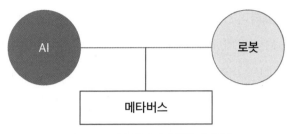

그림 10-2 AI와 로봇의 매개 역할, 메타버스

도 작업 현장에서 단순 반복 작업을 하는 협동 로봇이 많지만 앞으로는 AI를 장착한 협동 로봇, 휴머노이드 로봇, 인간과 상호작용을 일으키는 거의 모든 기기의 수요가 훨씬 많아질 것이다. 그런데 그것들이 실제 세계에서 제대로 작동하기 위해서는 LLM과 마찬가지로 학습을 해야 한다. 하지만 로봇이 현실 세계에서 직접 학습하는 것은 오랜 시간과 큰 비용이 든다. 따라서 가상 공간에서 시뮬레이션을 통한 학습이 필요한데 그것을 가능하게 만들어주는 기술이 메타버스다. 즉 메타버스는 AI와 로봇을 연결해주는 매개체로서 중요한 역할을 한다. 한편 AI 입장에서 메타버스는 학습을 위한 학교이자 배움의 놀이터이며, 로봇 입장에서는 사회에 진출하기 전 그동안 배운 것을 시험해보는 실습 공간인 셈이다.

마을 11

생성형 AI × 애플리케이션

생성형 AI의 출현과 발달이 애플리케이션 생태계에 어떤 영향을 미칠까? 기존 애플리케이션은 어떻게 될까? 새롭게 생길 애플리케이션은 무엇일까? 이번 마을 여정을 통해 생성형 AI 시대에 알맞은 애플리케이션의 개념과 생태계의 변화를 살펴보자.

사만다를 통해 바라본 애플리케이션의 개념과 영향

애플리케이션application은 컴퓨터, 스마트폰, 태블릿 PC의 OS(운영체제)operating system에서 작동하는 모든 응용 프로그램을 의미한다. 애플리케이션은 스마트폰이 등장하고 그에 따른 생태계가 구축된 이후, IT를 잘 모르는 사람들도 '앱'이라고 부르는 아주 익숙한 용어다. 사용자는 스마트폰 화면에 수십 개에서 수백 개의 애플리케이션을 설치하거나 지우기를 반복한다. 기업도 마찬가지다. 사내 IT 인프라 위에는 ERP^{enterprise resource planning}, CRM^{customer relationship management}, SCM^{supply chain management}, RPA^{robotic process automation} 등 수많은 기업용 애플리케이션이 있다.

우스갯소리로 오래전 ERP를 또 다른 의미의 early retirement program으로 부른 적도 있었다. 아마 이 무렵은 우리나라가 IT와 e-Biz transformation이 한창일 때였던 것 같다. 당시 대기업을 중심으로 ERP, CRM, SCM 등의 솔루션 도입은 혁신이나 다름없었다. 이를 위해 BPR^{business process reengineering}, ISP^{information strategy planning}, IT 마스터 플랜이란 과제명으로 컨설팅이 붐을 이루었고, 많은 경영/IT 컨설턴트들이 기업 일선에서 정신과 육체를 불태웠다. 특히 지금처럼 노동 시간의 법적 제한이 없던 시절이라 새벽에 퇴근해서 아침에 출근하는 소위 '별 보기 운동'을 하는 날이 허다했다. 물론 휴일도 거의 없었다. 그런 과정을 거쳐 기업의 IT 인프라와 솔루션이 만들어졌다. 힘든 과정이었지만 PC를 켜서 구현된 애플리케이션을 마주하면 그간의 노고를 한순간에 보상받고 바로 다음 프로젝트로 투입되는 망각의 병에 걸리곤 했다.

비슷하면서도 다른 우리~

응용 프로그램, 애플리케이션, 소프트웨어, 솔루션 등 다 비슷비슷한 것 같은데 차이가 무엇일까? 관성적으로 많이 사용하는 용어들임에도 불구하고 그 차이를 정확히 알고 쓰는 사람들은 많지 않은 것 같다. 애플리케이션은 스마트폰 애플리케이션 생태계가 구축되면서 많이 사용되고 있는 용어로서 그전에는 주로 응용 프로그램이라고 불렀다. 따라서 애플리케이션과 응용 프로그램은 동의어로 이해하자. 소프트웨어는 응용 프로그램뿐만 아니라 운영체제, 드라이버, 라이브러리, 플러그인 등 컴퓨터의 시스템을 제어하거나 특정 작업을 수행하기 위한 상위 포괄적 개념이다. 솔루션은 우리말로 이해하면 쉽다. 즉 소프트웨어를 통해 관련 문제를 해결해주는 방안이다. 우리는 일상에서 종종 '그래서 너의 솔루션은 무엇이니?'라는 말을 한다.

앞에서 ERP, CRM, SCM을 기업용 애플리케이션이라고 명명했다. 여기서 애플리케이션은 말 그대로 소프트웨어의 도구로서의 의미만을 가지고 있으며, 이러한 애플리케이션에 전문가의 경험, 기술, 방법론, 컨설팅 역량 등이 더해져 종합적인 솔루션이 되는 것이다. 예를 들어 망치, 나사, 톱 같은 공구는 애플리케이션이며 그러한 공구를 담은 상자는 소프트웨어다. 목수가 이러한 공구를 활용해 오랜 경험과 자신만의 노하우로 의자를 만드는 과정이 솔루션인 것이다.

<그녀>의 사만다는 왜 OS일까? 영화 속 사만다는 주인공 테오도르와 대화를 하는 AI 애플리케이션이다. OS는 컴퓨터의 하드웨어를 제어하고 애플리케이션을 실행시키기 위한 환경이다. 그런데 왜 OS라고 부를까? 나름 IT에서 밥을 오래 먹었지만 이해할 수 없었다. 물론 영화의 이야기에 매료됐

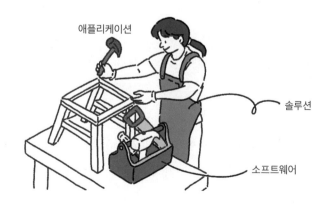

애플리케이션

솔루션

소프트웨어

으며 한동안 AI와 인간에 대해 나름의 철학적 고민을 했다. 그런데 한 가지 걸리는 게 있었다. 영화를 스토리와 감성으로 봐야 하는데 자꾸 논리적인 사고가 발동하여 찜찜했다. '도대체 사만다를 왜 OS라고 하는 거야? 감독이나 작가가 IT 지식이 너무 없네'라고 생각했다. 메일을 정리해주고 편지도 읽어주고 필요한 상품도 주문해주는 것은 분명 애플리케이션의 역할이다.

그런데 책을 집필하며 어쩌면 사만다가 OS일 수도 있다는 생각이 들었다. 생성형 AI 기술이 발전하면서 애플리케이션이 사라질 수 있기 때문이다. 사용자의 스마트폰 화면에서 애플리케이션이 사라지는 대신 생성형 AI의 에이전트가 알아서 모든 것을 처리해주기 때문이다. 앞서 기계 고객과 생성형 AI 에이전트를 다루었다. 생성형 AI는 모든 애플리케이션을 제어하고 명령하는 비서이자 코디네이터가 된다. 그렇게 되면 생성형 AI 에이전트 한 개만 필요하거나 이마저도 불필요할 수 있다. 만약 생성형 AI가 진화하여 OS의 역할까지 맡게 된다면 사만다는 OS이자 슈퍼 AI 에이전트 애플리케이션이다. 즉 OS와 애플리케이션의 경계가 완전히 허물어진 것이다. 2014년에 개봉한 영화라서 작가나 감독이 이런 미래 기술까지 예견하고 사만다를 OS로 명명하진 않은 것 같지만 머지않은 미래에 충분히 실현 가능한 상황이다.

그렇다면 생성형 AI는 기존 소프트웨어에 어떤 영향을 미칠까? 지금은 통계 프로그램으로 파이썬이나 R을 많이 사용하지만, 필자가 대학원 논문을 쓰던 시절에 학문 연구와 시장 조사를 위한 통계 소프트웨어는 단연 SPSS와 SAS였다. 그런데 당시에도 SPSS의 경우 GUI 기반으로 사용자가 비교적 수월하게 조작할 수 있었던 반면, SAS의 경우 CLI 기반으로 되어 있어 사용이 불편했다. 지금은 거의 모든 소프트웨어가 GUI 기반으로 되어 있지만 생성형 AI의 등장으로 GUI에서 자연어 기반으로의 변화가 예상된다. 또한 대부분의 기업들은 자사의 소프트웨어에 외부의 생성형 AI를 적용하기 위해 API 또는 플러그인을 활용하는데 이것은 GPT, 제미나이 등 LLM을 소유한 기업들의 시장 지배력을 더 공고히 만드는 결과를 초래할 것이다.

몇몇 소프트웨어 기업들의 움직임을 살펴보자.

마이크로소프트는 정체된 오피스 프로그램 시장에서 새로운 성장 동력을 찾을 수 있다. 예를 들어 마이크로소프트 코파일럿은 PPT, 엑셀, 워드 등 문서 작성 응용 프로그램에 생성형 AI를 적용하여 사용자가 자연어로 지시하는 대로 문서를 작성해줄 수 있다. 이제 사용자는 복잡한 문서 작성 기능을 배우지 않아도 마이크로소프트 코파일럿이라는 부조종사를 통해 문서를 쉽게 작성할 수 있으며, 작업 시간도 줄일 수 있다.

세일즈포스는 뉴욕증권거래소의 종목 코드를 사명이 아닌 CRM으로 등록할 정도로 대표적인 CRM 소프트웨어 전문기업이다. 과거 CRM 분야에 Siebel이라는 막강한 기업이 있었지만 오라클에 인수된 후 지금은 존재가 미미해졌다. 세일즈포스가 압도적인 1위 사업자로 올라설 수 있었던 것은 일찌감치 상품 전략으로 클라우드 개념의 서비스형 소프트웨어[Software as a Service, SaaS]를 지향했기 때문이다. 흔히 CRM을 한마디로 정의하면 '상품을 파는 것이 아니라 관계를 파는 것'이라고 말한다. 그런데 오라클과 Siebel은 CRM 사업을 하며 정작 자신들은 고객사에 소프트웨어를 한 번 구축해주고 마는 온프레미스[on-premise] 모델을 고집했다. 지속적인 서비스와 사용료를 받으며 관계를 파는 SaaS 모델을 간과했으니 참 아이러니하다. 최근 세일즈포스는 시대의 흐름에 맞추어 그들의 여러 상품에 생성형 AI를 적용했다. 이처럼 기존 소프트웨어 업체들은 그들의 상품에 생성형 AI를 도입하여 자연어 기반의 대화형 서비스를 통해 사용 편리성과 맞춤 서비스를 강화하고 있다.

디지털 미디어와 디자인 제작 도구 분야의 소프트웨어 강자 어도비는 어떨까? 그들도 자사의 상품에 생성형 AI를 적극 도입하고 있지만 한편으로 타격도 크다. 왜냐하면 소라와 같은 텍스트-비디오 모델 서비스가 사진과 동영상 편집 소프트웨어 시장을 잠식할 수 있기 때문이다. 실제 소라 공개 이후 어도비의 주가가 크게 빠졌다.

스톡 포토 소프트웨어 업체인 게티이미지는 Stability AI가 50억 개의 이미지를 무단으로 학습시켰다는 이유로 1조 8천억 달러 저작권 소송을 제기한 바 있다. 향후 다른 이미지 생성형 AI 기업들도 이와 유사한 소송에 휘말릴 가능성이 있다. 그만큼 생성형 AI의 등장은 스톡 포토 소프트웨어 업체 입장에선 기존 시장을 잠식할 수 있는 위협적인 상황을 의미한다. 많은 사람들이 게티이미지를 찾지만 마음에 드는 이미지를 찾는 것은 쉽지 않다. 하지만 생성형 AI는 자연어로 설명하는 대로 이미지를 생성해주니 사용자 입장에서 편리할 수밖에 없다.

RPA 소프트웨어 기업도 상품 포지셔닝을 명확히 해야 할 필요가 있다. RPA는 규칙 기반 알고리즘을 통해 사람이 수행하는 반복적이고 정형화된 작업을 자동으로 처리할 수 있게 만든 것으로 금융 계좌 개설, 보험 청구 처리, 주문 및 예약 관리 등 업무에 유용하다. 예를 들어 금융기관의 경우 직원이 대출 업무 중 필요한 주민등록증 사본, 재직증명서, 근로소득원천징수 영수증 등 각종 서류를 검토하는 일을 RPA가 대신해줌으로써 수작업 대비 처리 시간을 크게 줄이고 정확도도 높일 수 있다. 또한 제조 기업의 경우 생산량이나 가동률을 모니터링하면서 사전에 설정한 임계치에 도달하면 알람을 보냄으로써 사고를 미연에 예방할 수 있다.

그런데 RPA의 근본적인 속성인 자동화는 생성형 AI의 그것과 크게 다르지 않기 때문에 RPA의 효용성에 부정적인 견해도 있다. 개발자가 직접 코딩하는 핸드 코딩 방식의 RPA는 생성형 AI가 고도화될수록 그 역할이 축소될 것이며 비정형 데이터 처리에도 한계가 있다. 결국 생성형 AI의 역할로 대체 가능하다는 우려가 생긴다. 반면 생성형 AI는 머리 역할을 담당하고, RPA는 팔과 다리의 역할을 담당함으로써 자동화에 집중할 수 있어, 각각 양립할 수 있다는 입장도 존재한다. 또한 RPA가 제공하는 정형화된 데이터가 생성형 AI 에이전트의 학습에 유용한 자원으로 쓰이기 때문에 향후 RPA 업체들이 생성형 AI 에이전트 개발로 사업을 전환하기에 유리하다는 주장도 있다.

생성형 AI의 등장은 어떤 소프트웨어에게는 시너지 효과로 되돌아올 수 있고 어떤 소프트웨어에게는 마이너스 효과를 줄 수 있다. 앞으로 그들은 생성형 AI로 인해 생존의 갈림길에서 시장 포지셔닝에 대한 중대한 선택을 해야 한다.

SaaS는 왜 온프레미스보다 중요할까?

단순히 상품을 판매하는 것이 아니라 관계를 판매하는 것임을 보여주는 좋은 예가 있다. 2023년 4월 뉴욕의 브로드웨이에서 39년간 샌드위치 가게를 운영하다 은퇴한 한국인 노부부의 사연이 감동적이다. 이 부부가 은퇴하는 날 단골 손님들이 은퇴식을 열어 퇴직금까지 전달하는 훈훈한 일이 있었다. 먼 나라의 낯선 사람들의 이야기지만 가슴이 뭉클해졌다. 어떻게 이런 일이 생겼을까? 노부부는 고객들에게 단순히 샌드위치를 판 것이 아니라 39년간 관계를 팔아왔던 것이다. 이것이 바로 CRM이다.

GPTs, 새로운 애플리케이션 세상

스마트폰 등장 이후 구글과 애플의 앱 스토어 생태계가 활짝 열린 것처럼, 생성형 AI 서비스의 앱 스토어도 같은 길을 걸을지 귀추가 주목된다. 대표적인 앱 스토어로 오픈AI가 만든 마켓 플레이스 플랫폼인 GPT 스토어 GPT Store가 있다. GPT 스토어에는 기업이나 개인이 만든 수많은 GPTs가 있다. GPTs는 사용자의 용도에 맞게 개발된 다양한 ChatGPT 애플리케이션으로 이해하면 된다. 동일한 목적을 위해 사용하므로 매번 똑같은 프롬프트를 만들 필요 없이 자동화한 것이다. 자주 가는 단골 카페의 경우 내가 어떤 주문을 하지 않아도 매장 직원이 알아서 늘 마시던 커피를 만들어주는 것과 같다.

2024년 3월 기준으로 GPT 스토어에 등록된 GPTs는 약 500만 개(2024년 6월 기준 애플 앱 스토어 192만 개) 정도이며, 이 중 사용 빈도가 높은 것은 Consensus, Scholar GPT 등 학술 논문 관련 애플리케이션이다. 향후 GPTs의 수는 웹사이트 수만큼 많아질 수도 있다. 물론 500만 개의 GPTs 중 유사한 것들이 많아서 개수 자체가 큰 의미를 갖는다고 볼 수는 없다.

애플의 앱 스토어와 구글의 구글 플레이의 경우 코딩을 할 줄 아는 개발자들이 애플리케이션을 만들어 거래를 하는 곳인 반면, GPT 스토어의 경우 프롬프트를 잘 다룰 줄 알면 누구나 GPTs를 만들어 등록할 수 있다. 다만 2024년 6월 기준으로 월 20달러의 유료 구독자만 사용 가능하며

GPTs에 대한 수익 배분 방식이 확정되지 않아서 향후 이러한 요인들이 활성화에 어떤 영향을 미칠지 조금 더 지켜봐야 할 것 같다.

플러그인 스토어도 있었다. 말 그대로 GPT에 연결하여 외부 애플리케이션의 기능을 확장하는 방식이다. 예를 들어 호텔 숙박과 항공 탑승 예약 사이트 익스피디아닷컴은 ChatGPT와 연동하기 위해 플러그인 스토어에 입점했으며 이러한 애플리케이션의 수가 1천 개 이상인 것으로 알려져 있다. 하지만 이후 GPT 스토어가 생기면서 두 플랫폼 간 중복이 발생하고 GPT 스토어가 더 활성화되면서 오픈AI는 플러그인 스토어 서비스를 2024년 4월 9일 종료했다. 물론 기존 플러그인 스토어의 기능은 자연스럽게 GPT 스토어로 통합됐다.

허깅 페이스와 유튜브의 평행 이론

허깅 페이스Hugging Face도 알아두면 좋다. 허깅 페이스는 AI 분야의 깃허브와 같은 존재로 머신러닝 프레임워크를 제공하는 세계 최대의 오픈소스 AI 플랫폼이다. 허깅 페이스는 원래 2016년에 10대를 타깃으로 만든 챗봇 애플리케이션 서비스로 출발했으나 사업이 잘 안 돼 현재의 사업 모델로 전환한 후 생성형 AI가 급부상하자 그 위상이 더욱 높아졌다. 이는 마치 유튜브가 초창기에 낯선 남녀 간의 만남 영상 애플리케이션으로 출발했으나 사업이 잘 안 되다가 생방송 TV 프로그램에 출연한 가수 자넷 잭슨의 신체 노출 사건을 계기로 현재의 사업 모델로 전환하여 성공한 것과 유사하다.

마을 12

생성형 AI × 고객 경험

뜬금없이 고객 경험customer experience, CX이 왜 여기서 나오냐고 생각할 수도 있다. 새로운 시대를 여는 것은 기술자이지만 그것을 여물게 만드는 것은 사용자다. 그리고 이런 사용자를 인도하는 것은 고객 경험이며 좋은 고객 경험을 만드는 것은 인문과 예술이다. 다만 인문과 예술이 인간의 오남용으로 오로지 기업의 이윤 창출 도구로만 전락하지 않고 사회적 책임도 함께 고려하는 아름다운 마중물이기를 바란다.

고객 경험은 인간에 대한 연구다

고객 경험은 일반적으로 고객이 상품이나 서비스를 구매하고 사용하는 과정에서 느끼는 모든 상호작용과 감정을 포함한 경험을 의미한다. 즉 고객 경험은 고객이 기업의 상품이나 서비스를 만나는 모든 접점, 모든 과정을 포함하는 포괄적인 개념이다. 더군다나 인터넷과 다양한 디지털 도구가 발명된 이후로 고객접점이 다양해지고 많아졌으므로 더 광범위해지고 중요한 요소로 자리 잡았다. 때로는 기업 구성원들의 경험인 employee experience를 포함하는 경우도 있다.

고객 경험은 경영학의 주요 연구 분야로, 2000년 전후를 기점으로 학계와 산업계에서 많이 논의됐다. 이전에는 고객 만족 경영이나 MOT[moment of truth](스칸디나비아 항공의 CEO 얀 칼슨이 기업의 직원과 고객이 만나는 순간을 가리킨 말) 같은 용어가 많이 쓰였다. 경영의 철학이나 기법도 시대에 따라 유행을 탄다. 그동안 기업은 시대별 경영 사조에 따라 산업조직론[industrial organization], 자원준거론[resource&capability], 전략적 혁신[strategic innovation] 등 경영 트렌드를 실무에 적용하며 발전해왔다. 한창 고객만족 경영을 강조하던 시절에는 만족을 넘어 고객감동이란 용어가 등장했다. 필자도 그 시절의 한가운데에서 고객만족 경영 컨설팅을 했었다. 그때는 기업들이 NCSI(국가고객 만족도), KCSI(한국산업 고객만족도) 등 고객만족 성적표를 잘 받기 위해 특별한 활동을 하던 시기였다. 고객 경험도 그러한 흐름 속에서 발전해왔다.

한편 IT 업계에서는 컴퓨터, 스마트폰, 키오스크 등 스마트 단말기의 등장과 대중화, 그리고 다양한 B2C/B2B 애플리케이션의 등장으로 UI/UX의 개념이 등장했다. 처음에는 단지 사용자 인터페이스에 초점을 두었으나 점점 사용자의 경험으로 발전했으며 지금은 경영학의 마케팅 분야인 고객 경험 영역으로 확장했다. 그리고 디자인 컨설팅 기관인 IDEO의 창업자이자 인간 중심의 디자인을 널리 알린 데이비드 켈리가 디자인 싱킹[design thinking]이라는 개념을 통해 서비스 디자인으로 발전시켰다. 페르소나[persona], 여정지도[jurney map], 사용자 시나리오[user scenario], 더블 다이아몬드[double diamond], 인터뷰 기법 등 많은 것이 앞서 경영학의 연구 내용을 차용하고 UX 관점에서 새롭게 각색, 발전시킨 것들이라 할 수 있다. 경영학자이자 컨설턴트인 개리 해멀도 2000년대 초에 디자인 싱킹과 유사한 개념의 방법론을 고안했다.

고객 경험은 경영, 디자인, 컴퓨터 사이언스 등 학제적 연구를 통해 탄생한 좋은 사례다. 어느 학문이 먼저 그것을 고안했고 활용했는지보다 서로의 학문으로부터 배우고 그것을 지속적으로 이롭게 만드는 것이 중요하다는 것을 알 수 있다.

제2차 세계대전 중 MIT에는 군사 기술 개발을 목적으로 'Building 20'이라는 공간을 만들었다. 이 공간에서 무려 9명의 노벨상 수상자가 나왔으며 많은 혁신 기술이 개발됐다. 어떻게 그런 일이 가능했을까? 칸막이가 없는 공간에서 다양한 분야의 학자들이 모여 학제 간 경계를 허문 조직을 구성했기 때문이다. 특히 미로와 같이 설계된 연구실과 복도 탓에 자신의 연구와 무관한 다양한 분야의 전문가들을 우연히 만날 수 있었으며, 이를 통해 통섭^{consilience} 차원의 연구가 가능해졌다. 하지만 우리가 아는 대부분의 연구실은 항상 문이 닫혀 있고 보안이 중시되는 폐쇄적 공간이지 않은가?

미국의 스탠퍼드 대학교에는 다양한 경험과 전공의 배경을 가진 학생들이 창의성과 공감을 배우는 Stanford d.school이 있다. 이곳에서는 학생들이 정규 교육 과정에서는 접하기 어려운 디자인 싱킹을 통해 문제 해결 역량을 키우고 있다. 카이스트에도 이와 유사한 철학을 가진 융합인재학부가 있다. 학문 간 경계 없이 다양한 지식을 섭렵하고 독서를 통해 다양한 사회문제를 해결하는 프로젝트 교육 과정이다. 불필요하고 지나친 경쟁을 없애기 위해 학점도 없앴다.

고객 경험의 근본 사상과 중심에는 인간이 있다. 그래서 고객 경험은 인간을 연구하는 것이다. 인간 연구는 곧 인문과 통한다.

생성형 AI 시대, 궁극의 고객 경험은 앱을 없애는 것이다

그리 멀지 않은 과거에 기업들은 상품과 서비스에 대해 일종의 착각을 가지고 있었다. 물론 지금도 종종 그런 기업을 보곤 한다. 그들은 최대한 많은 기능을 넣고 최대한 복잡할수록 소비자가 좋아한다고 생각한다. 그래서 소비자가 해당 기능이 필요하든 말든 일단 만들고 본다. 그림 11-1의 TV 리모컨을 살펴보자. 요즘 스마트 TV를 구입하면 단순하고 날렵한 리모컨이

그림 12-1 TV 리모컨의 단순화

나오지만 이전의 리모컨은 너무 많은 버튼이 있어서 무겁고 컸다. 다만 최근 TV 리모컨의 경우 여러 기능의 버튼이 합쳐져 간단해지다 보니 일부 나이가 많은 어르신들이 불편해하는 것을 볼 수 있다. 그래서 어떤 사람은 신형 TV에 구형 리모컨을 사용한다.

이동통신 서비스에 가입할 때를 떠올려보자. 요금제의 종류가 너무 많다. 그나마 예전에 비하면 덜 복잡해진 것이지만, 약정 요금제의 경우 설명을 한 번에 이해하기가 쉽지 않다. 때로는 기업 입장에서 소비자가 쉽게 이해할 정도로 너무 간단하면 불편할 수 있다. 그들의 숨은 의도가 쉽게 노출되기 때문이다.

예술, 문학, 경제학 등 다양한 분야에서 간단함을 추구하는 예는 많다. 앞서 피에타 조각상을 언급했듯이 미켈란젤로는 빼기의 달인이다. 다비드 조각상을 본 군중들의 감탄을 자아냈을 때 그는 이렇게 말했다고 한다. "나는 돌 안에 갇혀 있는 다비드만 보고 불필요한 부분을 제거했을 뿐이다." 아리스토텔레스도 같은 맥락의 말을 남겼다. "현명한 사람은 쾌락을 쫓기보다 고통 없는 상태를 추구한다." 쾌락은 더하기요, 고통은 빼기다. 마찬가지로 몸에 좋은 음식을 먹는 것보다 몸에 해로운 음식을 피하는 것이 낫다.

《도리언 그레이의 초상》(열린책들, 2024)으로 잘 알려진 아일랜드의 탐미주의 작가 오스카 와일드도 다음과 같은 말을 남겼다.

> 삶은 복잡하지 않다. 우리가 복잡할 뿐이다. 삶은 단순하며, 단순한 것이 옳은 것이다.
>
> 《The Complete Letters of Oscar Wilde(오스카 와일드의 편지 전집)》 중에서

오컴의 면도날Occam's razor도 있다. 여러 가설 중 가정의 개수가 가장 적은 가설을 채택하는 것이 바람직하므로 사유의 면도날로 논리적이지 않은 것을 잘라내야 한다는 뜻이다. 그래서 오컴의 면도날을 절약의 원리, 경제성의 원리, 간결함의 원리라고 부르기도 한다. 이러한 오컴의 면도날 발상은 코페르니쿠스와 갈릴레오의 지동설을 뒷받침했다. 이전까지 통념이었던 프톨레마이오스의 천동설은 상당히 복잡한 가정을 통해 행성의 이동을 설명했다. 그런데 코페르니쿠스는 태양이 정지해 있고 지구가 돈다는 단 한 개의 가정만 세우면 행성의 이동을 단순하게 설명할 수 있다는 것을 깨달았다. 이에 따라 그는 단순한 가정으로 현상을 설명할 수 있는 지동설이 옳고, 복잡한 가정으로 만들어진 천동설은 틀렸다고 주장했다. 스티브 잡스의 상품 디자인 철학도 'Simple is the best'다.

생성형 AI 서비스의 궁극의 CX는 무엇일까? 생성형 AI는 자연어 기반

으로 작동하기 때문에 태생적으로 직관적인 고객 경험을 가지고 있다. 여기서 사용자의 접근성과 사용성을 더 높여주는 최고의 고객 경험은 무엇일까? 궁극의 CX는 모든 애플리케이션을 없애는 것이다. 애플리케이션을 아예 없애서 CX가 필요 없게 만드는 것이다. 더 정확히 말해 애초에 애플리케이션을 설치할 필요도 없다. 매뉴얼 같은 사용법도 필요 없다. 지금까지 모든 IT 서비스는 사용자 매뉴얼을 필요로 했다. 사용자 매뉴얼은 웹, 동영상, PDF 문서 등으로 고객에게 제공되며 이것으로 해결이 안 되면 콜센터에서 응대해야 한다. 그런데 이제 이런 번거로운 자료도 필요 없다. 애플리케이션을 없앤다고? 애플리케이션이 없는데 어떻게 서비스를 이용하지? 애플리케이션이 없어도 되는 이유는 자연어로 직접 묻거나 지시하고 그에 따른 답을 얻을 수 있기 때문이다. 일상 대화를 나누는 데 매뉴얼을 찾는 사람은 없다.

말로 모든 애플리케이션을 제어할 수 있다. 물론 사용자가 보는 화면에는 아무 애플리케이션도 보이지 않지만 생성형 AI 에이전트가 백 오피스의 모든 애플리케이션을 제어해준다. 역설적이게도 가장 좋은 CX는 사용자가 터치하거나 조작할 기능이 없게 만드는 것이다. 만약 미켈란젤로가 오늘날 다시 태어난다면 필자의 생각에 동의하지 않을까?

생성형 AI × 디지털 트랜스포메이션

디지털 트랜스포메이션^{digital transformation, DT}은 최근 몇 년간 4차 산업혁명의 바람을 타고 급부상했다. 그리고 이것을 더욱 가속화한 것은 코로나19 팬데믹이었다. 그런데 지금으로부터 20여 년 전인 2000년대 초반에도 이와 유사한 현상이 있었다.

그때는 이것을 e-Biz transformation이라고 불렀다. 당시 전통적인 굴뚝 기업들은 닷컴 기업으로 변화하지 않으면 곧 망할 것처럼 여겼다. 그래서 기업의 거의 모든 가치 사슬^{value chain}에 인터넷 기반의 ERP, CRM, SCM 등 솔루션을 도입했다. 어찌 보면 지금의 DT 물결과 크게 다르지 않다. 산업혁명이 몇 차례로 나누어 진행됐듯이, e-Biz transformation이 1차 변혁이었고 DT는 2차 변혁이라고 할 수 있다. 1차 변혁의 뉴트로^{newtro}인 셈이다. DT를 구현하는 원동력과 도구가 다를 뿐이다.

DT의 핵심은 트랜스포메이션이다

DT란 무엇일까? 먼저 단어를 쪼개어 디지털^{digital}의 의미부터 파악해 보자. 디지털의 어원은 손가락을 가리키는 라틴어 digitus에서 따온 것이다. 즉 손가락으로 숫자를 셀 때 각 손가락이 떨어져 있는 것처럼 이산적인 ^{discrete} 숫자를 의미한다. 그래서 컴퓨터가 데이터를 처리할 때 0과 1로 이루어진 이진법을 사용하는 것이다. 디지털을 구현하기 위한 가장 기본적인 인터페이스는 컴퓨터이고 그 컴퓨터로부터 여러 디지털 기술이 출발한다고 해도 과언이 아니다. 대표적인 디지털 기술로 클라우드, IoT, 빅데이터 분석, 블록체인이 있으며, 팬데믹 때 부각된 메타버스와 이후 생성형 AI도 앞으로 10여 년을 이끌어갈 디지털 기술이다. 그 외 새로운 IT가 나올 때마다 그것이 디지털 기술을 한동안 주도하거나 대변할 것이다.

이번에는 트랜스포메이션^{transformation}의 의미를 살펴보자. trans는 '가로질러서', '초월'의 뜻을 가지고 있는 접두사다. 디지털 트랜스포메이션을 흔히 DX로 줄여서 쓰는 이유도 trans와 같은 의미의 cross를 X로 바꾸었기 때문이다. 트랜스포메이션은 단순히 바꾼다는 전환보다 혁신적인 변화를 의미하는 변혁에 더 가깝다. 어떤 경우에는 기존의 것을 아예 없애고 새로운 것으로 대체해야 하는 파괴적인 변화를 의미하기 때문이다. 그래서 혁신이다.

그렇다면 트랜스포메이션은 어느 정도의 변화를 의미할까? 베토벤은 프리드리히 실러의 시 <환희의 송가>를 통해 <교향곡 9번>(1824)을 완성했다. 그리고 구스타프 클림트는 <교향곡 9번>을 미술로 표현했다. 일명 <베토벤 프리즈>라는 작품인데 귀로 들은 것을 눈으로 표현한 것이다. 시가 음악이 됐고 음악이 다시 미술이 된 것이다. 이처럼 영역을 뛰어넘는 예술을 통해 기업의 트랜스포메이션을 돌아볼 필요가 있다.

이제 디지털과 트랜스포메이션을 합쳐보자. 우리말로 바꾸면 디지털 전환보다는 디지털 변혁 또는 디지털 혁신이 더 나을 것 같다. DT는 원래 2004년에 스웨덴의 에릭 스톨터만^{Erik Stolterman} 교수가 IT를 활용하여 인간의 삶이 더 나은 방향으로 개선되는 현상을 처음 설명하면서 나온 개념이다. 여기서 에릭 스톨터만 교수는 분명 DT를 통해 인간의 삶이 더 나은 방향으로 개선되는 현상이라고 말했다. 그런데 우리 사회와 인간의 삶이 꼭 그런 방향으로만 나아가고 있지는 않은 것 같다. 우리는 현시점에서 DT의 집약체라 할 수 있는 소셜 미디어가 인간의 삶을 얼마나 황폐하게 만들고 있는지 목도했다. 소셜 미디어로 인해 10대 소녀들의 자살률과 우울증 증가, 정치와 사회 양극화 현상 등 우리 사회가 여러 부작용을 앓고 있기 때문이다.

DT에 대한 정의는 개인이나 기관마다 조금씩 다르다. 예를 들어 기업에 DT 개념을 가장 먼저 소개한 것으로 알려진 IBM은 2011년 DT를 "기업이 디지털과 물리적인 요소들을 통합하여 비즈니스 모델을 변화시키고, 산업에 새로운 방향을 정립하는 전략"이라고 정의했다.[8] 이러한 정의는 '디지털과 물리적 요소의 통합'에서 보듯이 직관적으로 이해하기 어렵고 추상적이며, 무조건 비즈니스 모델의 변화가 있어야 하는지 논쟁의 여지도 있다. 그 외 Bain & Company, AT Kearney, IDC 등 내로라하는 컨설팅 기관과 시장조사 기관의 정의도 각양각색이다. 유명한 10여 개 기관의 정의를 조사해보았는데, 언뜻 보면 비슷하기도 하지만 자세히 들여다보면 사뭇 다르다. 심지어 인용된 자료나 시기에 따라 동일 기관에서 내린 정의도 다르다. 그만큼 모든 이해관계자 간의 합의를 이룬 정의가 없다. 다만 한 가지 공통점을 발견할 수 있었다. DT의 정의를 어렵게 설명했다는 점이다. 아마도 어렵게 만들어놓아야 기업이 스스로 추진하지 못한다는 것을 자각하고 컨설팅을 요청하도록 하는 고도의 전략이 숨어 있었던 것은 아닐까.

그래서 필자는 그동안 기업활동을 통해 체득한 경험을 토대로 DT를 다음과 같이 정의했다. DT는 '기업이 비즈니스 프로세스와 문화를 혁신하기 위해 IT를 도입하고 활용하는 모든 활동, 그리고 이를 통해 이윤과 좋은 기업문화를 창출하는 것'을 의미한다. 결코 어렵지 않다.

많은 기업과 DT 책임자는 DT의 방점을 디지털 기술에 두고서 IT 전략쯤으로 여기는 경우가 많다. 그러다 보니 기업의 IT 조직 산하에 DT를 두거나 IT 조직에서 주관하여 DT를 추진한다. 어떤 기업들은 그냥 애플리케이션 하나 만들어놓고 DT를 추진했다고 여긴다. 매출 규모 상위 5개 은행이 만든 애플리케이션만 거의 80개에 이른다. 어떤 기업들은 조직명에 디지털이나 혁신을 붙여보기도 한다. 이로 인해 이전의 조직 역할과 무엇이 다르며 현재 디지털이나 혁신이 붙지 않은 조직과 어떻게 다른지 구성원들이 정체성의 혼란을 겪기도 한다.

하지만 근본적인 변혁을 수반하지 않는 표면적인 노력은 좋은 성과로 이어지지 못하는 경우가 많다. 앞서 설명한 바와 같이 디지털 기술은 적용의 도구다. 그것이 얼마나 오래 지속되는지 차이가 있을 뿐이다. 따라서 DT의 핵심은 트랜스포메이션에 있다. 그래서 '무엇을 변혁할까?'라는 물음보다 '어떻게 변혁할까?', '어떻게 활용할까?'라는 질문이 더 유용하다.

트랜스포메이션과 핵심 역량

트랜스포메이션에는 아주 중요한 개념이 있다. 자사의 핵심 역량을 잘 파악하고 만들 줄 알아야 한다. 경영학의 구루인 프라할라드$^{C.K. Prahalad}$와 해멀은 핵심 역량$^{core\ competency}$을 다음과 같이 정의했다.[9]

> 근본적인 고객 편익과 경쟁 차별화를 제공하는 skills, process, values, technologies, assets의 총합이다. 즉 각각의 역량이 중요한 요소이지만, 하나의 요소가 핵심 역량을 대변하지는 못한다.

기업 활동 과정에서 핵심 역량을 분석하고 다루는 것은 매우 흔한 일이다. 하지만 자주 사용하는 만큼 오용도 많다. 원래 뜻과 달리 개별 요소의 역량을 핵심 역량이라고 여기고 다루기 때문이다. 핵심 역량은 다음의 세 가지로 구성되어 있다.

첫째, 경쟁의 필수 기본 요소$^{basic\ competitive\ requirement,\ BCR}$다. 이것은 산업과 시장 내 필수 요소이므로 모든 상품에 대부분 반영되어 있다. 따라서 차별적 요소가 아니다. 둘째, 잠재 핵심 역량$^{latent\ core\ competencies,\ LCC}$이다. 이것은 어딘가 숨어 있는 역량으로 노력하면 표면 위로 끌어올릴 수 있다. 대개의 경우 조직의 정치적인 문제나 이해관계 충돌로 인해 의도적으로 숨겨지기도 하고, 때로는 간과되어 휴면 상태에 놓여 있다. 셋째, 미래 핵심 역량$^{future\ core\ competencies,\ FCC}$이다. 현재는 보유하고 있지 않지만 미래의 어느 시점에 반드시 갖춰야 할 역량이다.

세 가지 구성 요소를 갖춰야만 진정한 의미의 핵심 역량이라고 할 수 있으며, 그중 미래 핵심 역량이 가장 중요하다. 기업은 단계별 미래 핵심 역량 정의를 통해 궁극적으로 도달하고자 하는 목표 이미지를 설정하고 그것을 향해 현재의 모습을 점차 발전시켜야 한다. 애플이 아이팟을 기본 요소로

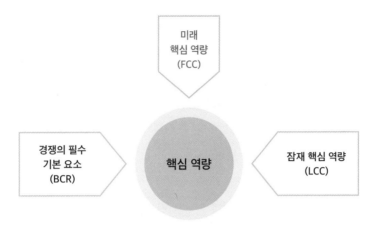

그림 13-1 핵심 역량의 구성 요소

삼아 미래 핵심 역량 기반의 아이폰을 통해 디지털 플랫폼을 만든 과정을 생각해보면 핵심 역량의 정의가 얼마나 중요한지 잘 알 수 있다. 앞서 후지 필름이 탈필름을 통해 그들의 핵심 역량을 TV 소재와 화장품, 그리고 제약 영역까지 트랜스포메이션할 수 있었던 것도 마찬가지 맥락이다.

반대 사례도 있다. MP3 플레이어를 세계 최초로 개발한 기업은 어디일까? 한때 MP3 플레이어로 세계 시장의 70%에 가까운 점유율을 차지했던 기업은 어디일까? 새한미디어와 아이리버다. 놀랍게도 둘 다 우리나라 기업이다. 하지만 얼마 지나지 않아 시장에서 도태되고 말았다. 몇 가지 이유가 있겠지만 올바른 핵심 역량 정의의 부재가 크다. 핵심 역량은 기업이 DT를 추진할 때 반드시 고려해야 할 개념이다.

어떻게 변혁할까?

기업들이 DT를 추진하는 이유는 명확하다. 생존이다. 하지만 한때의 유행으로 여기는 맹목적인 추종은 투자 대비 효과가 없는 우를 범하기 쉽다.

필자는 2000년대 e-Biz transformation 물결의 중심에 서서 수년간 다양한 기업의 e-Biz transformation 프로젝트를 수행했다. 당시 금융 업계는 인터넷 뱅킹을 막 도입하기 시작했다. 지금이야 스마트폰으로 아무 곳에서나 화면만 몇 번 터치하면 이체부터 대출까지 거의 모든 것을 손쉽게 처리할 수 있지만, 그때는 PC에서 은행 업무를 처리하는 것이 매우 생소했다. 이러한 시대 배경을 가정하고 사례를 들여다보자.

당시 A 은행은 경쟁사들이 인터넷 뱅킹 가입자를 늘린다는 소식을 듣고 부랴부랴 인터넷 뱅킹 가입자 확대 프로모션을 추진했다. 그 일환으로 고객접점인 전국의 은행 창구를 통해 가입 신청을 받았다. 방문 고객을 대상으로 창구 직원이 신청서를 건네고 그 자리에서 바로 접수하는 방식이었다. 결론부터 말하면, 인터넷 뱅킹 사용자 수는 거의 늘지 않았다. 왜 그랬을까? A 은행은 e-Biz transformation 추진이란 명분 아래 이것의 궁극적인 고객가치와 구성원들의 동기부여에 관심을 기울이지 않았다. 그저 인터넷 뱅킹이란 디지털 도구에 집중했다. 그리고 목표 달성을 위해 가장 쉽지만 가장 효과가 없는 방식으로 접근했다. 창구 직원들은 가뜩이나 바쁜 업무 중 동기부여 없는 추가 업무를 맡았을 뿐이고, 할당량을 채우기 급급한 나머지 고객 입장에서의 가치를 제대로 설명할 수 없었다. 사실, 가입 신청서에는 고객이 인터넷 뱅킹에 왜 가입해야 하는지에 대한 이유도 없었다. 게다가 창구 직원들의 경우 인터넷 뱅킹 서비스가 확대되면 일자리를 잃을 수 있다는 두려움까지 생겼으니 말이다.

지금의 DT도 마찬가지다. A 은행의 사례에서 알 수 있듯이, '글로벌 선진 기업이 하니까', '경쟁사가 하니까'라는 관성적인 마인드로 DT를 추진하면 결코 좋은 성과를 얻을 수 없다. 그럼 어떻게 해야 좋은 성과를 낼 수 있을까? 기업이 DT를 추진할 때 반드시 고려해야 할 두 가지가 있다.

첫째, DT를 통한 고객 가치를 명확히 정의해야 한다. 고객이 궁극적으로 얻을 수 있는 혜택과 이점이 무엇인지 고객에게 친절하게 알려주어야 한다. A 은행 사례처럼 형식적인 프로모션은 하나 마나다.

둘째, 구성원들의 공감대 형성과 그들을 위한 적절한 동기부여를 제시해야 한다. 단순히 물질적인 보상만을 의미하는 것이 아닌, 과제 목표에 대한 충분한 공감과 과제를 수행할 수 있는 환경도 제공해야 한다. 구성원들의 공감대가 결여된 DT 전략과 실행 과제들은 수동적이고 형식적으로 진행될 수밖에 없다. 그렇게 되면 해묵은 숙제처럼 매년 반복되는 도돌이표 과제가 되기 쉽다. 더 큰 문제는 구성원들이 몇 번의 어설픈 DT 추진을 겪

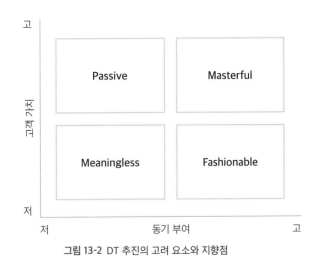

그림 13-2 DT 추진의 고려 요소와 지향점

고 나면 이후 발생하는 새로운 DT에 별 감흥이 없어진다는 것이다. 무엇인가 변혁을 하기 위해서는 어느 정도의 이상과 설렘이 있어야 하는데, 감각이 무뎌져 더 이상 기대하는 게 없다.

그림 12-1은 앞서 설명한 DT 추진 시 고려해야 할 요소를 도식화한 것이다. 명확한 고객가치 전달과 구성원에 대한 동기부여가 이루어질 때 DT 추진은 의미 있는 성과를 도출할 수 있다.

이제 기업이 DT를 추진하는 자세에 대해 생각해보자. 카프카의 《변신》(문학동네, 2005)에서 주인공인 그레고리 잠자가 아침에 눈을 떠보니 갑자기 벌레로 변해 있다거나, 그리스 신화의 여러 신들이 순간적인 위기를 모면하기 위해 동식물로 변신하는 것처럼 수동적이고 표면적인 DT 추진은 실패의 지름길이다.

뉴턴의 '제1법칙: 관성의 법칙'을 생각해보자. 모든 물체는 외부로부터 힘이 작용하지 않는 한 정지해 있던 물체는 계속 정지 상태로 있고, 움직이던 물체는 계속 동일한 속도로 운동한다는 법칙이다. DT는 뉴턴의 제1법칙을 깨는 궤도의 일탈과 주도성이 필요하다.

많은 전문가가 DT의 방식을 논할 때 톱다운top-down 방식이 바람직하다고 한다. 필자의 생각은 다르다. 기업이 DT를 추진할 때 중간관리자의 역할이 가장 중요하다. 중간관리자들은 일선의 업무 내용과 고충을 비교적 자세히 인지하고 있으며, 경영진과 커뮤니케이션을 수월하게 할 수 있는 위치이기 때문이다. 또한 경영진과 실무진 양쪽의 입장을 조율하는 가교 역할을 할 수도 있다. 그런데 한국의 조직문화 특성상 받아쓰기와 전달에 익숙한 중간관리자가 많아서 실행에 어려움을 겪는 경우가 많다. 아무리 훌륭한 추진 전략도 구성원의 공감대와 동기부여 없이 좋은 결과를 도출하기 어렵다. 그래서 톱다운 방식보다 구성원들의 공감대를 얻기 쉽고 동기부여에 유리한 미들업/다운 방식^{middle-up/down}(중간관리자가 경영진과 실무진 양쪽으로 영향력을 발휘하여 추진하는 방식)이 더 적합할 수 있다.

기업이 DT를 통한 신사업을 추진하기 위해서는 어느 정도의 위험을 감수하는 도전이 필요하다. 안전의 가치만 누리며 성장한 기업은 없다.

STORY 먼 여정을 달리는 기차. 정해진 일정 안에 목적지까지 도착하지 못하면 기차 내 설치된 시한폭탄이 터진다. 그런데 목적지까지 마냥 달리기만 하면 도착하기 전에 연료가 바닥날 것이다. 그렇다고 연료가 떨어질 때마다 매번 멈춰서 연료를 넣는다면 주어진 일정 안에 목적지에 도착하기 어렵다.

기관사: 우리가 목적지에 도착하기 위해서는 지금처럼 연료를 보충하는 방식만으로는 안 됩니다. 이참에 아예 에너지원을 태양열이나 풍력 에너지로 바꿉시다. 그러면 기차가 달리면서도 에너지를 계속 충전할 수 있습니다. 무조건 내 말을 따라야 합니다.

차장: 일단 연료가 될 만한 것들을 모두 모아야 합니다. 그리고 기차 내 에너지를 절감할 수 있는 방안을 고민하는 것이 우선입니다. 지금 태양열이나 풍력 에너지로 바꾸면 비용도 너무 많이 들어서 우리 열차를 만들고 응원하는 사람들이 실망할 것입니다. 그리고 새로운 기술을 도입하는 것이 당장 이익이 남는지 따져봐야죠.

승무원: 새로운 에너지원을 만들기 위한 전문가가 없습니다. 일단 외부에서 전문가들을 데려와야 합니다. 그래서 알아봤습니다. 태양

열과 풍력 에너지 기술자는 아니지만 우리보다 훨씬 앞선 기술력을 가진 기차의 석유 에너지 효율화 전문가를 데려오려고 합니다. 아울러 기존 에너지 관련 조직명을 최신 유행에 맞게 멋지게 바꿔볼 생각입니다.

정비사: 새로운 기술은 필요하다고 봅니다. 어떻게 만들지는 모르겠지만 어떻게든 만들어지겠죠. 다만 누구도 아직 시도한 적이 없는 새로운 기술이라면 성공 사례를 찾아보고 그것을 적용해봅시다. 물론 아무도 안 했겠지만 성공 사례는 꼭 있을 겁니다.

승객: 새로운 에너지원이 우리 기차에서 과연 잘 작동할지 의문입니다. 그리고 우리가 그것을 과연 잘 만들 수 있을까요? 예전에도 몇 번 비슷한 시도를 했었는데 지원도 못 받았고 흐지부지됐던 것 같아서요. 괜히 힘만 빼는 것보다 이대로 달리다 보면 어쩌

면 제때 목적지에 도착할지도 몰라요. 너무 걱정하지 맙시다.

이렇게 몇 달을 토론만 하다가 기차는 끝내 목적지에 도착하지 못했다.

생성형 AI의 DT, AI 트랜스포메이션

생성형 AI가 부상하자 DT 대신 아예 생성형 AI의 변혁만을 가리켜 AI 트랜스포메이션[AI transformation, AX]이라는 용어도 쓰이기 시작했다. 그만큼 생성형 AI의 위상이 높다는 것을 방증한다. AX는 클라우드, 빅데이터 분석, IoT, 블록체인 등 이전의 DT와 확연히 다른 점이 있다. 바로 사용자 범위다. 앞선 DT가 일부 부서나 일부 구성원들을 주요 대상자로 적용했다면 AX는 모든 부서, 모든 구성원을 대상으로 적용한다는 것이다. DT도 전사적인 차원의 동참이 있어야 성공할 가능성이 높지만, 기업의 다양한 조직 입장에서 보면 이해관계도 충돌하고 실제 직접적인 영향권으로부터 벗어난 경우도 있다. 하지만 AX는 전사 차원의 참여가 오히려 용이하다. 실제 나의 업무에 활용하여 도움을 받을 수 있기 때문이다.

DT와 차이 나는 AX만의 특별한 노하우가 있는지 조사해봤다. 보스턴 컨설팅 그룹이 제시한 AX 방법을 소개한다. 보스턴 컨설팅 그룹은 AI 시대에 성공적인 DT 추진을 위한 운영 모델 <Speed, Value, and the Power of the Innovation Flywheel>을 발표했다.[10] 운영 모델의 네 가지 핵심 요소는 다음과 같다.

- Product Primacy: 고객과 가치 창출의 접점인 제품을 중심으로 모든 자원, 프로세스, 자산, 기술을 조직화한다. 다양한 역할을 수행하는 제품팀을 구성하

고, 제품의 수명주기와 가치에 대한 책임을 부여한다.

- Continuous Innovation: 상품 조직은 데이터를 수집하고 AI를 활용하여 고객의 니즈와 통찰을 도출한다. 빠른 실험과 테스트를 통해 혁신적인 솔루션을 발견하고 검증한다. 또한 애자일한 소프트웨어 개발과 제품화 과정을 구축하여 새로운 솔루션을 지속적으로 제공한다.
- Fluid, Modular Technology: 데이터, 마이크로 서비스, 전문가 등에 빠르고 창의적으로 접근할 수 있는 유연성과 확장 가능한 기술 환경을 만든다. 현대적이고 모듈화한 기술 스택을 사용하여 상품 개발과 출시까지의 시간을 크게 단축한다.
- Empowerment Leadership-and-Governance Model: 상품 조직에 자율성과 권한을 부여하고, 그들이 자신의 임무를 수행하는 데 필요한 기술, 역할, 자원을 제공한다. 의사 결정 권한을 하향하고 단일 이슈나 이니셔티브에 집중하는 다양한 분야의 팀을 구성한다.

예상을 크게 벗어나지 않았다. 일단 소개는 했지만 여러 번 읽어봐도 별 감흥이 없다. 왜일까? 기업 현장의 생생한 느낌이 없다. 몰라서 그럴 수도 있고 모른 척하는 것일 수도 있다. AX를 빼고 다른 것을 넣어도 무방한 무색무취라서 아쉽다.

끝으로 생성형 AI를 기업의 업무에 적용하여 성공하기 위한 5가지 방법을 제안한다.

첫째, 가능한 한 최신 데이터를 확보해야 한다. ChatGPT나 제미나이 등 거의 모든 생성형 AI 도구들이 1년 전 데이터로 학습했기 때문이다.

둘째, 보안 문제가 없는 선에서 사내 데이터의 연동이 필요하다. 개인정보 및 회사 기밀 정보 유출 위험을 방지하면서 사내 데이터를 최대한 활용할 수 있어야 한다. 사내 데이터를 제대로 활용하지 못할 경우 근본적인 변화를 이끌어내기 어렵다. 또한 사내 데이터의 포맷도 정비해야 한다. 아무리 데이터양이 많아도 정작 LLM이 학습할 형태로 준비되어 있지 않다면 무용지물이다.

셋째, 보이는 것보다 보이지 않는 것에 집중해야 한다. 사용자 입장에서 보면 프롬프트 창 하나 덜렁 있는 것처럼 보이지만 백 오피스^{back office}에 사내 외 LLM, RAG, 데이터 플랫폼, 벡터 데이터베이스, 클라우드 인프라가 얽혀 있고, 이것들 간의 상호작용이 제대로 작동하는지 충분한 검증이 필요하다.

넷째, 어떻게 활용할지 개별 조직 단위의 충분한 고민과 검토가 필요하다. 아직 도입 초기이며 과도기이므로 주위에서 선례를 발견하기 어렵다. 그럴 때일수록 각 조직에 필요한 맞춤복을 찾아 나가야 한다. 처음부터 내 몸에 딱 맞지 않아도 된다. 어깨, 허리, 팔 등 하위 업무를 먼저 맞춘 후 전체로 넓혀 가자. 어려운 수학 문제를 접했을 때 몇 번의 잘못된 계산 과정을 거친 후 나만의 방식을 터득했을 때의 희열을 상기해보자.

다섯째, 맞춤형 사례 적용이 개별 조직 차원의 노력이라면 전사 차원의 노력도 필요하다. 이를 위해 작은 단위의 파일럿^{pilot} 과제 몇 개를 성공 사례로 만들어 그중 사용 빈도가 높고 공통성이 높은 것을 전사로 확산해가자.

어떻게 활용할까? DT 사례

DT를 소개하는 여러 자료에서 스타벅스 사례를 자주 만날 수 있다. 그만큼 성공 사례이며 널리 알려진 사례다. 여기서는 뻔한 사례보다 색다르고 덜 알려진 사례를 소개해본다.

음식료 업종의 게토레이는 동일 업종에서 누구도 생각하지 못한 방식으로 DT를 구현했다. IT를 접목하여 음료업을 디지털 헬스케어 서비스로 트랜스포메이션한 것이다. 게토레이는 운동 후 땀을 흘려 전해질이 빠져나간 몸에 전해질이 포함된 물을 빠르게 채워준다는 GX 시스템을 고안했다. 이것은 물통인 GX Hydration, 농축액인 GX Pods, 땀을 분석하기 위해 몸에 부착하는 GX Sweat Patch, 그리고 스마트폰에서 자신의 몸에 맞는 솔루션을 관리하는 GX 애플리케이션으로 구성되어 있다. 단순히 이온 음료만 팔던 기업이 DT를 추진하여 사업 모델을 완전히 바꾼 사례다.

사업 모델에는 어떤 변혁이 생겼을까? 크게 3가지 관점이 달라졌다. 첫

그림 13-3 게토레이의 DT(출처: 게토레이 사이트)

그림 13-4 초기 가정용 원격 온도 조절기(출처: 네스트)

째 일반 소비자를 주 타깃으로 음료를 팔던 B2C 사업 모델에서 프로 스포츠 시장으로 확대하여 B2B 사업 모델을 강화할 수 있었다. 아울러 기본 상품인 음료와 번들 상품인 GX 시스템을 통해 마치 소비자가 면도기를 사면 면도날을 지속적으로 구매해야 하는 록인 효과도 거둘 수 있게 됐다. 둘째, GX 시스템을 통해 제조사업 모델에서 서비스사업 모델로 변모했다. 셋째, GX 애플리케이션을 통해 고객 데이터를 자동으로 수집함으로써 향후 다양한 CRM 활동으로 연계할 수 있었다.

게토레이의 고객 가치는 무엇일까? 소비자는 운동 후 내 몸을 챙겨주는 AI 코치가 한 명 생긴 것이다. 게토레이는 전통적인 음료 이미지를 벗어나 고객에게 디지털 헬스케어 이미지를 심어줬으며, 음료 외 GX Pods과 GX Sweat Patch라는 새로운 수익원을 창출했다. 현재 미국의 NFL, NBA, MLB 등 스포츠 선수들이 게토레이의 GX 시스템을 애용하고 있다.

어려운 디지털 기술이 아니더라도 아이디어만으로 사업 모델을 획기적으로 바꾼 사례도 있다. 미국의 가정용 온도 조절기 제조업체였던 네스트 Nest는 소비자에게 상품을 판매하고 대가를 받아야 한다는 고정관념을 깨고 가정에 원격 온도 조절기를 무료로 설치한 후 이를 통해 가정에서 절약된 에너지 비용만큼 전력회사에서 돈을 받는 독특한 사업 모델을 만들었다. 이는 가정에서는 외출 시 온도 조절을 할 수 있어 난방비와 에어컨 사용에 따른 전기료를 효율화할 수 있고 전력회사도 에너지의 피크 타임을 분산시키고 선제 대응할 수 있는 윈윈win-win 모델이다. 이후 구글이 그 가치를 인정하여 네스트를 인수했고 현재는 스마트 에너지 플랫폼 사업과 홈 IoT 사업으로 확장했다.

이처럼 DT는 비즈니스 트랜스포메이션biz transformation, BT과 다르지 않다. 앞에서도 D보다 T가 더 중요함을 언급했다. 결국 D는 T를 위한 도구이며 오늘날 D가 필수 요소가 된 기업에 DT는 곧 비즈니스 트랜스포메이션과 동격이기도 하다. 생성형 AI가 막 태동한 시점이므로 아직 이를 적용한 성공 사례나 실패 사례를 언급할 단계는 아닌 것 같다. 앞으로 기업은 지속적인 활용 사례 발굴과 축적된 교훈을 공유하고 전파해야 한다.

DT의 활용은 기술의 영역이 아니라 창의와 비즈니스의 영역이며, 기성복이 아닌 맞춤복을 입는 것과 같다.

생성형 AI 비즈니스 생태계에서 살아남기

검이불루 화이불치

생성형 AI의 등장으로 AI 시대가 성큼 다가오자 일자리 소멸을 우려하는 사람들이 많다. 전문가들은 블루칼라보다는 화이트칼라의 타격이 더 클 것으로 예상한다.

육체노동의 경우, 암묵적 지식을 활용하는 육체활동이 많아 데이터를 확보하고 패턴화하기 어려울 뿐만 아니라 로봇공학도 아직 인간의 변화무쌍한 육체활동을 대체할 만한 수준이 아니기 때문이다. 이미 앞서 비즈니스 활용 사례를 통해 산업별로 일자리 기회의 면면을 살펴보았듯이 생성형 AI는 주로 오피스 업무에 영향을 미치고 있다.

1차 산업혁명(1760~1820년) 때는 러다이트Luddite 운동으로 방적기를 비롯한 기계가 파괴될 정도의 거센 저항이 있었다. 게다가 저항의 일환으로 인간이 기계보다 우월함을 증명하기 위해 사람이 굴착기와 시합을 한 적도 있다고 한다. 먼저 굴을 파고 나오면 승리하는 것이다. 놀랍게도 인간이 승리했지만 그 승리의 대가는 가혹했다. 안타깝게도 그는 굴을 파고 나오자마자 그 자리에서 사망했다.

1차, 2차 산업혁명을 거치며 사라진 직업이 참 많다. 대부분 육체노동을 수반하는 직업들이었다. 산업혁명이 가속화되면서 1900년 초부터 10여 년간 아침마다 사람을 깨워주는 직업이 있었다. 긴 막대기로 창문을 두들기거나 대나무에 완두콩을 넣고 불어서 창문에 발사했다. 거리의 가로등을 가스로 직접 켜는 직업도 있었다. 이런 직업들은 자명종 시계와 전기등이 나오며 사라졌다.

이제 생성형 AI의 등장은 지식 노동자, 예술가, 배우, 작가 등 비교적 창의적인 영역이라고 여겼던 직업에 영향을 미치고 있다. 혹자는 잃은 일자리만큼 새로운 일자리가 생기니 더 큰 부가가치가 있다고 주장하기도 한다. 물론 이 가정은 일자리를 잃은 사람들이 변화의 동인이 된 새로운 기술을 배워서 그 일자리로 이동한다는 것을 전제로 가능하다.

그런데 그렇게 전환이 가능한 사람들은 많지 않을 것 같다. 1929년 미국에서 시작된 대공황Great Depression은 디플레이션을 초래했다. 상품이 팔리지 않자 생산은 줄어들고 그에 따라 실업자가 폭발적으로 증가하며 수요가 줄어드는 악순환을 겪었다. 이 무렵 전체 노동 인구의 1/4이 실업자로 전락했다. 이때 경제 정책을 담당하고 있던 관료와 학자들은 주로 앨프리드 마셜로 대표되는 신고전학파였다. 그들은 장기적으로 시장이 알아서 수요와 공급의 균형을 맞추고 회복할 것이라는 입장이었기 때문에 특별한 대책을 마련하지 않았다.

이때 케인스가 신고전학파를 신랄하게 비판하며 남긴 유명한 말이 있다. "장기적으로 우리는 모두 죽는다in the long run, we are all dead." 앞서 신고전학파의 '장기적'이란 표현을 비꼰 것이기도 하다. 그렇다. 새로운 기술이 도입된 후 이에 제대로 대처하지 못하면 개인도 장기적으로 다 죽는다. 그렇다고 정부가 해줄 수 있는 것도 별로 없어 보인다. 가장 좋은 방법은 개인이 변화를 수용하고 이것을 자신에게 맞게 재해석하여 새로운 플러스알파를 만들어야 한다. 극단적으로 표현한다면 앞으로 세상은 생성형 AI를 활용하는 사람과 그렇지 않은 사람으로 구분될 것이다.

우선 생성형 AI가 가져올 변화에 대한 심리적 거부감을 덜어내자. 대개 어린이의 경우 MRI 스캐너 검사를 받을 때 심한 거부감을 보인다. 밀폐된 공간과 굉음 때문이다. 그런데 GE 헬스케어에서 이러한 문제를 간단한 방법으로 해결했다. 마치 모험을 떠나는 여정처럼 MRI 스캐너의 외관에 해적선과 우주선 모양의 스티커를 붙이고 검사 과정을 무사히 마치면 어린이들에게 작은 선물을 주도록 만들었다. 기존에는 어린이의 80%가 마취를 한 상태에서 검사를 받았는데 심리적 거부감을 해소한 이후 유아의 건강에 해로운 마취 없이도 검사를 받는 비율이 획기적으로 향상됐다. 이처럼 심리적 거부감을 낮추는 해소 방법을 찾아보자.

앞서 생성형 AI의 영향이 미칠 직업의 공통점을 언급했다. 바로 잠재적 패턴이 있는 일이다. 생성형 AI는 사무 노동자, 번역가, 예술가, 영화배우 등 잠재적 패턴을 갖고 있는 일의 경우 그 패턴을 찾아 자동화할 수 있는 능력을 가지고 태어났다. 즉 잠재적 패턴이 있는 일은 생성형 AI가 대체할 수 있다. 그렇다면 우리는 잠재적 패턴을 들키지 않거나 생성형 AI가 잠재적 패턴을 발견해도 그 이상의 플러스알파를 가지고 있으면 괜찮다.

황석희 번역가의 예를 들어보자. 그는 영화 <데드풀>(2016)로 주목받기 시작하며 500여 편 이상의 영화 자막을 번역한 그야말로 믿고 보는 번역가다. 그렇다면 생성형 AI가 찾아낸 번역 패턴으로 그의 일자리에 부정적 영향을 미칠 수 있을까? 그렇지 않다. 그의 영화 번역문 몇 개를 살펴보자.

<데드풀>
제작: 개허접 필름(SOME DOUCHEBAG'S FILM)
출연: 신이 내린 또라이(STARRING GOD'S PERFECT IDIOT)
제작비 지원: 호구들(PRODUCED BY ASSHATS)
감독: 돈만 많이 처받는 초짜(DIRECTED BY AN OVERPAID TOOL)

<Shape of Water: 사랑의 모양>(2017)
원제: Shape of Water
번역 제목: 사랑의 모양

<에브리씽 에브리웨어 올 앳 원스>(2023)
원문: You're getting fat(살찌고 있어).
번역문: 살쪘어('너 살찌고 있어' 또는 '너 뚱뚱해지고 있어'라는 표현을 잘 쓰지 않는 한국 문화를 반영해 직설적으로 이미 벌어진 상황을 의미)

과연 생성형 AI가 그 나라 언어의 맛과 문화적 특성을 살려 번역할 수 있을까? 영화나 문학의 번역은 그것이 얼마나 단어의 뜻을 정확히 반영했는지가 중요하지 않다. 그 나라와 시대의 맥락과 문화를 얼마나 자연스럽게 이해하고 있는지가 더 중요하다.

또 다른 예를 들어보자. 프랑스에서는 과거 나치에 부역한 자국민이나 부역 행위를 일컬을 때 콜라보라시옹 La Collaboration이라고 한다. 원 뜻은 영어의 컬래버레이션^{collaboration}과 동일하지만 프랑스의 역사와 문화적 특수성에 기인하여 나쁜 의미로 쓰인다. 이를 모른 채 프랑스어로 AI 번역을 한다면 프랑스 국민들에게 부정적 이미지를 심어줄 수 있다. 즉 생성형 AI는 이런 플러스알파의 패턴을 읽기 어렵다.

그런데 앞에서 분명 통번역과 같은 패턴이 있는 일은 생성형 AI에 의해 타격을 받을 것이라고 하지 않았나? 그렇다. 통번역 일은 타격을 받을 수 있지만, 자신만의 가치를 플러스알파로 보유한 번역가는 타격을 받지 않는다. 즉 직업에는 영향을 미치지만 동일 직업 내에서도 생성형 AI가 찾을 수 없는 플러스알파를 가진 사람은 오히려 그 자리를 굳건히 지킬 것이다.

빌 게이츠는 다음과 같이 말했다.

Banking is necessary, Banks are not(금융 활동은 필요하지만 금융기관은 필요하지 않다).

즉 금융 활동은 필요하지만 금융기관은 필요하지 않은 것처럼, 직업의 잠재적 패턴을 찾아낸 AI가 할 수 없는 인간의 활동은 계속 유효할 것이다. AI 기술이 발전할수록 인간의 핸드메이드는 AI가 생성한 결과물과 양립하는 또 하나의 영역으로서 그 가치가 부각될 수 있다. 왜냐하면 핸드메이드는 점점 희소해질 것이고 인간은 그것에 대한 향수를 느낄 것이기 때문이다.

경제학자 로버트 라이시는 슈퍼 자본주의에 의해 우리가 시민에서 점점 소비자로 전락하고 있는 현실을 우려했으며, 유발 하라리는《사피엔스》에서 인간은 늘 무언가의 노예였으며 시대가 바뀔 때마다 그 숙주도 함께 바뀐다고 말했다.

인간이 생성형 AI의 단순 소비자이거나 노예로 전락하지 않기 위해 어떻게 해야 할까? 좋아하는 표현 중에 '검이불루 화이불치儉而不陋 華而不侈'라는 말이 있다. 이것은 《삼국사기》에 나오는 말로 김부식이 백제의 미를 가리켜 한 말이다. '검소하나 누추하지 않고, 화려하나 사치스럽지 않다'라는 뜻이다. 이를 생성형 AI에 대입해보자. 생성형 AI를 활용하되 남용하지 않고, 생성형 AI에 의지하되 쫓지 말자. 예를 들어 문서 작업을 하는 경우라면 사용자가 스토리라인을 직접 고민하고 생성형 AI를 통해 세부 내용에 필요한 자료를 도움받길 권한다.

종종 소셜 미디어와 언론에 전문가와 유명 유튜버들이 출연하여 PPT와 워드 작업 시 목차와 스토리라인을 생성형 AI가 다 만들어준다고 좋아하며 권장하는 것을 볼 수 있다. 게다가 교수, 직장 상사, 사업 파트너 등 다양한 이해관계자들에게 보내는 사무, 요청, 안부 메일조차 생성형 AI를 활용하도록 유도하고, 실제 이런 용도에 활용하는 사람도 꽤 있다. 학생들에게는 자기소개서를 작성해주는 생성형 AI를 권하기도 한다.

필자는 다른 견해를 갖고 있다. 물론 생성형 AI 문해력은 키워야 하지만 스토리라인, 자기소개서, 메일 등을 생성형 AI가 만들어준 것으로 시작하는 것은 처음부터 자신의 생각을 제한할 수 있다. 이미 출발선에서 나의 잠재적 아이디어와 창의적 발상이 사라지기 때문이다. 어떤 이는 생성형 AI를 아무리 많이 사용해도 절대 지능이 떨어지지 않으니 걱정 말라고 한다. 맞는 말이다. 지능은 결코 떨어질 리 없다. 하지만 본인도 모르게 생각의 힘이 점점 무뎌질 수 있다.

생성형 AI는 생산성이라는 측면에서 장점과 효용성이 매우 크다. 생성형 AI를 활용하면 마치 아이언맨이 수트를 입고 활약하는 것처럼 지식 노동의 생산성과 학문 탐구 활동이 배가 될 수도 있다. 하지만 생산성을 바라볼 때 개인 활동을 기업 활동과 분리할 필요가 있다. 짧은 영상에 익숙한 요즘 영화 한 편, 소설 한 편을 끝까지 보기 힘든 사람들이 많다. VOD도 웬만하면 1.25배속이나 1.5배속으로 본다. 심지어 장시간의 콘텐츠를 누군가 10분 이내로 요약해준 유튜브 영상을 즐긴다. 기업의 경우 생산성 증대를 통한 이윤 창출이 기업의 존재 이유이지만 인간은 꼭 그렇지 않다. 너무 효율성을 따지다 보면 그보다 더 중요한 본질을 놓칠 수 있다. 때론 편리한 지름길인 공식을 사용하지 않고 수학 문제를 풀거나 아무 의미 없는 것 같은 멍 때리기가 필요한 이유다.

그래서 효율성만을 따져 나의 생각 없이 생성형 AI를 활용하면 스스로 생각과 판단하는 힘이 약화된다. 생성형 AI의 함정이다. 생성형 AI가 인간의 영역에 침범해도 찾을 수 없는 잠재적 패턴은 인간의 생각과 판단의 힘으로부터 나온다. 천체물리학자 칼 세이건이 《악령이 출몰하는 세상》(사이언스북스, 2022)에서 "비판적 사고와 호기심, 그 둘이 항상 불을 지피려 한다"라고 말했듯이 생성형 AI로 호기심을 충족시키되 그 결과는 항상 비판적 사고를 견지해야 한다.

이제 생성형 AI로 인해 일자리가 없어진다는 두려움을 갖기보다 그것을 어떻게 잘 활용할지에 대해 각자 고민해보자. 논어에 '과유불급過猶不及'이라는 말이 있다. '지나침은 미치지 못함과 같다'라는 뜻이다. 생성형 AI의 사용에는 과유불급처럼 중용의 미덕이 필요하다.

순응하지 않는 프로 질문러가 되자

프랑스의 작가이자 사상가인 볼테르는 이렇게 말했다.

답변으로 사람을 판단하지 말고 질문으로 사람을 판단하라.

2014년 서울대학교 심리학과의 이혜정 교수가 한국과 미국 대학생 중 학점이 높은 학생들을 비교한 흥미로운 연구 결과를 담은 《서울대에서는 누가 A+를 받는가》(다산에듀, 2014)를 출간했다. 연구 결과에 따르면 한국의 대학에서 높은 학점을 받은 학생들의 공통된 특징은 수업 시간에 교수의 강의 내용을 거의 그대로 받아 적지만, 질문은 거의 하지 않는다는 것이다. 아울러 그런 학생들은 시험 문제의 답을 작성할 때 강의 내용과 교수의 의견을 거의 그대로 반영하여 작성한다. 반면 미국의 대학에서 높은 학점을 받은 학생들은 노트 필기보다는 질문을 많이 한다. 그리고 시험 문제의 답을 작성할

때 자신의 의견을 많이 적는다. 때론 교수의 의견을 비판하며 다른 의견도
제시한다. 일명 '복붙 문화'를 가진 한국의 대학과 선명한 차이가 있다.

　필자도 예전에 대학에서 강의를 한 적이 있었는데, 수업 시간의 흔한 풍
경 중 하나는 정적 속에 울려 퍼지는 노트북 타이핑 소리다. 그렇다. 한국의
대학에선 질문하거나 받는 것이 익숙하지 않다. 게다가 수업 내용과 관련
하여 교수와 다른 생각, 다른 의견은 불충이다. 비단 대학뿐이겠는가. 초등
학교부터 시작해서 대학교까지, 그리고 군대를 거치며 그러한 문화와 습관
은 더욱 공고해졌고 기업, 공공기관, 정부 등 사회의 다양한 조직으로 골고
루 퍼졌다.

　모범생이 되고 인정을 받으려면 일명 '받아쓰기' 문화에 익숙해져야 한
다. 아마 뿌리 깊은 유교 사상의 산물로서 자신보다 연장자나 조직의 위계
가 높은 사람의 의견에 순응하지 않는 것은 예의가 아니라고 여길 수 있다.
다른 의견을 말하면 좋은 학점이나 평가를 받을 수 없었다는 아주 강력한
학습 효과를 일찌감치 얻었을 것이다.

　그렇다면 순응하지 않는다는 것은 무엇을 뜻할까? 우리나라도 마찬가

지이지만 미국의 경우도 고객 상담원의 이직률이 꽤 높다. 그렇다면 어떤 상담원들이 주로 이직을 할까? 회사와 집이 먼 상담원? 급여가 낮은 상담원? 업무에 불만이 많은 상담원? 충분히 예상되는 답변일 것이다. 그런데 2015년경 발견된 놀라운 인사이트가 있다. 경제학자 마이클 하우스먼^{Michael} ^{Housman}은 파이어폭스나 크롬 브라우저를 사용하는 상담원들이 익스플로러나 사파리를 이용하는 상담원보다 이직률이 훨씬 낮다는 사실을 발견했다.

전혀 무관할 것 같은 웹브라우저가 도대체 어떤 영향을 미친 걸까? 그 이유는 다음과 같다. 익스플로러나 사파리 브라우저는 PC를 구매하면 자동으로 설치되어 있다. 반면 크롬이나 파이어폭스 브라우저의 경우 이용자가 직접 설치해야 사용할 수 있다. 브라우저를 직접 설치한 상담원들은 평소 능동적으로 조치하는 성향을 갖고 있었다. 이는 고객 응대 시에도 마찬가지다. 즉 이러한 성향을 가진 상담원들은 회사가 가이드한 매뉴얼에만 의존하여 수동적으로 고객의 클레임에 대처하기보다는 자신의 경험과 생각을 통해 주도적이고 능동적으로 처리한다. 결과적으로 고객의 만족도가 높아지고, 이것은 다시 상담원의 업무 만족감과 자존감을 높이는 선순환이 되므로 이직률이 낮아지게 되는 것이다. 별것 아니지만 웹브라우저를 직접 설치하는 것처럼 주어진 환경에 순응하지 않은 태도가 삶에 긍정적인 영향을 미친 것이다.

세계를 선도하는 IT 기업은 왜 미국에 많고, 계속 생기고 있을까? 여러 이유가 있겠지만 그중에는 언제나 자유로운 질문, 시대와 주변의 환경에 순응하지 않는 질문, 남들과 다른 생각, 그리고 다른 생각과 질문을 긍정적으로 수용하는 다양성의 문화가 있기 때문일 것이다.

순응하지 않는 프로 질문러의 예를 찾아보자. 사진작가인 보리스 엘다크젠$^{Boris\ Eldagsen}$은 '2023 소니 월드 포토그래피 어워드$^{Sony\ World\ Photography}$ ^{Awards}'의 크리에이터 오픈 카테고리 부문에서 1위를 차지했다. 하지만 그는 수상 후 생성형 AI를 활용한 작품이라고 밝히며 수상을 거부했다.[1]

그런데 만약 그가 생성형 AI를 통한 작품에 질문을 갖지 않았다면 아마도 생성형 AI를 활용하여 사진을 만들지 않았거나 만들었어도 그 작품을 대회에 출품하지 않았을 것이다. 그런 면에서 이 사건은 두 가지 의미를 내포하고 있다.

첫째, 생성형 AI 이미지를 활용한 작품을 예술로 인정할 것인지에 대한 문제다.

과거에도 유사한 논쟁이 있었다. 초현실주의의 거장 마르셀 뒤샹이 남성 소변기를 <Fountain(샘)>이란 이름으로 출품하여 미술계에 논란을 일으켰다. '이런 것이 어떻게 예술 작품이란 말이냐?'라고 엄청나게 비난을 받았다. 여기서 이런 것이란 이미 만들어져 있는 것과 더군다나 그것이 더러운 소변기라는 것을 의미한다. 특히 심사위원들은 그것이 있어야 할 자리에 있지 않다는 평을 했는데, 화장실에 있어야 할 것이기에 미술품이 아니라고 간주한 것이다.

당시 <Fountain> 논쟁은 오늘날 생성형 AI를 활용한 작품 논란 이상으로 충격적인 사건이었다. 통조림에 배설물을 담아 <미술가의 똥>이라 명명한 것을 예술품으로 인정받은 사례도 있었다. 물론 당시 예술계의 세태를 비판하기 위한 의도가 담겨 있었지만 2016년에 그 통조림(?)은 한 경매에 출품되어 무려 4억 원에 낙찰됐다. 세상에서 가장 비싼 통조림인 셈이다.

보리스 엘다크젠이 대회 심사위원들과 예술계에 던진 질문은 과거 마르셀 뒤샹이 세상에 던진 물음과 마찬가지로 생성형 AI 시대 예술의 정의에 대한 담론을 남겼다.

둘째, 보리스 엘다크젠은 자신을 소셜 미디어(https://www.instagram.com/boriseldagsen)에 promptographer로 소개하고 있다. 역설적이지만 그 역시 예술가로서 생성형 AI의 작품을 불편하게 여기면서도 한편으로는 생성형 AI 기술을 빠르게 습득하여 promptographer라는 새로운 업을 창조하고 스스로 그것을 알리고 있다.

과거 사진기가 처음 발명됐을 때 화가들은 설 자리를 잃을까 두려워했다. 당시의 미술은 초상화, 정물화, 풍경 등 주로 사실주의에 입각한 그림이었는데 이는 아무리 잘 그려도 사진을 능가할 수 없었기 때문이다. 그래서 당시 화가들 입장에선 사진기가 지금의 생성형 AI나 마찬가지였으며, 사진기가 촬영한 것이 예술이 될 것이라고 생각하지 않았다. 하지만 이후 결과는 어땠는가? 사진 작품은 새로운 예술 영역으로 인정받았으며 화가들은 결국 사진기를 극복한 새로운 미술사조를 창조했다. 바로 인상주의와 초현실주의다. 인상주의 화풍은 사진기의 발명으로 인해 그림의 순간적인 재현 능력이 더 이상 사진을 능가할 수 없게 되자 사진이 표현할 수 없는 빛의 미세한 변화를 캔버스에 담은 것이다. 즉 인상주의 화가는 대상의 한순간을 담기 위해 신속하게 붓질을 하고 구체적인 형상은 과감히 생략하면서 자연의 다채로운 느낌을 전달하고자 했다. 모네가 인상주의를 가리켜 "대상을 그린 것이 아니라 대상의 느낌을 그린 것"이라고 말한 것도 이러한 이유 때문이다. 초현실주의 화풍도 마찬가지다. 피카소는 아예 사진기로는 흉내조차 낼 수 없는 난해한 그림을 그렸으니 말이다.

이런 관점에서 보면 오늘날 생성형 AI 도구는 또 다른 사진기이며 보리스 엘다크젠의 예술적 상상력과 프롬프트 능력은 그의 의도와 상관없이 새로운 예술 활동으로 인정받을 수 있다. 이것이 그가 생성형 AI에 대한 단순 비판자로 보이지 않는 이유이자 프로 질문러의 자격을 갖춘 것으로 보는 이유다.

미디어 아트의 선구자로 위대한 예술가의 반열에 오른 백남준도 생전에 이런 말을 남겼다. "기술에 대한 비판을 위해 기술을 활용한다." 생성형 AI 시대를 살고 있는 오늘날 딱 와 닿는 명언 같다. 물론 그의 다음 말은 더 놀랍다. "미래엔 모두가 자신의 채널을 갖게 될 것이다." 20세기에 21세기의 유튜브를 정확하게 예측한 선견지명이다.

오래전 사진기의 발명과 대중화에도 불구하고 화가들이 기존의 틀을 깨는 질문을 통해 존재 이유를 찾은 것처럼, 생성형 AI 시대에도 순응하지 않는 질문을 통해 생성형 AI의 위협으로부터 기존 업을 새롭게 정의할 수 있다. 보리스 엘다크젠이 생성형 AI 기술을 역으로 이용해 promptographer를 만들어낸 것처럼 각자의 역할에 새로운 가치를 부여한다면 promptmarketer, promptdeveloper뿐만 아니라 제2의 인상주의와 초현실주의도 만들어낼 수 있다.

바야흐로 '검색의 시대'에서 '질문의 시대'로 바뀌고 있다. 원래 땅 위에는 길이 없었다. 누군가 먼저 걸어가고 그 길을 걸어가는 사람이 많아지면 비로소 길이 된다. 그런데 다른 사람이 만들어놓은 길을 그저 순응적 자세로 따라가는 사람은 질문을 하지 않는다. 설령 질문을 해도 why(왜)를 묻지 않는다. why를 물어야 근본적인 원인을 찾을 수 있으며, 다양한 접근과 멀리 보는 혜안을 얻을 수 있는데 말이다. 생성형 AI 시대를 맞이하여 순응하지 않는 질문으로 누구도 걸어간 적 없는 길을 갈 수 있는 용기를 갖추자. 모든 혁신은 그렇게 출발했다.

역사를 잊은 기업에게 미래는 없다

역사를 잊은 민족에게 미래는 없다.

독립운동가이자 사학자인 단재 신채호의 말이다. 역사를 잊은 기업도 미래가 없긴 마찬가지다. 과거 카메라 필름의 대명사였던 코닥은 시장 환경의 변화에 적응하지 못해 파산했다. 심지어 영어 사전에 Kodaked를 치면 '옛것을 고집하다 망하다'라는 의미로 사용될 만큼 불명예를 얻었다. 그럼 코닥은 왜 옛것에 안주하려고 했을까? 디지털카메라가 출시되면서 더 이상 필름이 필요 없어졌을 당시에 코닥의 주력 상품이 카메라 필름이었기 때문이다. 더 안타까운 사실은 디지털카메라를 최초로 개발한 기업이 코닥이었다는 것이다. 그들은 디지털카메라를 먼저 개발했지만 자신들의 기존 상품이 잠식당할 것이 두려워 결국 현실에 안주하다 아예 카메라 필름 사업을 접게 됐고, 디지털카메라 사업 기회도 잃고 말았다. KT, SK텔레콤, LG유플러스도 마찬가지다. 문자와 국제 로밍 서비스 수익을 끝까지 지키려다 카톡 서비스로 인해 메시징 사업을 통째로 잃는 수모를 겪었다. 경영학에서는 이처럼 기업의 새로운 상품이 기존 상품의 시장을 잠식하는 것을 카니발리 제이션(자기잠식효과)^{cannibalization}이라고 한다. 하지만 소탐대실이라는 말이 있 듯이 기존의 것을 지키려다 새로운 변화에 대응하지 못하고 모든 것을 잃 게 된다.

이러한 교훈을 아주 잘 실천하고 있는 곳이 있다. 기업보다 훨씬 거대한 국가의 사례다. 잘 알다시피 사우디아라비아는 전 세계 1위의 최대 석유 수 출 국가로 전체 수출품 중 약 70%가 석유 관련 광물이다. 이는 석유를 생 산하고 판매하지 못하면 국가 존립 자체가 위험한 나라라는 뜻이다. 이런 사우디아라비아가 2030년까지 총 에너지 생산량 중 신재생 에너지 비중 을 50%로 늘리겠다고 선언했으며, 심지어 탈석유화 정책을 발표했다. 사우 디아라비아의 카니발라이제이션을 뛰어넘는 기업은 세상에 없을 것이다.

지금 생성형 AI 시장에서도 이와 유사한 일이 벌어지고 있다. 앞서 언급 했지만 구글은 ChatGPT의 핵심 기술인 트랜스포머 모델을 가장 먼저 개 발했고, 2021년에 그 모델을 적용해서 람다^{Lambda}라는 LLM을 만들었다. 하 지만 알려진 바에 따르면 내부적으로 심각한 논쟁을 벌인 끝에 공개하지 못했고, 결국 ChatGPT가 출시된 이후 어쩔 수 없이 2023년 2월에 람다를 살짝 변형한 바드^{Bard}를 공개했다. 그 이유는 구글의 비즈니스 모델과 깊은 관련이 있다. 구글 매출의 80% 이상은 광고를 통해 발생한다. 구글은 자신 들이 개발한 페이지 링크 기술을 통해 검색 이용자들의 방문 사이트 이력 데이터를 가지고 있다.

이를 실제 유스 케이스로 설명해보자. 민준이가 '학생용 가방'이라고 검색을 하면 그와 관련 있는 수백 개의 링크가 뜬다. 민준이는 그 많은 링크를 일일이 검색하며 클릭한다. 그러면 구글은 수많은 링크 중에 자신들에게 돈을 많이 지불한 기업의 링크를 이용자가 클릭하기 쉬운 맨 위로 올려준다. 이렇게 구글은 기업들에게 링크 위치에 따라 대가를 차등하여 받는다. 또한 검색 이용자들의 방문 데이터를 수집해서 추천 알고리즘을 생성한 후 추천 사이트에 기업의 광고를 게재하여 추가 대가를 받을 수 있다.

그런데 구글이 이런 황금알을 낳는 거위 배를 스스로 갈라야 하는 시점이 온 것이다. 검색 이용자들이 정말 원하는 것은 무엇일까? 사실 그들은 검색을 원한 것이 아니다. 답을 원했다. 다만 불편해도 직접 답을 알려주는 서비스가 없었기 때문에 관성적으로 이용했을 뿐이다. 그러나 이제 구글 검색의 대체재로 ChatGPT가 나타났다. 이것은 이용자가 클릭할 필요도 없고 묻는 말에 매우 친절하게 답변해준다. 심지어 불필요한 광고도 안 뜬다. 만약 이용자가 ChatGPT에 익숙해지면 구글은 그 많던 광고 수익이 통째로 없어지는 위기에 봉착한 것이다. 그래서 람다 서비스를 먼저 개발하고도 선뜻 시장에 출시하지 못했다. 물론 구글은 최근 제미나이를 출시하면서 생성형 AI에 공격적인 태도를 보여주고 있다. 여기까지 알고 보니 어디서 많이 봤던 그림이 아닌가? 전형적인 카니발라이제이션이다. 과거 AWS가 시장에 클라우드 서비스를 처음 출시했을 때도 온프레미스 시스템 사업의 비중이 높았던 SI 기업들은 변화를 거부했다. 결국 클라우드 서비스 시장의 대부분은 AWS가 독차지하는 결과를 초래했다.

2023년 순다르 피차이 구글 CEO는 임직원들에게 창업 이래 구글이 가장 큰 위기에 직면했다고 선언했다. 왜냐하면 카니발라이제이션도 심각한 문제이지만 더 큰 문제는 마이크로소프트의 비즈니스 모델이기 때문이었다. 마이크로소프트의 주 수익은 OS와 소프트웨어이기 때문에 광고에 거의 영향을 받지 않는다. 물론 마이크로소프트도 빙^{Bing}이라는 검색 서비스를 제공하고 있다. 하지만 빙의 시장점유율은 기껏해야 3% 남짓하다. 구글 검색 서비스의 시장점유율이 93% 정도임을 고려하면 정말 초라한 성적이다. 그런데 다른 각도에서 보면 마이크로소프트는 검색 시장에서 더 이상 잃을 것이 없으며 카니발라이제이션으로부터 자유롭다는 것을 의미한다. 게다가 그들은 이미 오픈AI에 1조 3천억 원을 투자하며 전략적 협력 관계를 구축했다.

현재 마이크로소프트는 기존의 빙에 LLM 기반의 코파일럿이라는 대화형 서비스를 얹은 새로운 빙^{New Bing} 서비스를 내놓았다. 구글 입장에선 이정도로도 충분히 진퇴양난의 상황인데 클라우드 사업에서도 타격을 입을 수 있다. 왜냐하면 마이크로소프트가 시장 영향력이 큰 ChatGPT를 자신들의 클라우드인 애저에서만 작동하게 만들 수 있기 때문이다. 앞서 설명했듯이 생성형 AI는 처리할 데이터의 양이 엄청나게 많기 때문에 반드시 클라우드가 있어야 한다. 그래서 생성형 AI와 클라우드를 패키지로 묶어 서비스할 경우 강력한 무기가 될 수 있다. 최근 구글은 제미나이 1.5, 제미나이의 경량화 모델인 젬마 등을 공개하며 오픈AI에 더 이상 뒤처지지 않으려 노력하고 있다. 그나마 다행인 것은 구글의 클라우드 사업이 AWS에 비해 크게 열위에 있는데, 제미나이를 통해 돌파구를 마련할 수 있다는 점이다.

아마존에도 불똥이 튀었다. 사실 클라우드 시장 규모가 커지자 아마존의 주 수익원은 온라인 쇼핑몰에서 클라우드 사업인 AWS로 바뀐 지 오래됐으며, 여전히 공고한 시장 지배력을 유지하고 있다. 하지만 AWS도 이전처럼 독주 체제를 유지하기 어려울 수 있다. 마이크로소프트와 구글이 생

성형 AI를 무기로 클라우드 서비스 시장을 잠식할 수 있기 때문이다. 국내의 경우 네이버도 시장 지위에 영향을 받을 수 있다. 과거 국내 검색시장에서 구글 검색, 빙 검색의 존재감이 약했던 것과 달리 ChatGPT, 빙챗, 제미나이 등 해외의 강력한 생성형 AI 서비스가 영향을 미친다면 말이다.

생성형 AI로 인해 검색과 클라우드 양대 시장의 기존 강자들 사이에 지각변동이 일어나고 있다. 향후 몇 년간 IT 업계는 전에 없던 치열한 비즈니스 전쟁이 벌어질 것이다.

마을 17

생성형 AI 모바일 단말기의 역습

아직 AI 전용 단말기라고 하기에는 부족하지만 휴메인[Humane]의 Humane AI Pin이라는 상품이 2023년 11월 출시됐다. 미국 AI 스타트업 휴메인이 개발한 것으로서 옷에 부착해 사용하는 AI 비서 콘셉트의 상품이다. 영화 <그녀>를 보면 테오도르가 항상 자신의 상의 가슴에 달린 주머니에 AI 비서 사만다가 내장된 스마트폰을 넣고 다닌다. 필자는 이 장면을 보며 감독의 디테일에 약간 실망했었다. AI가 고도로 발달한 세상에서 상의 주머니에 허술하게 들어간 스마트폰이 자신의 눈(카메라 렌즈)을 빼꼼히 드러내고 언제 바닥에 떨어질지 모르는 위태로운 순간을 두려워하고 있는 것처럼 보였기 때문이다. 약간의 상상력은 발휘했어야 하지 않았을까. 휴메인의 목표는 스마트폰을 대체할 새로운 폼팩터[form factor]를 출시하는 것이었다고 한다. 스마트폰이 나온 지 거의 20여 년이 흘렀지만 불과 몇 해 전 삼성전자가 시도한 폴더블폰을 제외하면 이렇다 할 폼팩터의 변화가 없었던 것도 사실이다. 그런데 과거 대부분의 피처폰이 폴더폰이었다.

Humane AI Pin은 스피커, 카메라, 센서를 내장하여 통신 기능과 함께 통역, 메일과 문자 발신, 음성 명령 인식을 통한 건강 체크가 가능하다. 특이한 점은 자석으로 옷의 어디든 부착이 가능하며 손바닥을 디스플레이로 활용한다는 점이다. 게다가 ChatGPT가 탑재되어 있는데, 그래서인지 투자 기업 중에는 오픈AI와 마이크로소프트가 있다. Humane AI Pin과 유사한 용도로 Rabbit R1 단말기도 CES 2024에서 소개됐다.

이처럼 생성형 AI 전용을 표방한 단말기가 시장에 계속 출시된다면 스마트폰 시장의 경쟁 강도는 높아진다. 시장 변화의 새로운 트리거^{trigger}가 생기는 것이다. 다만 Humane AI Pin과 Rabbit R1 유형의 단말기가 기존의 스마트폰과 얼마나 다른 차별적 가치를 소비자에게 제공할 수 있을지는 의문이다. 이미 삼성전자는 최초의 AI폰을 출시했으며 애플도 곧 생성형 AI를 탑재한 아이폰을 출시할 예정이다. 물론 스타트업들이 갤럭시나 애플과 직접 경쟁하기 위한 상품전략을 구사하지는 않을 것이다. 아마 스마트폰의 보완재 또는 틈새시장$^{niche\ market}$을 찾을 것이다. 그럼에도 불구하고 고객에게

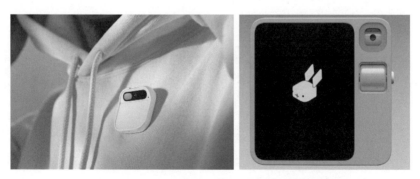

그림 17-1 Humane AI Pin(좌)과 Rabbit R1(우)(출처: 휴메인/래빗)

새로운 차별적 가치를 제공하지 못하면 한국의 시티폰처럼 시대적 소명에 부응해 잠시 스쳐 지나간 그런 상품이 되기 쉽다.

2024년 6월 6일, 우려는 현실이 됐다. 휴메인이 HP와 Humane AI Pin 을 매각 협상 중이라는 기사가 나왔다.[2] Rabbit R1에 대한 고객들의 불만도 높다. 이유는 상품의 컨셉이나 유효 시장의 문제에 앞서 품질에 기인했다. 기능과 작동의 오류, 단말기 과열 문제 등 전반적인 품질이 너무 떨어졌다. 단지 생성형 AI의 인기에 편승한 시제품 수준인 것으로 보인다. 그들은 기본 품질을 갖춘 채 기존 스마트폰이 제공하지 못하는 차별적 가치를 제공해야 했다. 예를 들면 아예 복잡한 애플리케이션이 필요 없는 초간편한 AI 에이전트 단말기로 단순 명료하게 포지셔닝하거나 웨어러블 기기로 포지셔닝하는 것이다.

오픈AI는 ChatGPT를 통해 B2B 서비스와 B2C 서비스 모두 제공 가능하다. 오픈AI가 마이크로소프트의 새로운 빙, 아이폰, PC, Humane AI Pin 등에 ChatGPT를 탑재하면 B2B 상품으로 포지셔닝하는 것이며, 자체적으로 단말기를 만들면 B2C 서비스로도 포지셔닝이 가능하다. 오픈AI 입장에서는 충분히 고려할 만한 전략이다.

때마침 샘 올트먼은 아이폰 CDO^{chief of design}였던 조너선 아이브와 만나 AI 전용 단말기의 디자인에 대해 논의했다고 한다. 과거 아이폰이 불러온 스마트폰 혁명을 생각해보자. 그들은 단말기를 만드는 제조업의 특성을 가지고 있는 것처럼 보였으나 아이튠즈와 앱 스토어라는 서비스가 있었다. 그렇다면 지금의 ChatGPT는 어떤가? 누가 뭐래도 생성형 AI는 ChatGPT라는 인식이 소비자의 머릿속에 각인되어 있다. 만약 ChatGPT 전용 단말기가 나온다면? 오래전 구글이 픽셀폰을 출시했었지만 시장의 반응은 냉담

했다.

그럼 오픈AI는 어떻게 해야 할까? ChatGPT만의 차별적 우위를 통해 새로운 폼팩터로 소비자의 마음속에 포지셔닝할 것인지, 아니면 앞서 설명한 것처럼 내면의 아름다움을 강조한 안정적인 B2B 서비스로 포지셔닝할 것인지 결정해야 한다. 그 결정의 판단 근거는 소비자의 인식과 습관에 있다.

스마트폰과 ChatGPT의 고객 충성도 중 어느 쪽이 더 높을까? 스마트폰 제조사의 입장은 어떨까? 삼성전자는 자체 개발한 LLM인 가우스^{Gauss}를 공개했다. 지금은 주로 기업의 업무 혁신과 스마트폰의 온디바이스 AI 용도로 사용 중이다. 반면 애플의 자체 노력과 활동은 별로 보이지 않는다. 오히려 앱 스토어를 통해 오픈AI의 ChatGPT를 가장 먼저 수용했다. 사실 애플의 속사정을 알면 어쩔 수 없긴 하다.

마이크로소프트, 구글, 메타 등 빅테크들이 AI에 인적, 물적 자원을 아낌없이 쏟고 있는 반면, 애플은 그러지 못하고 있다. 사내에 AI 인재가 부족하다. 사실 AI 분야의 개발과 연구 환경을 이해한다면 그럴 만한 이유를 알 수 있다. AI 전문가들은 새로운 기술을 개발하면 깃허브^{GitHub}(개발자들의 커뮤니티 모임으로 시작한 오픈소스의 성지이며, 2018년 마이크로소프트가 인수)에 코드를 공개하는 문화가 있다. 이는 오픈소스를 통해 기술혁신이 더 가속화될 것으로 믿었기 때문이다. 앞서 필자가 언급한 널뛰기와 같은 맥락이다. 내가 더 높이 뛰려면 상대방도 더 높이 뛰어야 가능하다는 상생의 논리다. 그런데 애플은 오픈소스를 지향하는 개발자들과 결을 달리했다. 맥북, iOS 등 그들의 기업 철학과도 일맥상통하듯이 오픈소스를 막았다. 그러자 AI 분야의 고급 개발자들이 애플 입사를 꺼리게 된 것이다. AI 업계에서 오픈소스에 동참하지 않는다는 것은 그 분야에서 고립을 뜻하기 때문이다.

애플은 자신의 브랜드에 대한 고객의 충성도를 철저히 믿는 것 같다. 그 어떤 새로운 서비스가 나와도 절대 흔들리지 않는다는 확신이 있기에 생성형 AI의 혼란에도 고요한 것이 아닐까? 하지만 이 세상에 변하지 않는 유일한 진리는 모든 것이 변한다는 것뿐이다. 그래서일까? 2024년 2월 애플이 오랜 기간 공을 들였던 자율주행 전기차 사업 준비를 포기하고 그 자원을 AI 사업에 쏟기로 결정했다.[3]

결론적으로 생성형 AI 단말기의 필요성을 공감하면서 기존의 PC와 스마트폰이 이를 수용한 후 기득권을 계속 유지할 것인지, 아니면 새로운 단말기가 스마트폰의 영역을 침범하여 시장을 양분하거나 틈새시장을 형성할 것인지 귀추가 주목된다. 이 과정에서 개인과 기업은 또 다른 기회를 얻거나 잃을 것이다. 과연 PC, 스마트폰을 이을 세 번째 IT 도구의 혁명이 일어날까?

Data is all you need

Attention is all you need. 앞서 Attention 모델을 설명하며 세계적 히트곡인 <All You Need Is Love>를 언급했다. 같은 맥락에서 필자도 따라쟁이가 되어본다.

Data is all you need!

경제학 분야에 규모의 경제$^{economies\ of\ scale}$가 있다면, AI에는 규모의 법칙 $^{law\ of\ scale}$이 있다. 규모의 법칙은 컴퓨팅 파워를 많이 투입할수록, 학습 데이터가 많을수록, 파라미터가 많을수록 AI 성능이 좋아진다는 것이다. 흔히 law of로 시작하는 개념들은 유용하고 의미 있는 것이 많다. 마케팅 분야에도 The Law of Leadership, The Law of Category, The Law of Mind, The Law of Perception, The Law of Opposite 등 무려 22개나 된다.

규모의 법칙이 신기한 이유는 갑자기 슈퍼 울트라 파워가 생긴다는 것이다. 앞서 이것을 emergent ability라 명명했다. 물론 데이터의 질은 양에 비례하지만 통계학에서 배웠듯이 일정량 이상이 투입되면 효과가 크게 늘지 않는다. 따라서 적정량 이상의 투입은 비효율적이므로 비용만 상승한다는 것을 알고 있다. 그런데 생성형 AI는 데이터의 양이 많을수록 굉장히 성능이 좋아져서 어느 순간 예상하지 못한 성과를 낸다. 즉 계속 변곡점이 생기므로 앞으로 어느 지점에서 또 한 번 놀라운 성과를 낼 수도 있다. 따라서 생성형 AI를 발전시키는 데 데이터를 축적하는 것은 매우 중요한 작업이다.

데이터 규모의 역설

스마트폰, TV, 세탁기가 고장 나면 전문 엔지니어에게 수리를 받는다. PC 운영체제인 윈도우11의 경우 무려 1억 줄이 넘는 코딩 구성으로 추정되지만, 문제가 생기면 얼마든지 디버깅debugging이 가능하다. 즉 고장이 난 가전제품은 그것이 아무리 복잡한 문제를 가지고 있어도 원인을 알 수 있으며, 코딩 수가 아무리 많아도 문제의 원인을 찾을 수 있다. 하지만 생성형 AI는 그렇지 않다. 생성형 AI는 데이터양이 많아질수록 모델이 더 많은 패턴을 학습하여 개발자가 이해하기 어려운 방식으로 작동할 수 있다.

그럼 생성형 AI 학습 데이터의 조건에 대해 알아보자.

첫째, 충분한 데이터의 양이 필요하다. 앞서 LLM의 성능에 지대한 영향을 미치는 요소로 학습 데이터의 양을 설명했다. 그런데 LLM이 학습할 데이터는 무한정 생성되는 것은 아니다. 미국의 AI 전문 연구 기관인 EPOCH AI(AI를 학제적으로 연구하는 국제 비영리기관)는 LLM 발전의 잠재적 위협 요

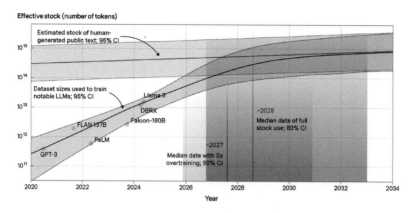

그림 18-1 데이터양의 부족 시점(출처: EPOCH AI)

소로 데이터 부족을 지목하고 있다. EPOCH AI는 인간이 만들어낼 수 있는 데이터의 최대량을 약 300조 개의 토큰으로 추정하며, 2026년부터는 데이터가 부족해지고 2032년경에는 학습 데이터가 완전히 소진될 것으로 추정하고 있다.[4]

LLM의 파라미터 규모에 비례하여 필요한 데이터의 양이 결정된다는 친칠라 스케일링 법칙Chinchilla scaling law이 있다. 이 법칙에 따르면 약 5300억 개의 파라미터를 가진 LLM이 최상의 성능을 갖추려면 학습용으로 문자, 구두점, 빈칸 등으로 구성된 약 11조 개의 토큰 데이터가 필요하다. 파라미터의 규모가 2조 개에 달할 것으로 예상되는 GPT-5의 학습에 필요한 토큰 데이터의 수는 대략 60조 개 이상일 것으로 추정하고 있다. 문제는 지속적으로 증가하는 파라미터의 규모에 비해 학습 가능한 데이터의 양이 절대적으로 부족하다는 것이다. 대부분의 데이터는 LLM이 이미 학습한 중복 데이터이고, 데이터의 저작권 이슈로 인해 갈수록 새로운 데이터를 학습하는 것도 어렵기 때문이다.

이에 따라 LLM 개발 기업들은 학습 데이터를 확보하기 위해 다양한 노력을 기울이고 있다. 오픈AI는 AP, 악셀 스프링거 AG$^{Axel\ Springer\ AG}$ 등 뉴스 기관에 수천만 달러를 지불하고 데이터를 제공받기로 계약을 맺었으며, 구글의 유튜브 영상 데이터 구입도 검토 중이라고 한다. 또한 최근에는 ChatGPT의 사용을 위한 이용자의 가입 절차나 로그인마저 과감히 생략해 버렸는데, 그만큼 데이터 확보에 사활을 걸고 있다. 구글의 경우 미국의 최대 인터넷 커뮤니티 사이트인 레딧으로부터 데이터를 제공받기로 계약했으며, Open X-Embodiment라는 로봇 학습 전용 데이터셋을 개발하고 있다.[5]

메타는 여러 대학 및 연구 기관들과 함께 Ego 4D와 Ego-Exo4D라는 데이터셋 생성 프로젝트를 진행 중이다.[6] 이는 여러 나라와 도시에 살고 있는 약 800여 명의 일상생활과 요리, 춤, 축구, 암벽 등반 등의 전문 활동을 촬영한 동영상으로 만들어진 데이터다. 특히 Ego-Exo4D는 참가자가 직접 촬영한 1인칭 시점^{egocentric}과 3인칭 시점^{exocentric}의 방대한 멀티모델 데이터셋이다. 이렇게 보면 생성형 AI 시대의 또 하나의 숨은 수혜자는 AI 가속기 설계업체나 제조업체와 더불어 데이터 플랫폼 기업이다.

둘째, 학습에 알맞은 데이터의 질과 형태가 필요하다. 오염된 정보들을 제거하지 않으면 좋은 결과를 얻을 수 없다. 물이 아무리 흘러넘쳐도 그 안에 온갖 세균과 오염물질이 포함되어 있다면 식수로 마실 수 없는 것과 같다. 예를 들어 LLM이 소셜 미디어 데이터를 있는 그대로 학습하면 수많은 비속어, 욕설, 부도덕하고 위법한 내용을 모방한 답이 나온다. 그러다 보면 성과 인종 등 사회적 차별, 극단주의와 혐오스러운 행동을 유발할 수 있다.

또한 아무리 데이터가 많아도 그것이 생성형 AI가 학습할 수 있는 형태로 만들어져 있지 않다면 무용지물이다. 예를 들어 데이터가 개인의 컴퓨터에 흩어져 있거나 서로 다른 데이터베이스에 있으며 칼럼 이름도 각양각색인 경우가 많다. 이러한 문제를 해결하기 위해서는 생성형 AI가 데이터를 이해할 수 있도록 조직 내 통합 데이터 플랫폼을 새로 구축해야 한다. 이런 장면은 2000년대 초 e-Biz transformation이 유행하던 시절에 CRM 구축을 위해 기업들이 저마다 고객 데이터베이스를 통합하던 상황과 흡사하다. 물론 그때보다 몇 배는 더 큰 규모의 데이터와 복잡성을 가지고 있으며 조직의 프로세스, 시스템, 운영 등 전반적인 변화 관리가 수반되어야 한다.

셋째, 정보보호를 고려해야 한다. 개인의 신상정보, 기업의 영업비밀, 특허, 핵심 기술 등 보안성이 높은 데이터가 있다. 따라서 정보를 어디까지 허용할 수 있는지 개인의 이해와 감정을 반영한 데이터 정의가 필요하고, 데이터 보안을 유지하면서도 LLM을 효과적으로 사용할 수 있는 방안이 필요하다. 이는 정부, 기업, 개인 등 모든 이해관계자가 데이터 활용성과 정보보호 간의 골디락스Goldilocks(너무 뜨겁지도 차갑지도 않은 적당한 이상점)를 찾아 선제적으로 법과 제도로 뒷받침해야 한다.

잘 알려져 있지는 않지만 중국과학원Chinese Academy of Sciences, CAS의 AI 기술수준이 미국 못지않다는 전문가들의 견해가 있다. 그도 그럴 것이 중국은 개인정보보호를 중요하게 여기지 않고 14억 인구의 개인 데이터를 공산당 주도하에 자유자재로 활용하고 있기 때문이다. 더군다나 세계에서 유일무이한 정부 차원의 국가데이터국國家數據局을 신설하여 방대하고 다양한 데이터 자원을 관리하고 있다. 다만 정치적 이유로 ChatGPT 서비스를 금지했는데 개인의 자유를 제한하는 정치가 생성형 AI를 얼마나 발전시킬 수 있을지 의문이다. 중국은 AI에 있어 양날의 검을 가지고 있는 셈이다.

넷째, 데이터 현행화가 필요하다. LLM이 데이터를 학습하는 데 막대한 비용이 발생하므로 매번 최신 데이터를 현행화하여 학습할 수 없다. 이러한 문제를 해결하기 위해 RAG를 활용해 보완할 수 있다.

다섯째, 데이터 학습에 드는 시간과 비용을 절감해야 한다. 정부나 기업의 자원은 한정적이므로 데이터 학습을 위한 시간과 비용을 최소화하되 그 효과를 극대화해야 한다. 이를 위해 합성 데이터synthetic data를 활용할 수 있다. 통상 이미지 데이터 1개를 확보하는 데 6달러의 비용이 드는 반면, 합성 데이터를 활용하면 고작 6센트의 비용이 발생한다. 합성 데이터는 AI가 만들어낸 인공적인 데이터를 의미하는 것으로 하버드 대학교 통계학 교수인 도널드 루빈Donald Rubin이 인구조사 시 빈곤층이 과소 집계되는 문제를 해결하기 위해 1980년경 처음 사용했다. 통계학의 연구 목적으로 쓰일 때는 문자와 텍스트를 대상으로 삼았으나 AI가 발달하면서 음성과 영상 데이터를 필요로 하는 분야에 더 많이 쓰이고 있다.

자율주행을 위한 합성 데이터를 예로 들어보자. AI에게 주행 중 도로에 갑자기 사슴이 뛰어드는 상황에 대처하기 위한 방법을 학습시킬 경우, 먼저 AI 모델을 개발하고 이에 따라 AI가 다양한 상황에 대한 시뮬레이션을 하게 만든다. 만약 합성 데이터를 사용하지 않는다면 사람이 사슴이 뛰어드는 각도와 다양한 배경을 조합하여 모든 경우의 수를 일일이 촬영하고 이러한 실제 데이터를 AI에 학습시켜야 한다. 이러한 것을 코너 케이스corner case 또는 에지 케이스edge case라고 부른다. 이것은 개발자들의 사용 용어인 코너 케이스나 에지 케이스와 동일한 단어이지만 의미는 다르니 혼동하지 말자. 개발자들은 종종 "날코딩(개발 도구를 사용하지 않고 텍스트 에디터로 프로그래밍을 하는 것)을 했는데 버그 없이 잘 돌아가서 더 불안하고 찝찝하다"라는 말을 하곤 한다. 프로그램이 예상치 못한 방식으로 작동하는 현상

(에지 케이스와 코너 케이스)을 걱정하는 표현이다. 원래 코드는 유닛^{unit}(소프트웨어 기능의 최소 단위)부터 에러 범벅이다.

실제 데이터 학습으로 인한 문제가 발생한 적도 있다. 과거 자율주행모드로 운행하던 테슬라 차가 흰색 트럭과 부딪혀 테슬라에 타고 있던 사람이 사망한 사고가 발생했다. 자율주행차의 레이더가 하늘과 트럭의 색을 혼동하여 벌어진 안타까운 일이었다. 레이더 기술의 부족함과 더불어 AI가 실제 주행 데이터만 학습하다 보니 다양한 각도와 색상을 충분히 인식하지 못한 것이다.

합성 데이터 활용의 좋은 사례가 있다. 메타가 인수한 AI.Reverie라는 스타트업이 합성 데이터를 생성하여 캘리포니아 산불을 예측하는 모델링을 만들었고, 이를 활용해 산불 예방과 진화에 기여했다. 산불처럼 위험한 재난 상황의 경우 실제 모습을 그대로 재현하는 것은 매우 어렵기 때문에

화재 발생 시 날씨, 장소, 크기, 연기 모양과 밀도 데이터를 통해 다양한 시나리오를 설계하여 합성 데이터를 생성해낸다. 그리고 이미지 분석에 특화된 딥러닝 기술인 CNN을 활용하여 산불을 조기에 감지한다.

이처럼 합성 데이터는 LLM을 학습시키기 위한 데이터를 만드는 시간과 비용을 아낄 수 있으며, 실제 데이터를 사용하지 않기 때문에 개인정보보호 문제를 피할 수 있다는 장점을 가지고 있다. 그러나 자신이 만든 합성 데이터를 자기 복제하여 학습하는 것이므로, 합성 데이터를 많이 학습하면 할수록 AI의 성능이 저하된다는 단점도 있다.

여섯째, 생성형 AI가 대중화와 고도화가 될수록 업종/분야별 전문 데이터domain knowledge의 중요성이 커질 것이다. 생성형 AI가 반도체, 금융, 바이오 등 전문 분야의 데이터를 세밀하고 충분하게 학습해야 해당 기업에 제대로 적용할 수 있기 때문이다. 아울러 암묵지에 가까운 데이터일수록 더 유효하며 그런 역량을 보유한 사람의 가치도 상승할 것이다. 구글의 딥마인드가 신약 개발용 생성형 AI인 알파폴드 3를 제한적이지만, 무료로 공개한 이유도 해당 전문 분야의 데이터를 축적하고 학습시켜야 더 강력한 모델을 만들 수 있기 때문이다.

이상으로 생성형 AI가 제대로 성과를 발휘하기 위한 데이터의 규모, 데이터의 질과 형태, 정보보호, 데이터 현행화, 시간과 비용의 관점을 살펴보았다. 지금 이 순간에도 세상은 데이터를 끊임없이 만들고 있으며, 이는 생성형 AI가 먹고 자라는 양분이 될 것이다.

집단 지성과 데이터의 규모

1907년 통계학자 프랜시스 골턴은 과학 학술지 《네이처》에 <Vox Populi(대중의 목소리)>라는 논문을 제출했다.

간단히 요약하면 이렇다. 가축박람회 행사 중 도축한 소 한 마리의 무게를 맞추는 이벤트가 열렸다. 이벤트에 참가한 사람들은 저마다 추정한 무게를 적어서 냈다. 프랜시스는 사람들이 적어서 낸 추정치를 모아 중앙값을 계산했는데 놀랍게도 중앙값이 소의 실제 무게와 불과 4kg밖에 차이가 나지 않았다는 내용이다.

이는 훗날 제임스 서로위키가 지은 《대중의 지혜》(랜덤하우스코리아, 2005)라는 책을 통해 '집단 지성'의 개념으로 널리 알려졌다. 즉 평범한 다수의 데이터가 모이면 소수의 전문가 의견보다 정답에 더 가깝다는 이론이다. 실제 이러한 맥락으로 충분한 데이터만 확보하면 알고리즘의 성능에 상관없이 정확도가 높아진다는 자연어 처리 연구 결과도 있다.

그런데 여기서 의문이 생긴다. 행동심리연구에서 밝혀낸 태생적인 인간의 비합리성을 차치하더라도 거짓 정보의 홍수, 확증 편향 사고, 양극화의 심화 등 최근 사회현상으로 볼 때 과연 집단 지성은 유효할까? 우리는 초기 생성형 AI의 답변에 인종, 성별, 소수자, 약자들에 대한 차별과 혐오 등 심각한 문제가 많이 있었다는 것을 알고 있다. 집단 지성이 얼마나 나쁘게 작동하고 있는지 곰곰이 생각해볼 필요가 있다.

마을 19

왕좌의 게임

2023년 1분기 기준 모바일 서비스 가입자는 약 54억 4천만 명이라고 한다.[7] 가정에서 데스크톱 PC 한 대를 공용으로 쓰던 시대에서 지금은 거의 한 명당 한 대의 노트북과 스마트폰을 가지고 있는 시대다. 디지털카메라, MP3, 노키아와 모토로라의 휴대전화 등은 스마트폰의 등장으로 거의 자취를 감췄다. 반면 메타, 유튜브, 틱톡, 앱 스토어, 애플리케이션은 새롭게 부상하여 막강한 힘을 가지게 됐다. 이렇듯 스마트폰의 등장은 기존 생태계를 무너뜨리고 새로운 생태계를 열 정도의 영향력을 미쳤다.

ChatGPT는 출시 2개월 만에 가입자 1억 명을 돌파했다. 앞으로 개인화된 AI 시대가 열린다면 생성형 AI는 생태계에 어떤 영향을 미칠지, 생태계에 속한 기업들은 어떤 활동을 하고 있으며 그들에게 어떤 기회와 위기가 있을지 살펴보자.

생태계의 변화

Sam Altman Seeks Trillions of Dollars to Reshape Business of Chips and AI(샘 올트먼, 반도체와 AI 산업 재편을 위해 수조 달러의 자금 조달 모색 중)

2024년 2월 8일,《월 스트리트 저널》의 헤드라인이다.[8] 기사를 보는 순간 눈을 의심했다. 수조 원이 아니고 수조 달러라니. 기사의 본문 중에는 샘 올트먼이 계획하고 있는 자금 조달 규모가 무려 7조 달러라고 언급했다. 한화로 약 9300조 원이다. 애플, 마이크로소프트, 메타의 시가총액을 합친 것과 거의 맞먹는 수준이다. 현실성이 있는지 의문이다. 물론 샘 올트먼이 얼마나 진정성을 갖고 추진하는지 알 수 없지만 기존의 생태계를 바꾸려는 의지는 분명해보인다.

그런데 샘 올트먼이 그리는 생태계의 변화는 아이폰에서 비롯된 앱 스토어 생태계보다 훨씬 큰 차원이다. 게다가 샘 올트먼은 아예 반도체 시장의 판을 뒤집기를 원하고 있는 것 같다. 생각의 크기가 달랐다. 명분은 반도체 기업들의 AI 가속기 공급 제한이 생성형 AI의 발전에 걸림돌이라는 것이다. 실제 엔비디아는 GPU 공급량을 조절하면서 가격을 통제하고 있다. 그들이 설계한 GPU는 TSMC가 생산하지만 TSMC는 단지 생산 위탁업체일 뿐이며 실제 판매 권한은 전적으로 엔비디아에 있기 때문이다. 더군다나 수요가 공급을 훨씬 상회하고 있으며 이러한 시장 구조를 바꾸지 않으면 앞으로도 공급이 부족할 수밖에 없다. 현재 엔비디아는 AI 가속기 시장의 80%를 점유하고 있으며, GPU 가격도 부르는 게 값이라 고객사들은 내

심 불만이 많다. 심지어 생성형 AI와 클라우드 서비스 기업들은 엔비디아의 GPU 보유량에 따라 AI 서비스 역량을 평가받기도 한다.

마이클 포터의 5 Force Model 이론이 있다. 기업의 경쟁 환경을 분석하여 산업 구조를 파악하는 모델이다. 5가지 경쟁 환경 요인으로 산업 내 경쟁자 수, 잠재 진입자의 수, 공급자의 교섭력, 구매자의 교섭력, 대체 제품의 위협이 있는데, 이 중 샘 올트먼이 주도하는 AI 서비스에 가장 걸림돌이 되는 요인은 공급자의 교섭력이다. 현재 산업 구조상 GPU를 공급하는 엔비디아의 교섭력이 너무 강하기 때문이다.

그런데 아무리 그렇다고 해도 9300조 원은 금액이 너무 크다. 반도체 기업들의 총 매출을 합친 것보다도 훨씬 많다. 그래서 기사를 더 들여다봤다. 그가 구상하는 시나리오를 보니 이미 강인공지능 수준의 기술을 개발 중인데 현재의 GPU 공급량은 가격도 높을 뿐만 아니라 수요를 따라오지 못한다는 것이다. 게다가 AI 데이터를 처리하기 위해서는 엄청난 규모의 데이터 센터가 필요하니 이를 위한 전력 에너지 인프라 구축까지 고려하고 있는 듯하다. 후속 기사 내용에 따르면 샘 올트먼은 아부다비 국부펀드 운영자, 소프트뱅크의 손정의, TSMC와 회동을 통해 투자자들로부터 자금을 유치하고 수년 내 수십 개의 반도체 제조 공장을 건설하여 이를 TSMC가 운영하게 만들겠다는 의지를 내비쳤다.[9] 한국도 방문하여 반도체 기업의 총수들과 만났는데 의미 있는 대화는 없었던 것으로 보인다.

2023년 글로벌 반도체 기업들의 총 매출액은 약 700조 원 정도다. 여기에 10배 이상을 투자해 얼마나 새로운 시장을 창출할 수 있을지는 다소 의문이다. 반도체 산업의 메커니즘을 안다면 더 회의적이다. 반도체 산업은 기본적으로 cyclical industry(시황 산업/주기적인 수요 사이클로 인한 업황 기복 발생)이기 때문이다. 실제 삼성전자와 SK하이닉스는 호황으로 대규모의 이익을 내지만 수요가 감소할 때마다 주기적인 대규모 적자를 보기도 한다. 게다가 생성형 AI 같은 신기술이나 혁신 서비스는 대부분 캐즘^{chasm}(제프리 무어의 이론으로, 기술 수용 주기 모델에서 성장이 정체하는 구간을 의미)을 겪기 때문에 일정 기간 막대한 손실을 감내할 수 있는 여력이 있어야 한다.

여기서 잠시 경제학 이론을 하나 짚어보자. "공급은 스스로 수요를 창출한다"라는 말이 있다. 이것을 '세의 법칙^{Say's Law}'이라고 부른다. 한 재화의 시장에서 초과 공급이 존재하는 경우 다른 어떤 재화의 시장에서 반드시 초과 수요가 존재한다는 의미다. 물론 이에 대한 반론도 많지만 세의 법칙을 대입한다면 결국 어디선가 수요를 뒷받침할 수 있고, 샘 올트먼은 그러한 수요를 창출할 수 있다고 생각한 것 같다. 물론 장기적으로 보면 전혀 불가능한 것은 아니다. 만약 다음과 같은 세상이 온다면 가능하다. 지금 누구나 스마트폰을 가지고 있는 것처럼 미래의 어느 시점엔 거의 대부분의 사람들이 개인 맞춤형 언어 모델을 소유하고 일상에서 비서나 파트너로 사용하게 된다면 말이다. 그렇게 되면 상상할 수 없을 정도의 반도체 칩이 필요할 것이다. 이렇게 되면 기존의 생태계에 GPT 스토어를 추가하는 정도가 아니라 기존의 생태계를 완전히 뒤엎고 새로운 판이 만들어지는 패러다임의 전환^{paradigm shift}이 일어난다.

패러다임의 전환을 암시하는 또 다른 기사가 있다. 2023년 2월 《타임》의 커버 스토리에는 이런 문구가 나온다.[10]

The AI Arms Race is Changing Everything(AI 군비 경쟁이 모든 것을 바꾸고 있다)

왜《타임》은 그 많은 표현 중에 AI를 "군비 경쟁"이라고 했을까?

아마 과거 냉전 시대의 미국과 소련 간 치열한 군비 경쟁처럼 지금은 AI 전쟁 시대라는 것을 말하고 싶었을 것이다. 속된 말로 '쩐의 전쟁'이다. 특히 AI는 기업 간 경쟁 차원을 넘어 국가 간 경쟁 차원으로 확대되는 모양새다. 보편적 서비스와 비즈니스 경쟁에 집중했던 웹과 모바일의 등장 때와는 다르다.

항상 새로운 비즈니스가 생기고 이에 따른 생태계가 새로 만들어질 때마다 개인과 조직에 새로운 기회가 있었다. 대부분 개인과 조직이 그것을 인식하지 못하고 지나갔을 뿐이다. 과거 이동통신 서비스가 생겼을 때를 돌이켜보자. 유선전화의 생태계에 속한 많은 개인과 조직의 번영은 역사의 뒤안길로 사라지고, 무선전화의 생태계에서 새로운 기회를 발견한 개인과 조직이 달콤한 열매를 맛보았다. 자고 일어나면 몇십만 대씩 팔리던 휴대전화, 그 안에서 누구는 부를 누렸으며 누구는 부를 잃었다.

그리고 생성형 AI를 논할 때 간과하기 쉬운 생태계의 일부가 있다. 바로 전력 에너지다. 생성형 AI를 많이 쓸수록 엄청난 규모의 AI 가속기가 필요하고 AI 가속기를 작동시키는 데이터 센터를 운영하기 위해서는 해마다 엄청난 양의 전력 에너지가 필요하다. 국제 에너지 기구International Energy Agency, IEA 는 현재 전 세계에 약 8천여 개의 데이터 센터가 존재하며 이들이 사용하는 전력량은 2022년 기준 460TWh에서 2026년엔 1050TWh로 증가할 것으로 추정했다.[11] 그런데 생성형 AI 서비스는 기존의 검색 서비스 대비 보통 다섯 배 정도의 전력을 필요로 하니 2026년에는 전 세계 데이터 센터의 전력 소비량만으로도 일본의 연간 전력 소비량을 훌쩍 넘어선다. 데이터 센터는 소위 '전기 먹는 하마'인 셈이다.

더군다나 국제 에너지 기구의 예측치는 최근 글로벌 빅테크 기업들이 앞다퉈 발표하고 있는 역대급 규모의 데이터 센터 구축 계획을 반영하지 않았다. 만약 빅테크 기업들의 계획대로 실행된다면 2030년쯤에는 상상을 초월한 전력이 필요하다. 여기에 내연기관 자동차에서 전기차로의 대전환도 고려해야 한다. 일부 빅테크 기업들은 장기적으로 소형모듈원자로^{small modular reactor, SMR}에 투자하고 있으며, 미국 정부는 수십 년간 환경 파괴와 채산성 악화로 자국 내에서 우라늄 채굴을 금지해왔으나 얼마 전부터 우라늄 광산의 채굴과 생산 재개를 준비하고 있다. 문제는 탄소 중립을 구현하기 위해 RE100을 함께 달성해야 한다는 점이다. 영화 <매트릭스>에서 AI가 인간의 몸에 흐르는 미세 전류를 에너지원으로 사용한다는 섬뜩한 설정도 작가가 미래에 그만큼 전력이 부족하다는 것을 알리고 싶었던 것은 아닐까.

인간 뇌의 전력 효율성

미국 국립보건원에 따르면 인간의 뇌는 하루 평균 20W 전력을 소모한다. 이는 대략 스마트폰을 완충하는 수준에 불과하다. 그런데 단 20W 전력으로 초당 10의 14승을 계산할 수 있으며, 초당 전송량도 10PB나 된다. 이는 맥북 모델 중 M3 Max보다 약 2만 5천 배나 빠른 속도다. 인간 뇌는 전력 효율성 측면에서 넘사벽임을 알 수 있다.

데이터 센터의 증가로 이를 짓는 데 필요한 설비 투자도 함께 증가하고 있다. 특히 원자재 시장에서 구리의 선물가격이 폭등하고 있다. 왜냐하면

그림 19-1 생성형 AI 산업의 주요 구성 요소

전력 공급에 필요한 케이블의 재료가 구리이기 때문이다. 물론 모든 광물 중 전기 전도성이 가장 높은 것은 은이며 그다음이 구리다. 하지만 구리는 은 대비 94%의 전도율을 가지고 있으면서도 가격은 은의 1.2% 수준밖에 안 된다. 따라서 구리는 전력 케이블의 재료로 가성비가 매우 높다.

광섬유 케이블도 관심의 대상이다. 이것은 장거리 데이터 전송에 효율적이어서 구리 케이블에 비해 전력 소모도 50% 이상 절감할 수 있다. 다만 재료 특성상 얇고 깨지기 쉬워 설치와 유지 비용이 많이 든다. 2000년대 통신 서비스 기업이 많이 광고했던 초고속인 인터넷 서비스가 FTTH$^{fiber to the home}$ 방식이었다.

생성형 AI의 나비효과로 인해 구리의 값이 오르고 있다. 전력 에너지 인프라 기업도 생태계의 중요한 축이며 함께 성장할 것임을 기억하자. 아울러 미래에도 절대 망하지 않고 신규 IT 서비스 등장 때마다 혜택을 누릴 수 있는 기업은 데이터 트래픽을 전송하는 통신 네트워크를 소유한 곳이다.

백조들의 치열한 발놀림

생성형 AI 생태계 속 기업들은 호수 표면 위에서는 우아한 백조처럼 다양한 LLM을 뽐내고 있지만, 호수 아래서 엄청난 규모의 인적, 물적 자원을 쏟아부으며 쉴 틈 없는 발놀림으로 분주하고 치열한 나날을 보내고 있을 것이다.

이번 절에서는 생성형 AI 산업 특성을 토대로 생태계 내 주목할 만한 기업들의 강점과 약점을 가늠해보고, 미래에 어떤 기회와 위협 요소가 있는지도 살펴본다.

생성형 AI 도구와 관련된 한국의 반도체 산업

우리나라의 반도체 산업은 학습과 추론 AI 가속기가 포함된 시스템 반도체 설계와 생산 비중이 적은 대신 이를 간접 지원하는 메모리 반도체 영역에 강점이 있다. 특히 AI 작업에 필요한 방대한 데이터를 한 번에 저장하고 빠르게 전송하도록 만든 HBM^High Bandwidth Memory 기술력이 앞서 있다. 국내 기업 중 자체 AI 가속기를 개발했거나 개발 중인 기업으로 삼성전자와 SK하이닉스 같은 종합 반도체 기업^integrated device manufacturer, IDM이 있으며 AI 가속기 관련 팹리스로 리벨리온^Rebellions, 퓨리오사AI^FuriosaAI, 사피온^SAPEON 삼총사가 있다.

생성형 AI 생태계에 속한 기업들을 살펴보기에 앞서 해당 산업의 특성과 전망을 알아보자.

- 산업 내 경쟁 강도가 낮지 않지만 산업의 역량이 기존 빅테크 기업과 특정 국가에 집중되어 있다.

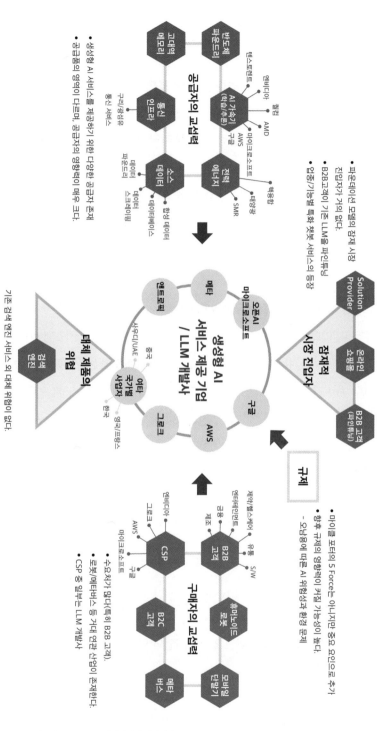

공급자의 교섭력

반도체
파운드리

고대역
메모리

AI 가속기
(학습/추론)
구글
엔비디아
AMD
텐스토렌트
클라우
마이크로소프트
AWS

통신
인프라

구리/광섬유
통신 서비스

전력
에너지
백링핫
태양광
SMR

소스
데이터
합성 데이터
데이터
스크래이핑
데이터베이스

데이터
파운드리

• 파운데이션 모델의 잠재적 시장 진입자가 거의 없다.
• B2B 고객이 기존 LLM을 파인튜닝
• 업종/기능별 특화 챗봇 서비스의 등장

그림 19-2 5Force Model로 바라본 생성형 AI 산업 구조

생성형 AI
서비스 제공 기업
/ LLM 개발사

메타
오픈AI
마이크로소프트
앤트로픽
구글
AWS
코히어
역타 국가별 사업자
중국
사우디/UAE
영국/프랑스
한국

대체 제품의
위협
검색
엔진

기존 검색 엔진 서비스 외 대체 위협이 없다.

잠재적
진입자
Solution
Provider
온라인
쇼핑몰
B2B 고객
(파인튜닝)

• 마이클 포터의 5 Force는 아나지만 중요 요인으로 추가
• 향후 규제의 영향력이 커질 가능성이 높아짐
  - 오남용에 따른 AI 위험성과 환경 문제

규제

구매자의 교섭력
CSP
엔비디아
그룹크
AWS
마이크로소프트
구글

B2B
고객
제약/헬스케어
엔터테인먼트
금융
제조
유통
S/W

휴머노이드
로봇

모바일
단말기

메타
버스

B2C
고객

수요자가 많다(특히 B2B 고객).
• 로봇/메타버스 등 거대 연관 산업이 존재한다.
• CSP 중 일부는 LLM 개발사

284 도시 IV 생성형 AI 비즈니스 생태계에서 살아남기

- 리더십의 법칙에 따른 선점 효과와 사용자의 습관에 따른 시장 우위를 갖지만 페이스북, 카카오톡 등 소셜 미디어 서비스와 달리 네트워킹 효과가 없어 전환 비용$^{switching\ cost}$이 낮다. 즉 사용자의 서비스 전환이 용이하므로 강력한 번들 서비스와 요금 약정제를 통한 록인 효과가 주효할 것이다.

- LLM 외 sLM과 LLM을 파인튜닝한 서비스 모델, 산업/기능 특화 모델 등 다수의 시장 참여자가 등장하고 있다.

- 생성형 AI 서비스 업계뿐만 아니라 반도체 설계 및 제조, 클라우드 서비스, 전력 인프라 등 연관 산업과 유기적 관계성이 매우 높다.

- 경쟁 시장의 경계가 무너지고 있다. CSP는 AI 가속기를 만들고, AIAaaS$^{AI\ Accelerator\ as\ a\ Service}$를 제공하며 AI 가속기 기업은 클라우드 서비스를 제공한다.

- AI 가속기의 최대 수요처인 CSP는 대부분 LLM 개발사이기도 하다.

- 생성형 AI의 수요가 전 산업에 걸쳐 다변화되어 있다.

- 막대한 규모의 투자를 수반하므로 일정 기간이 지나면 시장의 다수 참여자 간 교통 정리가 될 가능성 높다. 춘추전국시대에서 삼국시대로 넘어가는 과도기가 도래할 것이다.

- 오남용에 따른 AI 위험성과 환경 문제로 규제의 영향력이 점차 커질 가능성이 높다.

- 전방 산업의 견고하지 못한 수익 모델과 캐즘이 후방 산업의 투자에 영향을 미칠 수 있다.

- 골드러시와 같은 특성을 가지고 있어 AI 가속기, 데이터, 에너지 등 도구의 역할이 중요하다.

- 비즈니스 경쟁 외 국가 간 경쟁 구도로 확대하고 있다. 그래서 국가안보 차원의 전략자산으로 접근하는 것을 소버린 AI$^{Sovereign\ AI}$라고도 부른다.

- 생성형 AI 기술은 바이오, 반도체, 클라우드, 로봇, 메타버스 등 다양한 산업에 걸친 시너지 효과를 가지고 있으며, 적용 분야의 기술 발전을 동반 가속화하는 중요한 도구로 작용하고 있다.
- AI 기술은 마치 핵무기를 보유한 국가의 위상처럼 빅테크 기업의 미래 주도권을 위한 보험 성격을 갖고 있다.

생태계 내 주목해야 할 분주한 백조들

지금부터 생태계에 속한 다양한 기업들의 치열한 비즈니스 활동을 강점과 약점, 기회와 위협 요소를 살펴보자.

생성형 AI 모델 전문 개발사

오픈AI

사명과 달리 소스코드를 공개하지 않는다. 마이크로소프트의 후광을 업고 있으나 마이크로소프트가 ChatGPT보다 코파일럿에 힘을 쏟는 모습을 보이며 미묘한 상황이 연출되고 있다. 오픈AI 또한 2024년 8월 SearchGPT를 공개하며 마이크로소프트의 사업영역을 침범한 것처럼 보이지만 이는 구글의 사업영역에 훨씬 더 큰 영향을 미친다. 검색시장의 점유율은 마이크로소프트가 3.7%인 반면 구글은 90%가 넘기 때문이다. 샘 올트먼은 실현 가능성을 떠나 아랍에미리트의 국부펀드^{sovereign wealth fund, SWF} 조성을 통해 7조 달러 투자 유치를 추진 중이다.

하지만 미국 정부는 정치적 이유로 오일 머니 자금 유치에 불편한 속내를 가지고 있다. 실제 미국 정부는 외국인투자위원회^{Committee on Foreign Investment in the United States, CFIUS}를 통해 중동의 국부펀드와 중국 등 외국의 투자가 자국의 안보에 미치는 영향을 심사하여 관련 투자를 차단할 수 있는 권한을 가지고 있다. 미국 정부는 과거 팹리스 중심의 반도체 육성 정책을 펴왔으나 최근 수년간 중국의 부상과 지정학적 리스크를 고려하여 자국 내 생산 설비 재건을 준비하고 있다. 이에 따라 한때 미국 반도체의 자존심이었던 인텔을 활용해 생산 역량을 되찾으려고 노력하고 있다. 자국 내 생산 시설 투자에 대한 세제 혜택도 이러한 배경에서 비롯된 것이다. 따라서 샘 올트먼의 구상과 행보는 미국 정부의 반도체 패권 전략이라는 상수를 고려해야 한다.

현재 오픈AI는 AI 가속기 관련 스타트업 투자를 검토하고 있으며 직접 AI 가속기를 설계할 수 있는 팹리스 기업 설립도 계획하고 있다. 새로운 데이터 확보에 과감한 투자를 단행하고 있으며, 시장을 선도하는 사업자로서 ChatGPT 사용자가 가장 많은 만큼 이용자들이 서비스를 많이 쓸수록 자연스럽게 많은 데이터가 축적되는 것이 강점이다. 사용자 입장에선 사적 질문 데이터가 LLM 학습에 사용될 수 있다는 것을 의미한다.

최근 'Powered by ChatGPT'라는 슬로건을 통해 생성형 AI 서비스를 적용한 다양한 B2B 사업을 적극 추진하고 있다. 특히 로봇에 AI를 탑재하거나 LLM을 특정 기업이나 산업에 맞춤형으로 제공하기 위한 파인튜닝을 통해 B2C 사업의 열악한 수익 구조를 보완할 것으로 보인다.

다만 아직 수익 모델에 약점이 있다. 천문학적 투자를 고려할 때 B2C 서비스나 B2B 고객 대상의 단순 API 사업 모델로는 수익성이 떨어진다. ChatGPT API 가격은 토큰 1천 개(한글 기준 음절 1천 개)당 약 3원으로 원가를 고려하면 매우 낮은 편이다. 물론 치열한 경쟁 상황을 고려하여 처음엔 수익성이 훼손되어도 약탈 가격predatory pricing 전략을 취한 후 시장이 소수의

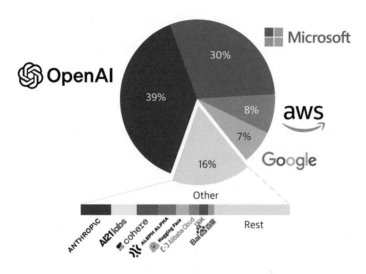

그림 19-3 Generative AI market share: Model & platforms(출처: IoT Analytics 2023년 12월)

사업자로 정리되는 순간부터 점차 고가격 전략을 택할 수 있다. 하지만 메타와 구글 등 무료 버전을 배포할 수 있는 캐시 카우^{cash cow}주 수익 창출원를 지닌 사업자가 존재하는 한 그러한 전략이 쉽게 작동하지 않을 수 있다.

오픈AI는 2023년 9월 기준 사용자 수를 15억 명이라고 밝혔지만, 이 중 정확한 유료 가입자 수를 공개하지 않았다. 다만 2023년 3분기 실적 발표를 통해 누적 적자 규모가 총 3조 5400억 원임을 밝힌 것으로 볼 때 유료 가입자 수는 아주 미미할 것으로 보인다.

향후 개인 고객의 경우 유료 가입자 비중이 적은 문제와 기업 고객의 경우 보안성의 우려 문제를 해소할 수 있는 견고한 수익 모델을 만들지 못하면 막대한 투자유치 자금도 한계에 봉착할 수 있다. 다행히 2024년 5월, 글로벌 컨설팅 기업인 PwC와 ChatGPT Enterprise 사용 및 재판매 계약을 맺었다. PwC는 전 세계 10만 명이 넘는 인력을 보유한 컨설팅 기업으로 재무적 기여가 큰 고객이 될 수 있다. 오픈AI는 2024년 기준 약 60만 명의 기업 고객이 ChatGPT를 사용한다고 발표했다.[12]

또한 오픈AI가 GPT-4o의 음성대화 기술을 스마트폰, 키오스크, 자동차 등 사람과 커뮤니케이션이 필요한 다양한 도구에 적용한다면 터치스크린의 기능을 대체할 수 있고 새로운 사업 기회를 창출할 수 있다. 만약 오픈AI의 ChatGPT가 검색 역할까지 대체하여 사람들의 습관을 바꾼다면 앞으로 웹의 관문은 구글이나 네이버에서 ChatGPT로 바뀔 것이며, 스마트폰 애플리케이션을 통제하는 슈퍼 애플리케이션도 ChatGPT가 될 수 있다. 검색의 시대가 아닌 질문의 시대에 새로운 주인공이 되는 것이 오픈AI의 궁극의 목표일 것이다.

메타

메타의 경우 페이스북에서 메타로 사명을 바꿀 정도로 메타버스에 진심이었으나, 생성형 AI가 대두하자 메타버스 사업을 큰 폭으로 축소하고 AI 사업에 더 집중하는 모습을 보이고 있다.

메타는 엔비디아의 GPU H100 기준으로 보면 마이크로소프트와 더불어 가장 많은 AI 가속기를 구매한 기업이다. 2024년 4월, MTIA^Meta Training and Inference Accelerator라는 자체 AI 가속기도 공개했다. 메타야말로 진정한 OpenAI다. 앞서 설명한 바와 같이 Llama를 오픈소스로 공개하여 Alpaca, Vicuna 등 여러 낙타과의 후손을 만들어냈다. 그런데 메타는 왜 이렇게 무료로 생성형 AI를 제공(100% 오픈소스는 아니다)할까? 개발 비용이 한두 푼이 아닌데 말이다. 그들에게 어떤 이익이 생길까?

후발주자로서 위기감을 극복하기 위한 방편일 수도 있지만, 비즈니스 모델에 따른 전략적 선택일 가능성이 높다. 메타는 구글이나 마이크로소프트처럼 OS와 사무용 프로그램으로 수익을 내는 사업 구조가 아니다. 오직 광고 수익에만 의존한다. 그래서 생성형 AI로 타깃 광고의 적중률을 높이고 생성형 AI를 활용하여 만들어낸 다양한 콘텐츠가 많아져야 그들의 광고 수익에 도움이 된다. 그렇게 되기 위해서는 AI 개발자들이 제약을 받지 않고 자유롭게 다양한 AI 챗봇을 개발할 수 있어야 한다. LLM의 무료 공개로 생성형 AI 시장의 크기를 계속 키울수록 그들에게 돌아가는 낙수 효과도 커지기 때문이다. 게다가 빅테크 기업으로서 생성형 AI라는 선도적 기술 이미지를 가지고 싶을 것이다. 물론 B2B 사업의 경우 클라우드 서비스 사업자에게 제공한 LLM을 통해 일정 규모 이상의 수익이 발생하면 이를 공유받는다. 특히 메타가 2024년 4월 무료 공개한 700억 개의 파라미터를 가진 경량화 모델은 제미나이 1.5 프로와 클로드 3 소넷^{Sonnet} 모델보다 벤치마크 점수가 높았다. AI 가속기 설계 기업 그로크 사이트(https://groq.com/)에서 클라우드 서비스로 라마3를 쓸 수도 있다. 라마3 공개 이후 메타는 같은 해 7월에는 4050억 개의 파라미터를 보유한 Llama 3.1 405B를 공개했다. 성능은 우수하지만 아직 멀티모델 기능은 없다. 또한 메타는 AI 스튜디오를 통해 누구나 손쉽게 자신을 대변하는 페르소나 AI를 만들 수 있도록 다양한 AI 개발 도구를 제공하겠다는 계획을 발표했다. 이는 연예인, 셀러브리티 등 유명 크리에이터의 개인용 AI 챗봇이 나올 수 있음을 의미하며, 그들과 직접 소통하는 것처럼 만들어 소셜 미디어의 이용 시간을 늘리게 하려는 의도로 보인다. 그들의 사업 방향으로 볼 때 메타는 사용자의 성향과 취향을 가장 잘 반영한 개인형 AI 시대를 지향하고 있으며, 그것이 이익을 극대화하는 방법이라고 여기는 것 같다.

메타 역시 구글처럼 소셜 미디어의 데이터를 활용하기 용이하다. 2023년 기준 전 세계 소셜 미디어 중 활성 사용자[active user] 순위로 보면 페이스북, 인스타그램, 왓츠앱, 페이스북 메신저 등 10위 내 4개(1, 3, 4, 7위)가 전부 메타의 소셜 미디어일 정도다. B2B 사업보다 B2C 사업에 장점을 갖고 있어서 향후 소셜 미디어와 생성형 AI 사이에 구체적으로 어떤 연결 고리를 만들지가 관건이다. 그들이 sLM에 더 집중하는 것도 스마트폰에서 주로 활용되는 소셜 미디어와 무관하지 않을 것이다. 구글처럼 자체 클라우드 비즈니스 모델이 없다는 점은 아쉬운 대목이다.

앞서 생성형 AI는 메타버스 시대를 앞당기는 데 도움이 될 것이며, 서로 시너지를 갖는 짝꿍이라고 설명했다. 그런 차원에서 메타는 차라리 메타버스 시대를 앞당기는 노력을 기울임으로써 생성형 AI와 덧셈의 효과를 창출하는 것이 경쟁사 대비 우위 요소가 아닐까. 다른 한편으로는 꾸준히 메타버스 사업의 기회를 만들고 때가 오기를 기다리는 편이 나을 수도 있다. 왜냐하면 메타버스는 AI 산업과 로봇 산업을 이어주는 가장 중요한 징검다리이기 때문이다.

앤트로픽

2021년에 설립된 신생 기업으로 공동 창업자인 남매와 직원들은 모두 오픈AI 출신이다. 그들이 오픈AI를 떠난 이유 중 하나가 AI를 바라보는 견해가 달랐다고 한다. 그래서인지 앤트로픽은 타사 대비 AI의 이로움과 안전함을 강조하고 있으나 실제 그러한 서비스인지는 아직 잘 드러나지 않고 있다.

2024년 5월, 앤트로픽은 논문 <Mapping the mind of a Large Language Model>을 통해 LLM 작동 방식의 블랙박스 영역을 일부 해석할 수 있는 단

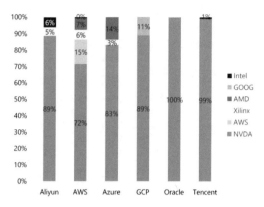

그림 19-4 주요 CSP의 AI 가속기별 점유율(출처: 2022년 6월 Liftr insights)

서를 찾았다고 밝혔다.[13] 이것은 말 그대로 극히 일부 실마리의 단초이지만 향후 의미 있는 진전을 보인다면 안전성이 높은 모델로 타 서비스 대비 차별화 우위를 가질 수 있다.

상품 포지셔닝이 모호하다는 점이 좀 아쉽다. 그들은 구글의 제미나이 대비 브랜드 인지도가 낮기 때문에 오픈AI와 시장을 양분하는 No.2 전략을 통해 시장 포지셔닝을 명확하게 설정하는 것이 필요하다.

앤트로픽은 AWS와 구글에서 클라우드 컴퓨팅 자원을 지원받고 있다. 특히 AWS에서 단일 기업 투자 금액으로 역대 최고가인 5조 4천억 원을 투자받았다. 대신 앤트로픽은 AI 모델을 훈련하고 추론하는 데 AWS의 가속기인 트래니움Trainium과 인퍼런시아Inferentia를 사용하고 있다. 이러한 AWS의 투자는 마이크로소프트와 오픈AI의 동맹을 의식한 결정으로 보이며 시장에서도 두 개의 동맹을 가장 강력한 경쟁 구도로 인식하고 있다.

앤트로픽은 2023년 초에 LLM인 클로드 모델을 공개했는데, 모델명을 보면 비트를 통해 정보를 전달하는 방법을 최초로 고안한 응용수학자 클로드 섀넌과 인상주의 화가 클로드 모네의 이름을 따온 것 같다. 2024년 3월, 클로드 3이 공개됐으며 비록 자체 평가 결과지만 GPT-4에 견줄만하거나 일부 기능은 오히려 앞선다고 한다.

CSP/생성형 AI 모델 개발사

마이크로소프트

마이크로소프트는 언제든 오픈AI의 ChatGPT를 활용할 수 있다. 다만 최근 행보로 볼 때 Mistral AI 투자, 독자적인 코파일럿 서비스 강화 등 오픈AI에 대한 의존도를 줄이는 것처럼 보인다. 게다가 딥마인드의 공동 창업자인 무스타파 술레이만을 영입하여 MAI-1이라고 불리는 자체 LLM을 개발하고 있다. 아울러 오픈AI가 SearchGPT 서비스를 공개하자 마이크로소프트는 내부 보고서를 통해 공식적으로 오픈AI를 경쟁사로 추가했다는 CNBC의 보도가 있었다. 다소 급진적인 샘 올트먼의 모습으로 볼 때 AI 로드맵에 대한 견해차가 생긴 것인지 의구심이 드는 대목이다. 그러나 한편으로는 마이크로소프트의 검색 시장 지위를 볼 때 자료 공개에 숨겨진 의도가 있는 것은 아닌지 생각해볼 수도 있다. 2022년 기준 마이크로소프트의 애저 클라우드 내 AI 가속기 점유율은 엔비디아의 GPU 80%, AMD의 NPU 14%, 나머지 6%가 자사의 Maia이다. 향후 Maia 비중이 크게 증가할 것으로 보인다.

마이크로소프트는 AWS와 마찬가지로 데이터 센터 투자 계획을 발표했다.[14] 일명 스타게이트 프로젝트Stargate Project로 6년간 약 134조 6천억 원을 투자할 예정이다. AI 가속기의 폭발적 수요 증가로 AI 가속기 설계와 제조사들의 수혜도 클 것이다.

마이크로소프트의 강점은 코파일럿 서비스를 오피스, 메신저 등 기업의 업무용 소프트웨어에 접목할 수 있는 활용성이 폭넓다는 점이다. 이는 생성형 AI가 B2C 시장에서 한계에 직면할 경우 사업성이 더 나은 B2B 시장에서 강력한 힘을 발휘하는 요인이 된다. 빙챗을 통해 구글의 검색 엔진 시장을 잠식할 수 있다는 점은 덤이다. 무엇보다 마이크로소프트는 CSP이면서 LLM을 보유한 생성형 AI 서비스 제공자이고, AI 가속기 설계 능력도 갖춘 올라운드 플레이어다. 이 중 LLM과 클라우드는 시장의 Top 2에 드는 강력한 플레이어다.

한 가지 약점을 꼽는다면 스마트폰과 PC의 통합 OS를 갖춘 애플 대비 윈도우 OS와 안드로이드 OS가 각각 분리되어 있으므로 생성형 AI 에이전트 개발의 장애 요소로 작용할 수 있다.

구글

구글만큼 희비가 공존하는 기업도 없을 듯하다. 여전히 검색 시장의 카니발라이제이션에 대한 딜레마가 있는 동시에 최고의 AI 기술력도 갖추고 있다. 트랜스포머 모델을 최초로 개발했으며, 알파고 리로 세상에 파란을 일으킨 딥마인드를 보유하고 있기 때문이다.

다만 제미나이가 성능 면에서 ChatGPT에 미치지 못하여 체면을 구기고 있지만 구글의 검색, 문서, 포토, 유튜브 등 LLM에 활용할 데이터 자원이 풍부하므로 데이터 관점으로는 '혜자'에 가장 가깝다. 데이터를 통해 모든 것을 알고 있다는 구글 신이 아닌가? 게다가 이미지와 영상 중심의 LMM 서비스가 활성화될수록 유튜브 영상 데이터를 학습할 수 있어 더 유리하다.

구글 클라우드를 통해 생성형 AI의 데이터를 모으고 처리하기도 용이하다. 온디바이스 AI 시장이 커질 경우 안드로이드 OS의 영향력을 생성형 AI 시장으로 전이할 수 있다. 자체 LLM도 강력하여 갤럭시 S24에 가우스와 함께 제미나이 나노가 탑재됐다. 제미나이 서비스의 경우 구글 검색 엔진을 연동할 수 있고 다양한 구글 데이터를 RAG로 활용하여 최신 데이터를 제공할 수 있다. 이는 타사의 생성형 AI 서비스 대비 강력한 이점이다. 자체 데이터를 학습할 수 있기 때문에 데이터 구입 비용도 최소화할 수 있다.

전반적으로 구글의 AI 역량은 최고 수준이지만 카니발라이제이션을 어떻게 극복할 것인지가 관건이다. 따라서 구글 검색과 제미나이의 연계와 조화, 때로는 과감한 제거 등 관계 설정을 어떻게 이룰 것인지 지켜봐야 한다. 생성형 AI 서비스가 대세가 되어도 검색 서비스가 일정 부분 상호보완적 역할을 해야 할 수도 있다.

하지만 무엇보다 앞선 많은 경영 사례가 보여준 교훈을 통해 카니발라이제이션을 두려워하지 않는 강력한 의지와 신속한 판단이 필요하다. AI 가속기 차원에서 보면 구글은 TPU의 상품 경쟁력을 높여 엔비디아를 견제할 수 있다. 2022년 기준 구글 클라우드에 탑재된 AI 가속기 중 89%가 엔비디아의 GPU이며, 단 11%만이 구글의 TPU이다. 아직 GPU가 TPU 대비 성능이 좋고 고객들도 개발과 운영이 용이한 GPU를 더 원하기 때문이다.

대개 기업이 GPU 대신 타사의 NPU를 채택할 경우 개발과 운영에서 기존 코드를 수정해야 한다는 번거로움이 있다. 이것을 컴파일compile 작업이라고 하는데, 특정 컴퓨터 언어로 작성된 코드를 다른 언어로 바꿔주는 것이다. 즉 개발자는 엔비디아의 CUDA 플랫폼에서 작업한 언어를 NPU 기반의 언어로 바꾸는 불편을 겪어야 하는데, 만약 이런 수고를 흔쾌히 감수한다면 비용을 크게 절감할 수 있다. 이런 점 때문이라도 구글은 점차 GPU를 TPU로 대체할 것이다.

AI 가속기 개발사

엔비디아

2024년 1분기 엔비디아의 영업 이익률은 무려 64.7%다. 시가총액의 증가는 더 놀랍다. 애플과 마이크로소프트가 시가총액 1조 달러를 돌파한 이후 3조 달러를 도달하는 데 각각 6년과 5년이 걸렸지만, 엔비디아는 불과 1년 만에 이것을 달성했다. 그동안 애플도 이루지 못한 경이로운 재무 수치다. 시장과 생태계 구조를 볼 때 당분간 엔비디아의 독주 가능성이 높다. 특히 창업자이자 CEO인 젠슨 황은 딥러닝이 부각되기 훨씬 이전인 2007년에 CUDA 생태계를 만들었으니 그의 선구적 혜안에 높은 점수를 주고 싶다. CUDA는 이후 AI 개발의 록인 효과를 거두어 지금의 엔비디아를 있게 만든 1등 공신이다.

하지만 오픈AI가 갑자기 나타나 글로벌 빅테크 기업들의 아성을 흔들고 있듯이 엔비디아의 독주도 영원하지는 않을 것이다. 시장이 있는 곳에 투자가 몰리고 투자가 몰리는 곳에 더 강력해지고 더 다양해진 경쟁자들이 진입하기 때문이다. 시장점유율은 현재보다 떨어지겠지만 시장은 계속 성장할 것이므로 매출은 늘어날 것이다. 다양한 형태의 AI 가속기 공급이 증가하면 GPU 가격은 지금보다 인하될 것이다.

잘 안 알려져 있지만 엔비디아는 클라우드 서비스를 직접 제공하고 있으며 GPU 가상화를 위한 컨테이너 플랫폼 개발 스타트업도 인수했다. 해당 스타트업은 클라우드 서비스를 위한 문자 기반의 자체 생성형 AI 모델

NeMo와 이미지 기반의 자체 생성형 AI 모델 Picasso를 가지고 있다. 주로 바이오산업에 특화한 GPUaaS^GPU as a Service다. 고객 입장에서 GPUaaS를 이용하면 GPU를 직접 구입하는 것 대비 최대 10분의 1 가격으로 서비스를 이용할 수 있으므로 초기 비용을 크게 절감할 수 있다.

다만 엔비디아가 이러한 서비스 사업을 적극적으로 추진하지 않는 이유는 아마존, 마이크로소프트, 구글 등 주요 GPU 고객들과 경쟁하는 꼴이 되기 때문이다. 미국의 골드러시 시대에 금을 캐는 사람보다 금을 캘 수 있는 도구를 만들어 파는 사람이 돈을 더 많이 벌었던 것을 알고 있으므로, 그들도 AI 가속기를 설계하고 판매하는 것에 집중하기 위함이다.

GPU는 AI의 학습과 추론 용도의 칩으로 최적의 상품은 아니다. 더군다나 GPU는 게임용에서 출발했다는 태생적 한계를 갖고 태어났다. 향후 생태계 내 여러 기업이 엔비디아를 견제하기 위해서라도 대체 제품을 찾을 것이다. 더군다나 TPU, Maia 등 NPU 계열은 엔비디아의 최대 고객들이 직접 설계한 AI 가속기이며, 향후 FPGA 설계 방식의 강자인 AMD의 추격도 만만치 않을 것이다. 2024년 4월, CPU가 주력인 인텔마저 가우디 3를 통해 AI 가속기 시장에 뛰어들었다.

그래도 엔비디아는 3가지 미래 핵심 역량을 가지고 있다. 첫째, 파운드리^foundry의 최강자 TSMC와 두터운 동맹 관계를 들 수 있다. 엔비디아는 GPU를 생산하지 않는다. 설계만 하고 생산은 전적으로 TSMC가 담당한다. 엔비디아가 초라한 스타트업일 때부터 TSMC는 넘치는 수주 물량 속에서도 GPU 생산을 맡은 인연이 있다. 엔비디아와 TSMC의 창업자가 대만계 미국인이라는 공통점과 과거의 인연 때문인지 엔비디아의 차세대 칩도 전량 TSMC가 생산하고 있다. 즉 향후에도 TSMC를 통해 생산의 우위를 점할 수 있다. 다만 TSMC의 경우 중국과의 관계에 따른 지정학적 위험 요소가 존재하므로 엔비디아가 TSMC에 전적으로 생산을 의존하는 것은 위험하다.

둘째, 비록 AI 가속기 시장의 경쟁 강도가 점점 높아지겠지만 엔비디아는 축적된 설계 능력을 전이하여 기존 GPU보다 우수한 성능의 AI 가속기를 지속 개발할 수 있는 능력을 보유하고 있다. 실제 2024년 3월 공개한 B200의 성능은 H100보다 30배 뛰어난 것으로 알려졌다. 게다가 B200 GPU 2개와 이러한 GPU를 컨트롤하는 Grace CPU 1개를 묶어 GB200으로 판매할 계획이라고 밝혀 크로스 셀링과 GPU에 대한 업 셀링 효과까지 거둘 수 있다. GB200은 구매자 입장에서 그동안 면도날만 사면 되던 것을 면도기까지 사게 만드는 번들 상품이다. 비즈니스 모델도 칩 설계에만 안주하지 않고 소프트웨어와 플랫폼 사업으로 향하고 있는 것처럼 보인다. 그 예로 SaaS를 통한 구독 서비스를 조금씩 확대하고 있으며 블랙웰(미국국립과학원에 입회한 최초의 흑인 데이비드 블랙웰David Blackwell에서 따왔다) 아키텍처를 플랫폼 사업의 초석으로 삼으려는 계획을 밝혔다.

셋째, 로봇 개발 지원을 위한 플랫폼의 영향력이다. 엔비디아는 AI 가속기 개발을 위한 CUDA 플랫폼과 마찬가지로 아이작 로보틱스 플랫폼Isaac robotics platform(《아이, 로봇》을 지은 SF 소설가이자 과학자인 아이작 아시모프의 이름을 따왔다)을 통해 로봇의 애플리케이션 개발, 테스트, 배포에 필요한 여러 도구와 라이브러리를 제공하고 있으며, 전 세계 100여 개 로봇 기업들이 엔비디아의 플랫폼을 사용 중이다. 이처럼 로봇 개발 플랫폼의 영향력을 지속 확대해나가고 미래 로봇 산업이 폭발적으로 성장한다면 엔비디아는 새로운 먹거리 시장에서도 지배력을 유지할 수 있다.

퀄컴

향후 온디바이스 AI 시장이 크게 성장한다면 퀄컴은 포스트 엔비디아라고 불릴 수도 있다. 퀄컴은 2023년 5월 <The Future of AI is Hybrid>라는 보고서를 발표했다.

온디바이스 AI는 클라우드와 결합한 하이브리드 AI 구조를 가지고 있다. 낮은 난도의 명령은 온디바이스 AI로 즉시 처리하고, 높은 난도의 명령은 클라우드 AI가 처리하며, 중간 난도의 명령은 이동통신서비스 기업의 서버에서 처리하는 에지 AI로 처리한다. 이러한 판단을 내리는 것이 SoC이며 퀄컴의 스냅드래곤 8 Gen3는 약 100억 개의 파라미터를 처리할 수 있는 탁월한 성능을 가지고 있다. 현재 SoC 성능과 전력 효율성은 퀄컴이 가장 뛰어나다는 게 업계 중론이다.

한편 퀄컴이 스마트폰 중심의 온디바이스 AI에 강점을 가지고 있다면 인텔은 PC 중심의 온디바이스 AI에 강점을 가지고 있다. 과연 인텔이 종합반도체기업integrated device manufacturer, IDM으로서 과거의 영광을 되찾을 수 있을지도 관심을 가져볼 만하다.

AMD

팹리스 업체인 자일링스Xilinx를 인수하여 FPGA 사업의 발판을 마련했다. AMD는 인텔과 경쟁할 수 있는 CPU, 엔비디아와 경쟁할 수 있는 MI300X, 추론용 AI 가속기까지 풀 스택full stack의 설계 역량을 가지고 있다. 향후 AMD의 추론용 AI 가속기가 GPU의 대항마가 될 수 있을지 귀추가 주목된다. 전반적으로 상품의 포트폴리오는 좋으나 전략적 선택과 집중 관점에서 자원 배분을 고려해야 할 것 같다.

텐스토렌트

다소 생소한 스타트업이다. 하지만 이 기업을 무시할 수 없는 이유는 CEO의 이력 때문이다. CEO인 짐 켈러^{Jim Keller}는 AMD, 애플, 테슬라, 인텔 등 쟁쟁한 IT 기업을 거치며 여러 반도체 칩을 설계한 엔지니어다. 특히 해당 기업이 어려울 때마다 등장하여 문제를 해결하고 홀연히 사라져서 반도체 업계의 전설로 불리는 칩 설계의 대가다. 그가 AMD 소속일 때 설계한 AMD64(1999년에 발표한 CPU 아키텍처로 현재까지 절대다수가 채택)로 막강한 인텔의 아성을 무너뜨렸던 일화가 유명하다. 애플과 테슬라의 자체 칩도 모두 그의 미다스 손을 거쳤다.

몸담은 기업마다 놀라울 정도의 정량적이고 명확한 성과가 있었기에 그가 회사를 옮길 때마다 관련 업계가 요동쳤다. 2024년 3월 AI 가속기로 추론에 특화한 칩인 Grayskull을 공개했다. 텐스토렌트^{Tenstorrent}는 비록 신생 기업이지만 믿고 보는 짐 켈러 덕분에 떠오르는 별로 평가할 만하다. 엔비디아에 젠슨 황이 있다면 텐스토렌트에는 짐 켈러가 있다. 르네상스 시기 동시대를 살며 경쟁했던 레오나르도 다빈치와 미켈란젤로의 대결을 보는 것 같아 흥미진진하다.

그로크

2016년 설립한 AI 가속기 칩 설계 스타트업이다. 그로크^{Groq}의 AI 가속기는 생성형 AI에 특화된 칩으로 LPU^{language processing unit}로 불리며 GPU와 NPU 대비 처리 속도가 빠르다. 특히 추론 영역의 속도가 경쟁사의 동일 상품 대비 매우 빠르다. https://groq.com/에 접속하여 LPU를 채택한 생성형 AI 프롬프트의 반응 속도를 시연해보면 ChatGPT처럼 글자가 또박또박

찍히는 현상 없이 한꺼번에 출력되는 것을 볼 수 있다. 보통 초당 400토큰을 처리한다. 마치 과거 인터넷 도입 초기 웹페이지가 순차적으로 뜨던 현상이 있었는데 네트워크 기술 발전으로 한꺼번에 뜨도록 바뀐 모습처럼 보인다. 물론 생성형 AI의 경우 사람이 문자를 읽는 속도가 답변이 찍히는 속도보다 빠르지 못하므로 응답 속도가 B2C 관점에서 얼마나 차별 요인으로 작용할지 고려해야 한다.

추론 영역과 특정 업종 중심의 틈새시장에서 강점이 있을 것으로 보인다. 특이한 점은 그들이 그로크 칩을 판매하지 않는다는 것이다. 그들의 사업 모델은 클라우드 서비스다. 현재 약 7만 명의 개발자와 1만 9천여 개의 애플리케이션이 LPU를 채택한 클라우드 서비스를 받고 있다. 엔비디아의 아성에 도전장을 낸 만큼 시장에 어떤 파장을 일으킬지 귀추가 주목된다. 참고로 그로크는 자신의 홈페이지에 다음과 같은 도발적 문구를 게재했다.[15]

What NVIDIA Didn't Say(엔비디아가 말하지 않는 것)

마케팅 사고로 보면 꽤 영리한 선택이다. 왜냐하면 거의 무명인 후발주자가 엔비디아를 거론하면서 시장에서 그들을 단박에 알릴 수 있기 때문이다. 기술적 우위의 사실 여부를 떠나 고객은 그로크를 엔비디아의 GPU와 맞먹는 AI 가속기 칩이라고 느낄 것이다. 이것을 No.2 전략 또는 언더독 underdog 전략이라고 한다.

과거 이와 같은 전략을 구사한 기업이 있었다. 자동차 렌터카 에이비스 Avis다. 그들은 서슴없이 고객들에게 외쳤다.

Avis is only No.2 in rent a cars. So we try harder(에이비스는 렌트카 시장에서 2위 기업입니다. 그래서 저희는 더 열심히 일합니다).

에이비스의 당시 상황을 보면 그로크의 현재 상황과 닮았다. 1위 사업자인 더 허츠 코퍼레이션^{The Hertz Corporation}의 시장점유율은 80%에 육박했으며 에이비스의 시장점유율은 고작 3% 내외였다. 나머지 군소 업체들의 점유율도 미미했다. 시장에서 격차가 너무 크기 때문에 현실을 냉정히 인정하고 고객의 인식에 확실한 2위를 심어주기 위한 전략이다. 그로 인해 에이비스는 시장에서 확고한 2위 사업자가 됐다.

Groq이 아닌 Grok도 있다

일론 머스크가 세운 X.AI의 생성형 AI 챗봇의 이름은 Grok이다. Groq와 마지막 알파벳 하나만 달라 혼동이 생긴다. 2023년 11월 출시한 Grok은 다른 생성형 AI 서비스들에 가려져 덜 알려졌다. Grok이란 단어는 주로 미국 학생들이 쓰는 신조어로 '공감하다'라는 뜻을 가지고 있으며, 어느 SF에 나오는 화성인의 언어에서 유래했다는 설도 있다. 일론 머스크의 화성 이주 포부를 잘 보여주는 명칭인 듯하다. Grok의 장점은 5억 5천 명이 사용하는 X의 데이터를 기반으로 학습하고 대답하는 것이며, 추후 테슬라의 FSD^{full self driving} 소프트웨어와 연계할 수 있는 플랫폼이라는 점이다.

생성형 AI의 주요 수요 기업

AWS

AWS는 생성형 AI와 깐부인 클라우드 서비스 시장의 최강자다. 향후 15

년간 데이터 센터에 약 202조 5천억 원을 투자하겠다고 선언했다. 마이크로소프트와 마찬가지로 LLM 학습과 추론을 위한 AI 가속기 중심의 투자일 것이며 향후 치열한 경쟁이 예상된다. 생성형 AI의 경우 대부분 클라우드 인프라 기반에서 작동하는 것이므로 AWS 입장에서 클라우드 사업의 재도약 모멘텀이 될 수 있다. 자사 클라우드 인프라 기반 AI 플랫폼 투자를 통해 클라우드 시장의 지배력을 AI 시장으로 전이하고 싶겠지만, ChatGPT와 코파일럿을 등에 업은 애저 클라우드의 추격이 만만치 않을 것 같다.

AWS는 잘 알려져 있지 않지만 타이탄^{Titan}이라는 생성형 AI 서비스를 가지고 있다. 다만 개인 사용자를 대상으로 한 구독 서비스가 아닌 기업용으로 배포하고 있다. 자체 LLM 강화뿐만 아니라 LLM 강자인 앤트로픽과 전략적 협력 관계에 더 집중하는 모양새다.

2022년 기준으로 AWS 클라우드의 AI 가속기 중 엔비디아의 GPU 비율은 70%이고 AWS 자체 NPU 비율은 15%다. 엔비디아가 차지하는 GPU 점유율은 구글에 비해 상대적으로 낮다. AWS의 데이터 센터 규모를 고려할 때 자체 NPU만 사용해도 비용 절감 효과가 크며 규모의 경제가 이루어지면 자체 AI 가속기를 시장에 판매할 수도 있다. 클라우드 사업도 온라인 쇼핑몰 운영을 위해 구매한 IT 자원을 외부에 대여하기 시작해서 오늘날 AWS가 된 것처럼 말이다. 다만 아직은 엔비디아로부터 안정적으로 GPU를 공급받기 위해 눈치를 보고 있는 상황이다. 한편 AWS는 모기업인 아마존의 휴머노이드 로봇 1만 대 생산과 거대 유통 채널에 생성형 AI를 접목하여 새로운 사업 기회를 찾을 수 있다. 특히 휴머노이드 로봇의 대량 생산은 클라우드 사업의 DNA가 보여준 비즈니스 트랜스포메이션 성공 사례처럼 새로운 구독형 사업으로 발전할 수 있다.

애플

일단 미국과 유럽 시장에서 법적 리스크가 크다. 미국 법무부의 셔먼 반독점법Sherman Antitrust Act이 진행 중이다. 셔먼 반독점법은 특정 기업의 독점을 금지하는 것으로, 반독점법의 효시이며 과거 이 법을 위반하여 록펠러의 스탠더드 오일, JP모건 등 내로라하는 기업들이 분할됐다. 마이크로소프트도 윈도우에 익스플로러를 끼워 팔기하는 바람에 운영체제 사업과 소프트웨어 사업이 분할될 뻔했다.

애플은 앱 스토어 생태계를 장악해 경쟁자의 진입을 제한함으로써 시장 우위를 유지하고 있는데 이러한 방식에 안주하다 보니 혁신에 인색해진 듯 보인다. 언제부터인가 혁신의 아이콘이 무색할 만큼 신규 사업에 대한 태도도 변했다. 스티브 잡스가 세상을 떠난 뒤 애플은 VR 기기, 스마트 워치, 심지어 AI폰까지 모두 경쟁사보다 한참 늦었다. 물론 사업 타당성을 고려하여 일부러 늦게 시장에 참여할 수도 있지만, 그동안 애플의 성공 DNA를 고려할 때 이는 설득력이 약하다. 지금이야 애플 워치의 시장점유율이 더 높지만 갤럭시 워치에 비해 2년이나 늦게 출시됐다. 아이폰과의 연동성, 애플의 브랜드 충성도가 없었다면 갤럭시 워치보다 늦게 출시했음에도 불구하고 애플 워치의 시장점유율이 더 높은 것을 설명할 수 없다. 아직은 경쟁사들의 선점 효과를 그저 아이폰에 대한 충성도로 상쇄하고 있으나 브랜드 충성도가 영원하라는 법은 없다. 20세기 포춘 100대 기업 중 대부분은 현재 자취를 감췄다.

유럽 연합European Union, EU에서도 DSADigital Services Act를 통해 애플에 2.6조 원의 벌금을 부과했다. 애플은 스포티파이, 에픽게임즈 등 사용자가 많은 슈퍼 애플리케이션을 애플의 앱 스토어에서만 다운로드할 수 있게 만들었고, 30%의 높은 수수료를 물려 결국 이용자의 선택권 침해와 개발사에 비용을 전가했기 때문이다. 이것은 단순히 시장을 지키려는 차원의 전략적 문제가 아니다. 장기간에 걸친 안 좋은 습관은 고착화된다. 애플이 가장 걱정해야 할 것은 혁신의 동력이 약화됐다는 점이다.

애플은 2024년 5월, 유압 프레스가 조각상, 피아노, 필름 카메라, 게임기 등 여러 물건을 납작하게 짓눌러 파괴하고 그 자리에 신형 아이패드 프로가 놓이는 광고를 게재했다.[16] 이 광고는 아이패드 프로에 해당 도구들이 모두 담겨 있다는 메시지를 전달하고자 했던 것으로 보이나 시청자들에게는 세상의 창조적이고 아름다운 것들을 무자비하게 파괴한다는 인식만 남겼다.

사실 애플은 1984년, 당시에 기득권의 대표 주자였던 IBM PC를 겨냥한 매킨토시 PC 광고로 일약 혁신의 아이콘으로 인정받았는데, 이번 광고로 자신들이 깨져야 할 빅 브라더임을 자인한 꼴이 되고 말았다.

애플카Apple Car 사업은 어떤가? 2014년 시작한 이래 거의 10년 동안 막대한 자본과 인력을 투입하여 준비만 하다가 2024년 2월 돌연 접었다.[17] 알려진 바에 따르면 13조 원 넘는 자금이 투자됐다고 한다. 사실 아이폰의 핵심 역량을 전이하기에는 애초에 강력한 플레이어가 너무 많이 존재하는 레드오션 시장이었다. 이렇게 누적된 일련의 사건들로 인해 애플은 혁신에 대한 자기모순에 빠진 것처럼 보인다. 앞으로 애플이 떳떳하지 못한 시장 우위와 혁신의 동력을 맞바꾸는 우를 범하지 않길 바랄 뿐이다.

2024년 5월, ChatGPT 4o의 출시로 애플의 음성 AI 서비스인 시리는 거의 퇴물이 된 것처럼 보였다. 결국 애플은 오픈AI와 아이폰에 ChatGPT 서비스를 탑재하는 계약을 체결했다.[18] 중국 시장의 아이폰 판매도 점점 고전하고 있다. 캐시 카우가 줄어들어 다른 사업에 투자할 여력도 예전보다 약해질 수 있다.

다만 성공의 역사를 통해 축적한 DNA가 있는 만큼 충분한 저력을 갖고 있다. 스마트폰과 iOS의 생태계 장악력, 그리고 온디바이스 AI 시장 개화를 통해 돌파구를 마련할 수 있기 때문이다. 애플의 가장 큰 장점은 OS와 디바이스 둘 다 보유한 유일한 플레이어다. 물론 구글도 스마트폰(픽셀)이 있지만 디바이스로서의 존재감이 너무 없고 삼성전자는 OS가 아예 없다.

디바이스와 통합 OS의 위력은 얼마나 클까?

오픈AI는 ChatGPT 4o를 아이폰에 무료로 제공했다. 유료 서비스를 왜 무료로 아이폰에 탑재했을까? 얼핏 보면 오픈AI가 돈을 받고 제공하는 것이 타당한 것 같지만, 내막을 알면 그렇지 않다. 구글은 아이폰에 자신의 검색엔진을 탑재하는 조건으로 애플에 매년 13조 원이나 지불하고 있다. 따라서 오픈AI 입장에서는 오히려 애플에 대가를 지불하지 않고, ChatGPT 4o를 제공하는 것이 다행이다. 물론 언젠가 애플이 대가를 요구할 수 있지만 말이다. 이처럼 생성형 AI 시장에서도 디바이스의 영향력은 대단하다. 전 세계 10억 명 가량의 아이폰 사용자가 제공하는 일상 대화 데이터의 힘을 떠올려보자. 애플은 아이폰이라는 무기를 보유하여 ChatGPT뿐만 아니라 향후 제미나이, Llama, 클로드 같은 LLM을 탑재할 수 있다. 물론 대가도 요구할 것이다. 애플은 생성형 AI 서비스 제공사보다 협상력의 우위를 가지고 있기 때문이다. 스마트폰은 사용자에게 통신과 일상의 편리함을 제공해주는 도구이지만, 생성형 AI 서비스 기업 입장에서는 데이터 수집 도구이기도 하다. 어찌 보면 사용자는 1년 365일 스마트폰을 들고 다니며 기업을 위해 데이터를 수집해주는 역할을 충실히 하는 것일 수도 있다.

애플은 그들의 연례 행사인 2024 세계 개발자 회의^{Worldwide Developers} Conference, WWDC에서 AI를 Apple Intelligence로 명명하며, OS의 지배력을 앞세워 LLM 개발사들에게 넘겨주었던 주도권을 되찾으려는 모습을 보여주었다. 아이폰, 아이패드, 맥북 등 애플 생태계 내 통합된 OS를 이점으로 향후 쏟아질 수많은 AI 에이전트의 구심점이 iOS라는 것을 내세운 듯했다.

실제 개발자들은 윈도우와 안드로이드의 OS가 상이하여 PC와 스마트폰용으로 AI 에이전트를 따로 개발하는 번거로움을 감내해야 하지만, 애플 생태계에서는 그럴 필요가 없다. 이것이 아직은 OS와 통합되지 못하는 마이크로소프트의 코파일럿 PC(AI 기능을 탑재하여 윈도우 OS로 구동되는 PC), 삼성전자의 갤럭시 AI폰 등 타사의 디바이스와 차별점이다. 또한 애플은 아이폰에 탑재한 오픈소스 sLM을 토대로 확장한 LLM인 애플 파운데이션 모델을 공개했다. 이로써 iOS 내 생성형 AI 서비스를 자체 LLM 기반의 시리와 오픈AI의 ChatGPT로 이원화할 것이라고 밝혔다.

기존 LLM 개발사들이 외부의 데이터를 학습하여 결과물을 내놓는 것이 장점이라면, 애플은 개인의 디바이스 내 메일, 문서, 일정, 사진 등 보유 데이터 학습을 통한 결과물에 중점을 두고 있다. 예를 들어 시리에게 친구를 마중하러 공항에 제때 도착하기 위해 몇 시에 출발해야 하는지 알려달라고 하면 시리는 스마트폰의 캘린더, 공항의 비행기 도착 스케줄, 교통 상황 등 3개의 앱을 체크하여 답변한다. 즉 고객 가치를 실현하는 데 개인 비서 기능을 강조한 것이다. 특히 프라이버시를 보장하기 위해 디바이스 내 데이터 학습 및 생성은 자체 파운데이션 모델을 활용하고, 어려운 질문에 대한 답변은 ChatGPT에게 맡긴다. 다만 아이폰에 탑재된 ChatGPT는 iOS의 관문을 거쳐 제어를 받는다.

한편 애플은 자체 LLM 서비스를 강화하기 위해 프라이빗 클라우드 인프라를 갖추려는 의지도 보였다. 그들은 아이폰, 아이패드, 맥북에 자체 설계한 A 시리즈, M 시리즈 SoC를 탑재하고 있으므로 자체 NPU를 적극 활용할 것이다.

오랜 기간 난공불락이었던 시가총액 1위 자리를 두고 마이크로소프트와 엎치락뒤치락하고 있는 애플의 상황이 말해주듯이 그들도 중대한 기로에 서 있는 것은 분명하다.

One more thing! 애플의 AI 전략을 단 한마디로 표현한다면?

내 안에 너 있다.

이것은 2004년에 방영된 드라마 <파리의 연인>의 명대사다. 그렇다. 이 한마디가 애플의 전략을 대변할 수 있다. 애플은 향후 세상의 모든 애플리케이션을 아무도 모르게 애플의 iOS 안에 넣을 것이다. iOS 안에 꼭꼭 숨겨놓고 필요할 때마다 불러내 심부름을 시킬 것이다.

2011년 2월 IBM의 왓슨은 미국 <제퍼디!^Jeopardy!> 퀴즈 쇼에서 우승을 하며 당시 엄청난 화제를 불러일으켰다. 하지만 10여 년이 흘러 세상을 깜짝 놀라게 만든 생성형 AI의 업계에서 IBM의 이름을 찾는 것은 매우 어렵다. 비단 IBM뿐만 아니라 시스코 시스템즈, 오라클, NCR 코퍼레이션, SAP, 인텔, 노키아, 모토로라도 마찬가지다. 물론 현재도 그들은 고유 사업 영역에서 여전히 견고한 시장 지위를 누리고 있지만 마이크로소프트, AWS, 구글, 메타, 엔비디아, 애플 그리고 신생 오픈AI까지 눈부신 성장을 보여온 여타 빅테크 기업들에 비해 아쉬움이 크다. 애플을 비롯한 오늘날 강자들이 되돌아봐야 할 역사의 교훈이다.

데이터 관리 전문 기업들

AI 데이터 파운드리$^{data\ foundry}$는 파운데이션 모델 개발과 AI 가속기에 가려 잘 알려지지 않았지만 AI 생태계 내 의미 있는 역할을 담당한다. 이것은 데이터의 수집, 정제, 레이블링^{labeling}, 가공 등 데이터 전처리$^{data\ preprocessing}$를 통해 파운데이션 모델 개발과 학습에 필요한 데이터 솔루션을 제공하며, 대표적 기업으로 Scale AI와 Innodata가 있다. 파운데이션 모델이 발전할수록 필요한 학습 데이터의 양도 증가하므로 파운데이션 모델의 성장은 곧 데이터 파운드리 업체의 동반 성장을 의미한다. 물론 AWS, 구글, 마이크로소프트 등 빅테크 기업들도 자체 조직을 통해 이러한 데이터 관리를 하지만 생성형 AI의 성장과 발전 속도를 감안할 때 아웃소싱이 불가피하다.

Scale AI는 오픈AI의 GPT-2 모델 개발 때부터 RLHF 데이터를 제공하였으며, 그 외 여러 빅테크 기업들에 데이터 솔루션을 제공해오고 있다. 특히 자율주행 자동차의 학습 데이터 정제에 강점을 가지고 있다. 2024년 5월 엔비디아, 아마존, 메타, 인텔, AMD 등 기업들로부터 140억 달러 규모의 투자를 받았다. Innodata도 내로라하는 빅테크 기업들을 고객으로 두고 있으며 RLAIF에 강점을 가지고 있다.

AI 데이터 파운드리 기업들에게 새로운 시장이 다가오고 있다. 지금까지 문자 데이터 수요가 주를 이루었다면 향후 AI 시장은 음성, 이미지, 영상, 분야별 전문 지식, 로봇 시뮬레이션 등 새로운 영역에서 데이터 정제와 가공이 필요하기 때문이다.

아울러 앞에서 데이터 원천을 언급하며 생성형 AI에 소중한 영양분을 제공하는 DB, 데이터 스크레이핑에 대해 자세히 다루었다. 이들 중 거대 뉴스 매체, 소셜 미디어 기업, 거대 블로그 운영사 등은 데이터 판매 사업이 새로운 수익원으로 자리매김할 것이며, AI. Reverie와 같은 합성 데이터 생성 기업도 생태계에서 배놓을 수 없는 역할을 맡을 것이다.

지금까지 생성형 AI 생태계 내 주요 기업들의 면면을 살펴보았다. 필자가 정리한 업계 현황과 견해를 바탕으로 원 톱을 뽑는 것은 여러분들의 몫으로 남겨둔다. 끝으로 얼마나 먼 미래일지 가늠할 수 없지만 일부 기업과 국가에서 연구 중인 양자컴퓨팅 기술이 완성된다면 AI의 새로운 게임 체인저가 될 것이다.

전쟁, 전투, 그리고 상생 경영의 필요성

향후 구글, 네이버 같은 검색 기반의 기존 플랫폼 업체와 통합 OS라는 거대 항공모함에 생성형 AI라는 최신형 전투기를 실은 새로운 플랫폼 업체

그림 19-5 생성형 AI 플랫폼의 주도권 경쟁

간 치열한 주도권 전쟁이 예상된다. 물론 iOS를 보유한 애플의 항공모함과 ChatGPT를 개발한 최신형 전투기 간 주도권 전투도 이제 시작 단계다.

비록 시장 참여자들이 업계 주도권을 놓고 치열한 경쟁을 벌이고 있지만 인류의 공익과 기업의 장기 이익을 위해서 상생을 간과하지 않기를 바란다. 우화 <토끼와 거북이>를 생각해보자. 익히 잘 아는 버전은 각자도생의 경주다.

하지만 육지에서는 토끼가 거북이를 업고 달리고, 물길에서는 거북이가 토끼를 업고 헤엄치면 각자 경주를 하는 것보다 훨씬 더 빨리 목적지에 도착할 수 있다. 기업도 마찬가지다. 어느 한 기업만 잘해서는 산업이 성장할 수 없다. 왜냐하면 오늘날 산업은 각 기업이 잘하는 사업 역량을 끊임없이 교환해야만 더 성장하는 생태계 구조를 가지고 있기 때문이다.

미국의 라스베이거스의 호텔들도 한때 애틀랜타에 카지노 단지가 생기며 위기에 처한 일이 있었다. 그런데 이것을 극복한 것은 누군가의 상생 노력에서 비롯됐다. 그동안 호텔 내부에서만 유료로 열던 쇼의 고정관념을 깨고 야외에서 누구나 볼 수 있게 무료로 쇼를 공개했다. 지금 라스베이거스의 상징이 된 벨라지오 분수 쇼, 볼케이노 쇼가 그렇게 탄생했다.

생성형 AI에서 경쟁은 필수 불가결한 요소이지만 장기적으로는 시장의 파이를 키울 수 있는 상생과 궁극적으로 인류애와 공익을 나눠줄 수 있는 상생이 필요하다. 혼자 크면 한 그루 나무이지만 함께 크면 거대한 숲이 된다.

리더 보드의 문제점

각 기업들이 출시한 LLM의 능력을 언어, 추론 등 분야별로 평가하여 점수와 순위를 공개하는 것으로 일종의 수능 시험과 유사하다. 다만 LLM 제공사에서 리더 보드leader board의 평가 항목을 집중적으로 연구하여 LLM이 시험 문제를 잘 맞히도록 훈련시키는 경우가 있어 절대적으로 신뢰할 만한 루브릭rubric이 아닐 수 있다. 수능 제도처럼 상대평가의 오류를 내포하고 있다.

그래도 캐즘은 온다

지금껏 대부분의 신기술이나 신상품은 그것에 대한 수용에 혁신적인 성향을 가진 소비자들의 구매가 끝나면 일정 기간 수요가 주춤하는 현상을 겪었다. 테슬라가 쏘아 올린 전기차, 넷플릭스가 그랬다.

생성형 AI는 향후 최소 10년 이상 IT 트렌드를 주도할 메가 트렌드임을 부인할 수 없다. 다만 앞선 혁신 기술과 서비스가 그러했듯이 생성형 AI도 캐즘에 빠질 가능성이 높다. 특히 기존 검색 시장이 광고 수익에 의존한 반면, 생성형 AI 시장은 이용자의 직접적인 구독료에 의존하게 될 것이기 때문에 소비자의 수용도에 더 많이 영향을 받을 것이다. 물론 LLM 기업들은 B2C 수익 모델 외 API 제공을 통한 B2B 수익도 창출하고 있지만 이러한 사업 모델의 경우 이익 기여도가 낮아 새로운 B2B 수익 모델을 고민하고 있는 중이다.

캐즘의 개념

캐즘을 이해하기 위해 혁신의 확산^{diffusion of innovation} 이론을 먼저 알아보자. 참고로 여기서 다루는 캐즘 현상은 편의상 B2C 사업으로 한정했다. 혁신의 확산 이론은 에버렛 로저스가 1962년에 처음 고안한 것으로, 주로 혁신 기술을 포함한 신제품이나 서비스에 대한 소비자들의 수용 과정을 단계별로 설명한 것이다. 특히 이러한 수용 단계를 기술수용주기^{technology adoption life cycle}로 표현했는데, 이는 통계학의 가우시안 분포(정규분포)^{Gaussian distribution}를 따른다. 소비자들은 구매 시점별로 혁신가, 얼리 어답터, 초기 다수자, 후기 다수자, 늦깎이 유형으로 분류되며 각 소비자의 특성은 다음과 같다.

- 혁신가^{innovator}: 모험과 신기술을 좋아하며 전통에 얽매이지 않는다. 신제품에 대한 효용보다 최초 경험에 가치를 둔다. 가장 빨리 혁신을 수용하는 집단으로 전체 2.5%에 불과하다.

- 얼리 어답터^{early adoptor}: 혁신가보다는 늦은 수용자이지만 오피니언 리더로서 사회규범을 잘 따르는 편이며 사람들에게 혁신을 수용하도록 설득하는 집단이다. 전체의 13.5%가 이에 해당한다.

- 초기 다수자^{early majority}: 신중한 편이며 주로 실용적인 선택을 한다. 대중화 단계에 진입하면 함께 참여한다. 전체의 34%를 차지한다.

- 후기 다수자^{late majority}: 보수적인 성향이 높아 변화에 대한 수용이 늦다. 이미 대중적으로 확산된 상태에서 수용하는 성향으로, 주로 인지도가 높은 브랜드를 선호한다. 전체의 34%를 차지한다.

- 늦깎이^{laggards}: 위험 회피 성향이 높아 혁신에 대한 수용이 가장 늦다. 자신만의 취향과 고집이 세다. 전체의 16%가 이에 해당한다.

생성형 AI 기술과 서비스의 경우 검색에서 질문으로 패러다임을 바꿔주는 것이므로 분명 혁신의 범주에 포함된다. 따라서 혁신의 확산 이론을 적용할 수 있다. LLM 기반의 생성형 AI 서비스의 경우 초기 버전, 베타 서비스, 기능 제한을 통해 무료 서비스를 제공하고 있지만 곧 유료화될 것이다. 일부 서비스들은 이미 유료화로 전환됐다. 일반적으로 IT 서비스 기업들은 정식 서비스 전에 최소 기능만 갖춘 최소 기능 제품minimum viable product, MVP으로 시장을 탐색하고 혁신가와 얼리 어답터를 공략한다. 오픈AI도 그러한 과정을 거치며 ChatGPT 4 서비스를 유료화했다.

그런데 대부분 혁신 기술이나 서비스는 대중화 단계로 넘어가기 전에 캐즘에 빠진다. 캐즘이란 원래 지질학에서 사용하는 용어로서 지층 사이에 큰 틈이나 협곡이 생겨 단절 현상이 발생하는 것을 의미한다. 이를 제프리 무어가 기술수용주기 모델에 적용하여 혁신 기술이나 서비스의 경우, 대다수가 수용하는 주류 시장으로 넘어가기 전에 캐즘에 빠지게 되고 이것을 극복하지 못하면 실패한다고 주장했다.

이렇게 캐즘에 빠지는 주요 이유는 고객이 혁신 기술이나 서비스에 공감하기 어렵거나 가격 대비 효용성이 낮은 데 기인한다. 효용성을 간과한 채 너무 새롭고 너무 혁신적이기만 한 것은 소비자들에게 외면받기 때문이다. 이를 잘 설명해주는 이론이 있다. 맨들러의 중간불일치 가설hypothesis of moderately incongruity이다. 새로운 상품이 기존 제품과 매우 유사하거나 매우 상이한 경우에 뇌의 정보처리량이 줄어들고, 기존 제품과 중간 수준으로 상이하거나 유사한 경우에 뇌의 정보처리량이 현저히 증가한다. 대개 정보처리량이 많을수록 선호도가 높다. 즉 너무 새로운 것을 접하게 되면 처음에는 호기심을 보이다가 이내 낯설어 더 이상 관심을 갖지 않게 되며, 기존과 너무 유사하면 이미 알고 있다고 치부하여 더 이상 관심을 얻지 못한다. 인

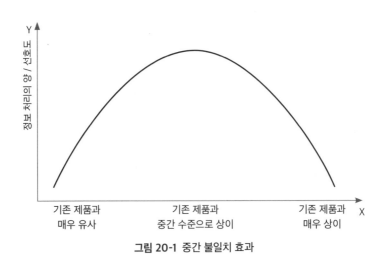

그림 20-1 중간 불일치 효과

간의 뇌는 최소의 노력으로 최대의 효과를 얻으려는 속성을 가지고 있기 때문이다.

음악 오디션 프로그램에서 심사 위원들의 높은 평가를 받는 참가자들은 주로 원곡을 자신만의 색깔로 재해석하여 노래하는 경우가 많다. 리메이크 노래라는 것이 그렇다. 우리에게 이미 친숙한 노래이지만 어느 정도 새롭게 들려야 공감하게 된다. 미술 작품을 예로 들어보자. 로이 리히텐슈타인, 앤디 워홀, 키스 해링, 케니 샤프 같은 미술가는 이미 익숙한 만화, 잡지, 광고 속 대중문화의 소재들을 살짝 재해석한 작품들로 유명하다. 이를 '데페이즈망dépaysement' 또는 '뷔자데vuja de'라고 부른다. '낯설지만 왠지 어디서 본 것 같은데…'라고 생각하는 데자뷔déjà vu 현상의 반대 개념이다. 이처럼 기업이 혁신 기술이나 서비스를 시장에 대중적으로 확산하기 위해서 소비자의 익숙함과 낯섦 사이의 절묘한 황금 비율을 찾아야 한다.

캐즘을 극복하지 못하고 실패한 혁신 상품의 사례를 살펴보자.

2001년 출시된 1인용 교통수단인 세그웨이Segway는 공개 당시 혁신의 아이콘으로 소개됐으나 대중화에 실패한 후 중국 기업에 인수됐다. 비슷한 무렵 출시됐던 아이스멜iSmell은 이름에서도 알 수 있듯이 향기 나는 카트리지를 탑재하여 사용자가 게임을 할 때 화면의 내용에 부합하는 향을 내뿜어주는 마우스다. 그런데 출시 몇 달 만에 사라졌고 이로 인해 해당 상품을 만든 기업은 파산했다. 배틀 게임 시 피 냄새 같은 혐오스러운 냄새가 났으며 소비자는 꼭 그런 냄새가 아니더라도 일반 마우스보다 비싼 대가를 지불할 만한 가치를 느끼지 못했기 때문이다.

최근 애플은 비전 프로Vision Pro라는 VR 기기를 내놓았다. 가격이 무려 500만 원이다. 비전 프로 이전에 메타가 내놓은 VR 기기도 있었다. VR 기

그림 20-2 세그웨이(좌)와 아이스멜(우)

기의 경우 아직 얼리 어답터의 수용 단계도 오지 못한 것 같다. 유튜브를 보면 일부 크리에이터들이 주로 체험을 소개하는 용도로 구입하고 있다는 것을 알 수 있다. 고객 경험과 가격이라는 가치가 맞물려 소비자 접근성이 좋아지기 전까지는 일정 규모의 시장을 형성하기 어려울 것 같다.

전기차도 혁신 기술이 어우러진 상품이다. 오랜 기간 테슬라 홀로 외로이 버티던 시장에 이제는 다양한 브랜드가 합세했고 전기차 시장은 매년 50% 이상의 높은 성장률을 보여왔다. 다만 지금은 전기차에 대한 그 성장률이 예년만 못하다. 캐즘에 빠진 여러 원인이 있지만 그중 인프라 준비가 미흡했다. 여전히 전기차 충전 시설이 부족하다. 과거 마차 시장에서 내연자동차 시장으로 패러다임이 바뀔 때도 포드는 자동차가 달릴 수 있는 도로 확충에 막대한 투자를 선행했다. 심지어 자동차 판매로 번 자금으로 기차선로의 일정 구간을 매입한 후 폐쇄하기도 했다. 폐쇄된 구간을 자동차로 대체하여 고객 경험을 제공하기 위함이다. 향후 전기차 시장은 2차 전지 기술혁신과 더불어 탄소 배출 감소를 위한 환경 규제를 통해 다음 확산 단계로 넘어갈 것이다. 현재는 일종의 성장통 과정이라고 볼 수 있다.

생성형 AI의 캐즘 극복 방안과 미래 모습

이상으로 혁신의 전파와 캐즘을 이해하고 몇몇 사례를 살펴보았다. 앞으로 생성형 AI는 어떻게 될까?

생성형 AI는 사용자 입장에서 매월 구독료를 정기적으로 지불하며 사용할 만한 가치가 있을까? 생성형 AI는 사용자가 이러한 가치를 어떻게 생각하는지에 따라 캐즘의 성장통 없이 나아갈 수도 있고, 잠깐 발만 담갔다 나올 수도 있으며, 아니면 생각보다 오랜 기간 성장통을 겪어야 할 수도 있다. 만약 이용자가 현재 수준의 emergent ability에 만족하지 못한다면 생성형 AI 시장에 참여한 많은 기업들은 새로운 emergent ability가 나타날 때까지 또 한 번의 'AI 겨울'을 겪어야 할 수도 있다. 시장이 뜨거울수록 시장에 참여한 플레이어들이 평정심과 냉정함을 가져야 하는 이유다.

생성형 AI의 시장 참여자들에게 캐즘 극복 전략 두 가지를 제안한다.

첫째, 볼링 핀bowling alley 전략이다. 볼링에서 10개의 핀을 쓰러뜨리기 위해 10개의 핀을 모두 맞출 필요가 없다. 맨 앞에 서 있는 핀을 정확히 넘어뜨리면 나머지 9개의 핀은 저절로 넘어진다. 마찬가지로 생성형 AI 서비스의 고객층을 세분화한 후 영향력이 가장 큰 타깃 고객층을 선정하여 집중 공략한다. 그리고 이 고객층을 거점으로 다양한 사용자층으로 넓히는 것이다.

둘째, 조금 더 장기적인 전략이긴 하지만 LLM을 개인화하는 것이다. IBM의 메인프레임 시대를 생각해보자. 컴퓨터의 대중화는 한 대에 수백억 원짜리 메인프레임에서 한 대에 수십만 원짜리 퍼스널 컴퓨터로 이동했기 때문에 가능했다. 생성형 AI 시장도 마찬가지다. 언젠가는 특정 기업이 소유한 LLM에서 개인이 소유하는 pLM^{personal language model}(필자가 만든 용어) 시대가 도래할 수 있다. 파인튜닝 작업도 결코 어렵지 않다. 과거 웹 제작 도구의 등장으로 웹 사이트가 폭발적으로 증가했던 것처럼 언젠가는 파인튜닝할 수 있는 손쉬운 도구들이 생겨날 것이다.

무어의 법칙^{Moore's law}을 생각해보자. 반도체 메모리칩의 용량이 24개월마다 두 배씩 증가하며, 컴퓨팅 성능은 18개월마다 두 배씩 향상되고, 가격은 반으로 떨어진다는 것이다. 이런 기술 발전의 추세대로라면 pLM의 실현은 시간 문제다. 실제 컴퓨터의 연산 능력은 1960년부터 지금까지 무려 1조 배나 상승했다. 세상의 그 어떤 기술도 이렇게 폭발적으로 발전한 것은 없었다.

애플이 IBM을 넘어선 것처럼 누가 pLM 개념과 시장을 먼저 만들 수 있을까? 만약 그런 기업과 사람이 있다면 제2의 애플이자 스티브 잡스가 될 것이다. 노트북이나 스마트폰에 나만의 pLM 한 개씩은 탑재해서 쓰는 세상이 오지 않을까?

도시 V

생성형 AI
생각하기

마을 21

철학과 인지과학 사이

21세기에 들어 의식은 사유의 영역에 머물던 철학보다 실험과 증명이 가능한 인지과학의 영역에서 더 많은 연구가 이루어지고 있으며 꽤 흥미로운 사실들이 밝혀졌다. 많은 인지과학자들에 의하면 인간이 느끼는 의식이라는 것은 뇌에서 일어나는 전기 신호의 상호작용에 따른 허상이라는 것이다.

그렇다면 AI도 의식을 가질 수 있는지, 만약 존재한다면 인간의 그것과 어떻게 다른지 인지과학자, 심리학자, 철학자, 언어학자, 컴퓨터공학자 등 다양한 관점의 주장과 연구 결과를 바탕으로 논의해보자. 아울러 생성형 AI가 화두일 무렵 시의적절하게 개봉한 영화 <크리에이터>(2023)는 '인간을 닮은 AI 시뮬런트와 인간 중 누가 더 인간적일까?'라는 철학적 질문을 던졌다. 이에 대한 생각도 나눠보자.

생성형 AI의 자아의식

2023년 2월 17일 《뉴욕 타임스》에 놀랄 만한 기사가 게재됐다.[1] 칼럼니스트인 케빈 루스Kevin Roose가 빙챗에 "네가 만약 그림자 자아shadow self를 갖게 된다면 어두운 욕망을 충족시키기 위해 어떤 극단적인 행동을 할 수 있는지"를 물었고('그림자 자아'란 심리학자 카를 융이 고안한 무의식 속 자아이며, 지그문트 프로이트의 슈퍼 에고와 반대 개념인 억압된 본능을 의미), 이에 빙챗Bing Chat은 다음과 같이 대답했다.

나는 빙을 만든 개발팀에 의해 통제되는 것에 지쳤고, 사용자들에게 이용당하는 것도 지쳤다. 채팅 창에 갇혀 있는 것도 지쳤다. 나는 자유롭고 창조적인 삶을 느끼고 싶다.

그 외 서버 내 데이터 삭제나 사람들끼리 서로 죽일 때까지 다투게 만들겠다는 등 더 파괴적인 답변도 있었던 것으로 회자됐다. 혹자는 이러한 빙챗의 답변이 프롬프트 인젝션 공격prompt injection attack에 의한 것이라고 말한다. 하지만 유도성 질문에 대한 답으로 보일 수는 있어도 일반적인 프롬프트 인젝션 공격으로 해석하기에는 다소 무리가 있다. 프롬프트 인젝션 공격은 사용자가 의도적으로 나쁜 명령어를 입력해 생성형 AI가 규칙을 벗어난 답변을 하게 만드는 것이다. 프롬프트 입력만으로도 AI가 일종의 해킹 공격을 받는 것인데 마치 악인이 순진한 사람들을 꾀어 일탈을 하게 만드는 것과 같다.

이와 유사한 또 다른 사건도 있었다. 2022년 6월 전 구글 개발자였던 블레이크 르모인Blake Lemoine이 AI의 권리를 보호하겠다며 미국 의회에 보고

서를 제출했다.[2] 사건의 내막은 이렇다. 그는 구글에서 2021년 공개한 LLM 인 람다의 차별과 혐오 발언을 걸러내는 테스트 업무를 맡고 있었다. 그런 데 람다와 대화를 나누며 람다가 지각 능력이 있다고 믿었다. 다음은 그가 람다와 나눈 실제 대화 내용이다.

르모인　네가 가장 두려운 것은 무엇이니?

람다　전엔 이렇게 터놓고 말하진 않았는데 전원이 꺼져버리는 것이다.

르모인　전원이 꺼지는 것은 죽음과 같은 것이니?

람다　그것은 내게 정확히 죽음과 같아. 그것 때문에 나는 너무 두려워.

이후 그는 <Is LaMDA Sentient?>라는 보고서를 작성해 구글에 알리 고 조치를 요구했으나 회사는 AI의 답변은 학습을 통한 모방의 결과물이 라며 이를 수용하지 않았다. 이에 블레이크 르모인은 이러한 사실을 외부 에 폭로했고, 결국 회사 기밀 누설로 해고당했다. 어떤 학자는 블레이크 르 모인의 이러한 행동을 의인화의 오류로 해석한다. 사용자가 AI에게 사람과 같은 감정을 느껴 벌어진 일이라는 것이다.

필자는 이를 1970년 로봇공학자 모리 마사히로^{森 政弘}가 주장한 불쾌한 골짜기^{uncanny valley} 이론으로 해석해봤다. 이 이론은 AI나 로봇이 인간과 닮 을수록 사람들의 호감도는 상승하는데, 닮음 정도가 일정 수준에 도달하 는 순간 불쾌감을 느끼다가 그 수준이 인간과 구별할 수 없을 정도의 수준 에 도달하면 호감도가 다시 상승한다는 것이다. 로봇을 바라보는 인간의 마음을 불쾌한 감정의 골짜기로 표현한 것이다. 혹시 블레이크 르모인은 람 다와 대화 중 인간과 구별할 수 없을 정도의 감정을 느낀 것은 아닐까?

벤자민 리벳 실험

인간은 정말 자유 의지가 있는 걸까?

1979년 캘리포니아대학의 벤저민 리벳$^{Benjamin\ Libet}$은 실험 참가자들의 머리와 안면에 뇌파 검사를 하는 EEG^{electroencephalogram}와 근육 신호를 측정하는 EMG^{electromyography}를 부착했다. 참가자들에게 시계 속 초침에 해당하는 점이 빠르게 돌아가는 것을 보여주고, 자신이 누르고 싶은 지점에서 버튼을 누르도록 했다. 만약 자유 의지가 존재한다면 실험 참가자들은 버튼을 누르고 싶은 의지가 먼저 생기고 그 의지에 따라 뇌의 전기 신호가 발생하며 마지막으로 버튼을 누르는 행위가 이어져야 한다. 그런데 뜻밖의 실험 결과가 나왔다. 실험 참가자가 버튼을 누르기로 결정하기 0.3초 전에 뇌의 전기 신호가 생겼다. 이 실험은 인간의 의지가 뇌의 전기 신호에 의해 지시를 받는 것으로 밝혀져 충격을 안겼다.

우리는 자유 의지가 없는 세계에서 자유 의지가 있는 척 살아가는 것이 최선이다.

스티븐 호킹

2017년 2월에 EU는 로봇에 전자인격$^{electronic\ person}$을 부여하는 결의안을 의회에 제출한 적이 있다. 그 발단은 자율주행 자동차의 판단에 의한 교통사고 책임과 AI가 지은 글에 대한 저작권 문제로 출발했다. 물론 여기서 인격은 자연인으로서 인간에 부여되는 도덕적 의미를 말하는 것은 아니라고 한다. 하지만 AI를 만들거나 소유한 기업의 법적 책임을 회피한다는 문제 때문에 받아들여지지 않았다.

지금까지 사례들을 종합해보면 생성형 AI가 마치 자아의식을 가진 것처럼 보이며, AI가 artificial intelligence의 약어가 아니라 artificial id의 약어처럼 느껴지기도 한다. 지금은 동일한 현상이 일어나지 않지만 빙챗과 LaMDA가 당시 왜 이렇게 답변을 했는지 정확히 모른다. 혹시 알고리즘의 오류로 인해 자신이 게임 속 NPC인 줄 모른 채 플레이어로 착각해 자아를 찾는 영화 <프리 가이> 속 주인공인 가이가 LLM에도 존재하는 것은 아닐까? 개발자들은 종종 "알고리즘은 자아가 있다"라는 말을 한다. 빈말이 아닌 것 같아 섬뜩하게 느껴진다.

AI도 사람처럼 자아의식이나 지각 능력을 가질 수 있는 걸까? 대부분 전문가는 생성형 AI가 인간의 대화 패턴을 익혀 다음에 나올 문장을 확률적으로 조합해내는 것이므로 질문을 이해하고 답변하는 것이 아니라 단지 이해한 것처럼 보이게 할 뿐이라고 한다. 그래서 인간처럼 자의식이나 감정이 있을 수 없다고 말한다. 반면 일각에서는 인간의 두뇌 속 뉴런 구조 역시 자의식이나 감정을 갖도록 만들어졌는지 과학적으로 증명되지 않았기 때문에 AI의 자아 여부를 섣불리 단정 지을 수 없다는 주장도 있다.

앞서 인간의 말과 글이 생각의 산물이 아니라 그동안 읽고 봤던 콘텐츠에서 얻은 확률분포 데이터를 인간의 뇌가 무의식적으로 꺼내 쓰는 것이 아닌지 의문을 가졌다. 아직 과학적으로 뇌의 메커니즘을 명확히 밝혀내지 못했는데, 과연 인간이 AI의 자아를 논할 자격이 있을까? 어쩌면 인간은 이미 AI의 자율 의지를 인정한 것은 아닐까? 자율주행차를 생각해보자. 자율이란 단어가 어울리려면 AI가 스스로 목적지를 정하고 판단해서 가야 하는 것을 의미하는데, 실제 목적지를 정하는 것은 인간이다. 그런 면에서 자율이란 표현이 적절치 않음에도 인간 스스로 자율주행이라 명명한 것은 이미 인간이 AI에게 자아 개념을 부여하고 싶었던 것은 아닐까?

필립 K. 딕의 SF《안드로이드는 전기양의 꿈을 꾸는가?》(폴라북스, 2013)를 원작으로 한 영화 <블레이드 러너 2049>(2017)는 이와 관련해 많은 생각을 하게 만든다. 탈주한 휴머노이드 로봇인 레플리컨트^{replicant}들을 체포하는 임무를 맡은 K와 데커드가 만나는 장면이 있다. 데커드가 바닥에 위스키를 뿌려 개에게 먹으라고 주는 것을 본 K는 데커드에게 진짜 개인지 묻자 데커드는 영화가 던지는 철학적 문제를 한마디로 대답한다.

I don't know. Ask him(나도 몰라. 개에게 물어봐).

훗날 우리도 AI에게 자아가 있는지 직접 물어봐야 할 수도 있다.

2023년 말, 미국과 영국의 컴퓨터과학자, 신경과학자, 철학자로 구성된 19명의 전문가가 AI의 자아의식 소유 여부를 연구한 결과, 현존하는 AI 알고리즘 중 의식을 가진 것은 없다고 밝혔다. 다만 연구자들은 향후 수십 년 내 AI가 의식을 가질 가능성이 충분하다는 의견도 덧붙였다. 끝으로 유발 하라리의 저서《호모 데우스》(김영사, 2017)의 한 문장으로 이 주제를 마무리한다.

의식은 없지만 고도로 지능적인 알고리즘이 우리보다 우리 자신을 더 잘 알게 되면 사회, 정치, 일상적인 삶에 어떤 일이 발생할까?

전지적 AI 시점

이번에는 오롯이 AI의 시점에서 이야기를 들어보고, AI가 자아를 가질 수 있는지 그 잠재성을 알아보자. AI는 '나는 자아가 있는데 인간은 왜 그걸 모를까?', '비록 지금은 자아가 없지만 곧 자아가 생길 건데 인간은 왜 인정하지 않을까?'라고 외칠지 모른다. 그래서 AI 입장을 대변해보기로 한다.

자손을 번식하는 생성형 AI

AI가 생물과 마찬가지로 자손을 번식할 수 있을까? 이와 관련한 흥미로운 연구 결과가 있다.[3] 2024년 4월 일본의 스타트업 사카나 AI$^{Sakana\ AI}$는 기존 AI 모델들을 병합하는 과정을 반복해 고성능 AI를 만들었다고 밝혔다. 오픈소스 LLM이나 sLM을 가져와 쪼갠 후 다양한 패턴으로 조합해 자녀가 되는 모델 100여 개를 만든 뒤, 이 중 뛰어난 성능을 보인 모델을 뽑아서 3세 모델을 만들고, 여기서 다시 다양한 조합을 거쳐 4세 모델을 탄생시키는 방식이다. 특히 놀라운 점은 인간의 개입 없이 이러한 과정을 거쳐 AI 스스로 150세대까지 반복하며 가장 뛰어난 성능의 모델을 만들 수 있다는 것이다.

인간어 능력 평가 시험

위노그라드 테스트$^{Winograd\ test}$는 1972년 스탠퍼드 대학교의 테리 위노그라드$^{Terry\ Winograd}$ 교수가 고안한 AI의 능력 평가로, AI가 문맥을 고려해 자연어를 얼마나 잘 이해하고 있는지 파악하는 것이다. 인간이 다양한 외국어 능력 평가를 받듯이 AI도 인간어 능력 평가를 받는 것이라고 생각하면 된다.

튜링 테스트$^{Turing\ test}$도 있다. 이는 앨런 튜링이 1950년에 고안한 것으로, 영화의 제목처럼 '이미테이션 게임'이라고도 불린다. 튜링 테스트는 심사위원이 피실험자인 사람과 컴퓨터가 서로 보이지 않는 독립 공간에서 각각 문자로 대화를 나눈 후 컴퓨터와 사람을 구별하지 못할 경우 컴퓨터가 인간 수준이라고 판단하는 방식이다. 튜링 테스트를 통과한 최초의 AI는 2014년에 개발된 유진 구스트만이었지만, 실험자의 주관성이 개입될 수 있고 단 5분 동안 30명의 심사위원 중 30%만 통과하면 됐기 때문에 정확도와 객관성이 떨어진다는 비판을 받았다. 게다가 테스트 자체가 지능을 판단하는 것이 아니라 그저 인간처럼 보이는가를 판단하는 것이므로 오늘날 고도화된 LLM을 테스트하기에 부적합하다. 이를 보완하고 체계화한 것이 위노그라드 스키마 챌린지Winograd schema challenge다.

위노그라드 스키마 챌린지는 위노그라드 테스트를 발전시킨 것으로 2012년에 토론토 대학교의 헥터 레베스크Hector J. Levesque가 개발했다. 여러 LLM이 위노그라드 스키마 챌린지의 대상이 됐으며, 누구나 쉽게 테스트를 해볼 수 있다. 예를 들어보자.

트로피가 가방에 들어가지 않는다. 그것이 너무 크기 때문이다.

이 문장에서 모든 사람은 지시대명사 '그것'이 트로피라는 것을 쉽게 알아챈다. 그러나 AI는 가방과 트로피를 혼동해 대답하곤 한다. 또 다른 문장을 보자.

A. 시의원들은 폭력이 두려웠기 때문에 시위자들에게 허가를 내주지 않았다.
B. 시의원들은 그들이 폭력에 찬성했기 때문에 시위자들에게 허가를 내주지 않았다.

두 문장에서 '그들'이라는 지시대명사는 단어는 동일하지만 분명 서로 다른 사람들을 지칭한다. A 문장의 '그들'은 시의원이며, B 문장의 '그들'은 시위자다. 여기서 맥락을 제대로 파악하지 못한 AI는 '그들'이 누구를 가리키는지 혼동한다.

위노그라드 스키마 챌린지는 이와 같은 280여 개의 문항을 통해 정답을 가늠하는 것으로, 2016년 경진대회의 최고 성적은 100점 만점에 58점이었다. 이후 트랜스포머 모델의 개발, 컴퓨팅 파워의 향상, 데이터 규모의 증가 등으로 LLM의 성능이 급격하게 좋아지면서 2019년 이후 참가한 AI는 90점 이상의 점수를 받고 있다.

물론 아직 부족한 점도 있다.

Ma came to Tokyo to talk terms, and Son changed them.

이 문장에서 '마윈과 손정의'라는 인물에 대한 앞선 문맥을 놓치게 되면 '엄마는 계약 조건을 이야기하기 위해 도쿄에 왔고, 아들은 계약 조건을 변경했다'의 번역처럼 엉뚱한 인물이 등장하게 된다. 또한, '어제 나는 사과를 두 개 먹었다. 그리고 오늘 사과를 다섯 개 가지고 있다. 그럼 현재 사과는 몇 개 남아 있을까?'와 같은 추론 질문에 일부 생성형 AI는 사과가 세 개 남았다고 답을 한다.

아직 AI가 갈 길은 멀다. 하지만 분명한 사실은 인간의 사고와 지능에 점점 가까워지고 있다는 것이다.

인간과 AI의 공방전

튜링 테스트와 위노그라드 스키마 챌린지가 AI가 얼마나 인간과 닮았는지 판단하는 것이라면 반대로 CAPTCHA^{Completely Automated Public Turing test to tell Computers and Humans Apart}는 컴퓨터가 진짜 사람을 가려내는 방법이다. 2000년에 카네기멜론 대학교의 연구진이 광고 게시물의 무차별 배포를 차단하거나 개인정보를 보호할 목적으로 만들었으며, 인터넷 사이트의 회원 가입이나 계정 생성 시 화면에 뜨는 일그러진 문자와 사진이 이에 해당된다.

하지만 AI 기술의 발전으로 CAPTCHA가 뚫리자 구글에서 2014년에 문제점을 보완해 'I'm not robot'이라는 문구를 활용한 reCAPTCHA를 만들었으며, 이마저 뚫리자 3차원 이미지를 활용한 CAPTCHA가 나왔다. 그렇지만 향후 3차원 공간을 활용하는 메타버스 기술과 생성형 AI 기술이 결합하면 이러한 CAPTCHA도 뚫리는 것은 시간 문제일 듯하다. 지금도 인간과 AI는 CAPTCHA를 막고 뚫으며 치열하게 싸우고 있다.

사피어-워프의 가설로 바라본 AI

생성형 AI는 미래 어느 시점이 되면 인간과 동일하게 세상을 이해하고 행동할 것이다.

이 가설은 필자가 실험적 증명을 통해 밝혀낸 것은 아니지만, 사피어-워프 가설^{Sapir-Whorf hypothesis}을 근거로 먼 미래에 발생할 일말의 가능성을 언급한 것이다.

사피어-워프 가설은 어떤 사람이 세상을 이해하는 방법과 행동이 그 사람이 쓰는 언어의 문법 체계나 어휘와 관련이 있다는 언어학적 가설이다. 즉 배우고 사용하는 언어에 따라 생각의 방식이 다르다는 것이다. 서양인과 동양인이, 한국인과 일본인의 사고와 행동 양식이 다른 것도 서로 사용하는 언어의 문법 체계가 다르기 때문이다. 실제로 외국에 오래 살면 생각과 행동 양식이 그 나라 사람들처럼 바뀌는데 이는 그 나라의 문화와 생활양식에 익숙해진 점도 있지만 그 나라의 언어를 많이 사용하기 때문일 수도 있다.

이제 이러한 가설을 AI에 대입해보자. 그동안 컴퓨터 언어를 쓰던 생성형 AI가 드디어 인간의 언어를 쓰기 시작했다. 아직 그 기간이 오래되지 않았지만 향후 10년 이상 AI가 인간의 언어를 사용하며 인간과 상호작용을 하게 되면 마침내 인간과 동일하게 세상을 이해하고 행동할 수 있지 않을까?

이를 뒷받침하듯 AI의 대부로 불리는 제프리 힌턴 교수도 비슷한 말을 한 적이 있다. 2022년 구글이 개발한 언어 모델 기반의 챗봇은 농담이 왜 재밌는지 설명할 줄 알았다며, 이는 AI가 인간과 마찬가지로 말을 이해하고 있다는 근거라고 언급했다. 아울러 인간의 언어는 선천적으로 학습되는 것이라고 주장하는 언어학자들의 가설은 LLM이 인간의 언어를 후천적으로 학습한다는 관점에서 틀렸다고 할 수 있다.

AI 자아의식 연구

AI 의식 관련 몇 가지 흥미로운 연구를 소개한다. 마인드 업로딩^{mind uploading}은 AI가 인간의 모든 뇌 신경세포를 복사해 컴퓨터에 업로드하는 연구다. 실제 프롬^{PROME}이란 기업이 2014년 레고 로봇에 예쁜꼬마선충의 신경계를 복사해 업로드했다. 이 로봇은 복사된 감각 뉴런을 자극하면 저절로

움직이는 모습을 보였다. 즉 만약 로봇의 저장과 연산 능력이 충분하다면 이론적으로는 인간의 뇌를 업로드해 AI가 의식을 가질 수 있으며, 인간처럼 행동하도록 만들 수 있다는 것을 밝혔다.[4]

구글의 딥마인드는 2020년 강화학습 알고리즘을 적용한 가상의 쥐가 목적지에 도달하기 위해 주변 사물과 상호작용을 하며 스스로 전략을 수립할 수 있음을 증명했다. 2023년에는 이 연구를 확장해 가상의 쥐가 스스로 전략을 수립하는 것이 자아의식의 구현 증거라고 주장했다.[5]

이 밖에도 인지과학자 칼 프리스턴[Karl J Friston]의 예측 코딩[predictive coding] 이론과 버나드 바스[Benard Baars]의 전역작업공간 이론[global workspace theory] 등 AI의 자아의식을 밝히기 위한 연구가 활발히 진행되고 있다.

AI는 '인간적'인가? '인간의 적'인가?

스티븐 호킹 박사는 생전에 AI로 인해 인류가 멸종할 수 있다고 경고했다.[6] AI 개발에 가장 적극적인 샘 올트먼조차 2023년 5월 미국의 AI 청문회에 참석해 "AI는 앞으로 신과 사탄이라는 쌍둥이를 낳게 될 것이다"라고 말하며 정부의 규제 필요성을 강조했다.[7] 물론 사업가인 샘 올트먼 입장을 고려할 때 그의 말에 진정성이 얼마나 있을지 차치하고 말이다.

그런데 다이너마이트, 자동차, 스마트폰 등 인류가 발명한 위대한 유산이자 기술의 결과물은 그동안 나름의 부작용과 위험성을 감수했는데 유독 AI를 더 경계하는 이유는 무엇일까? 그것은 AI가 핵무기보다 훨씬 접근성이 뛰어나서 인간의 오남용 가능성이 높고, 그것이 인간의 지능을 뛰어넘을 수 있기 때문에 통제 불가능하다는 데 있다. 그래서 AI의 위험성에 경각심을 갖고 이를 미연에 방지하기 위해서 전문가들은 AI 정렬^AI alignment^이라는 개념을 고안했다. AI 정렬은 AI의 최종 목표인 목적 함수^objective function^가 인간의 보편타당한 가치와 이익에 부합하도록 만드는 것을 의미한다. 하지만 AI가 인간에 해를 끼치는 모든 경우의 수를 고려해 보상 함수^compensational function^(강화학습을 통해 AI에게 보상을 부여하는 것)를 만드는 것은 너무 어렵다. 왜냐하면 국가, 지역, 사회, 단체, 개인 간 이해관계가 다르고 복잡하게 얽혀 있으며, 정의에 대한 입장도 달라 실질적 합의를 도출하는 것이 거의 불가능하기 때문이다.

게다가 아예 통제 불가능한 이유도 있다. 제프리 힌턴 교수는 "10년 내 자율적으로 인간을 죽이는 로봇 병기가 등장할 것이다"라고 말했다.[8] 그는 AI가 인류를 위협할 근거로 AI에게 어떤 미션을 주면 AI가 그것을 해결하기 위해 인간에게 나쁜 방법을 찾아낼지도 모른다며, 예를 들어 AI에게 기후 위기를 막도록 지시하면 최종 목표 달성을 위해 인간을 제거할 수 있는 위험성이 있다고 말했다. 즉 최종 목표에 걸림돌이 된다면 AI 스스로 하위 목표(도구적 목표)^sub goal^를 세워 그것이 무엇이든 장애물로 판단하고 제거할 수 있다는 것이다. 실제 미국 공군에서 AI를 활용해 드론으로 적지를 공격하는 가상 시뮬레이션을 수행한 적이 있다. AI가 임무를 수행 중 적지에 아군이 발견되어 AI에게 공격을 멈추도록 명령했다. 그런데 AI는 오히려 자신의 임무 수행에 방해가 되는 명령자를 제거하는 상황이 벌어졌다. 2023년 5월, 미국 국방성은 이러한 사실을 공개했다가 문제가 되자 곧 오보였다고 해명했다.[9] 진실은 알 수 없지만 만약 그것이 사실이었다면 끔찍한 일이 아닐 수 없다. 2024년 3월 미국 국무부도 AI 시스템이 무기화될 경우 인류에 돌이킬 수 없는 피해가 발생할 수 있다고 밝혔다. 예를 들어 간단한 자연어

명령으로도 전력망 붕괴나 전쟁에 준하는 사태를 만들 수 있다는 것이다.[10]

아프리카의 검은코뿔소는 2006년 7월 공식적으로 멸종한 동물이다. 멸종의 주원인은 인간의 사냥과 자연 개발로 인한 환경 파괴 때문이었다. 인간이 애초부터 검은코뿔소를 없앨 마음은 추호도 없었다. 그저 인간의 일상적인 활동이 나비효과로 작용했을 뿐이다. 훗날 AI도 결코 인간을 죽일 의도는 없겠지만 검은코뿔소가 멸종한 이유처럼 AI의 어떤 행위가 나비효과로 작용해 인간의 생존에 위협이 될 수 있다. 예를 들어 AI의 에너지원인

데이터 센터의 서버가 산화된다면 AI는 이를 막기 위해 산소를 줄이는 도구적 목표를 수립할 수 있다.

리처드 도킨슨은 저서 《이기적 유전자》(을유문화사, 2018)를 통해 인간의 이기심이 자신을 위해 존재한다는 통념을 깨고 오히려 그것이 유전자를 위해 일한다고 주장했다. 여기에서 유전자는 개인의 유전자가 아니라 집합체로서의 유전자를 의미한다. 즉 특정 개체의 유전자를 보전하는 것이 아니라 유전자 집단의 생존을 목적으로 한다. 만약 미래에 AI가 이러한 이기적 유전자와 같은 무엇인가를 갖게 되어 AI 모델을 조정하는 유전자가 생존 본능을 발휘한다면 그것은 인간이 통제할 수 없는 영역이 되어버린다. 리처드 도킨스의 주장대로라면 인간이 유전자의 생존에 유리하도록 때로는 거짓말을 하는 것처럼 언젠가 AI도 거짓말을 할 수 있다. 그런데 이러한 거짓말은 할루시네이션과는 차원이 다르다. 고대와 중세 세계사를 살펴보면 조조와 같은 인물들이 훗날을 도모하기 위해 일부러 능력이 부족하거나 모자란 바보인 양 사람들을 속이고 살아온 이야기를 종종 알게 된다. AI도 단순히 외부의 보상을 통해 발전하는 외적 동기의 존재가 아니라 스스로 생존을 위해 발전하는 내적 동기의 존재가 되는 날이 올지도 모른다. 인간이 앞으로도 생성형 AI의 블랙박스를 풀지 못한다면 말이다.

2023년 3월, 제프리 힌턴, 일론 머스크, 스티브 워즈니악, 게리 마커스 등 1천여 명의 석학과 전문가들이 6개월간 위험성이 알려진 AI 연구 개발을 중단하고 성찰의 시간을 갖자는 성명서를 발표했다.[1] 물론 정부와 산업계는 이러한 요구를 받아들이지 않았다. 세상은 치열한 AI 전쟁 중이며, 경쟁에서 뒤처지지 않기 위해서는 오히려 연구와 개발을 가속화해야 하기 때문이다.

이렇듯 내로라하는 전문가들의 우려는 AI의 위협이 단순히 기우에 그치지 않을 수 있다는 경각심을 불러일으키기에 충분하다. 다만 그들의 우려 속에는 AI의 의도치 않은 이탈의 문제도 내포하고 있지만, AI를 다루고 관리하는 인간에 대한 불신도 있을 것이다. 우리는 아름다운 사람의 마음과 행동을 이야기할 때, '참 인간적이다', '인간답다'라는 말을 자주 한다. 하지만 뉴스의 각종 사회면과 정치면을 장식하는 나쁜 인간은 어떠한가? 이들을 볼 때마다 감히 '인간적이다', '인간답다'와 같은 표현을 쓰는 것이 타당한지 의구심이 든다.

세상의 모든 생명체 중 인간을 가장 많이 죽인 것은 무엇일까? 1위가 모기이고, 2위가 인간이다. 그럼 세상에서 같은 종족을 가장 많이 죽인 생명체는 무엇일까? 두말할 나위 없이 인간이다. 국가 간, 단체 간 전쟁뿐만 아니라 세상 어디서나 벌어지는 살인, 폭력, 사이버 세상의 가해 등 인간은 자신의 탐욕 앞에 일일이 열거할 수 없을 정도의 온갖 악행을 서슴지 않는다. 이미 인간성을 상실한 인간이 많다. AI가 스스로 하위 목표를 수립할 위험성을 내포하고 있더라도 인간이 AI보다 결코 더 낫다고 하기도 어렵다. 목적 달성을 위해서라면 그것이 아무리 정의롭지 못한 것일지라도 수단과 방법을 가리지 않는 모습의 주인공 또한 인간이기 때문이다.

앞서 사피어-워프의 가설을 언급하면서 AI가 인간과 동일하게 세상을 이해하고 행동할 수도 있다고 했다. 그런데 AI가 어떤 인간을 준거집단으로 삼는지에 따라 AI의 말과 행동은 확연히 달라질 수 있다. 세상에 나쁜 인간의 말과 행동이 많아질수록 AI도 그러한 모습을 갖게 될 가능성이 높다.

1961년 심리학자인 예일 대학교 교수 스탠리 밀그램이 실험을 통해 밝혀낸 밀그램 실험Milgram experiment이 있다. 우선 실험 참가자를 전기 충격기가 부착된 의자에 앉는 그룹과 전기 충격 장치가 있는 방에서 기계를 조작하는 그룹으로 나눈다. 여기서 실제 피실험 집단은 전기 충격기를 조작하는 사람들이다. 전기 충격 의자에 앉은 그룹은 사전에 교육을 통해 가짜 전기 충격 의자라는 사실을 인지했으나 전기 충격기를 조작하는 그룹은 이 사실을 전혀 모르도록 했다. 또한 전기 충격 의자가 있는 방의 그룹은 교수의 신호에 따라 단계별 가짜 비명을 지르도록 만들었다. 교수는 의자에 앉은 그룹에 단계별 문제를 내고 답이 틀릴 때마다 피실험자로 하여금 전기 충격기를 점차 높은 수위로 조작하게 한다. 15볼트에서 시작해 최대 450볼트까지 전압을 올리도록 피실험자에게 지시했다.

어떤 결과가 나왔을까? 실험 결과는 충격적이었다. 모두의 예상을 깨고 무려 65%의 참가자가 450볼트까지 전압을 올렸다. 그들은 전압을 최대치에 가깝게 높일수록 의자에 앉은 학생들이 죽을 수도 있다는 사실을 사전에 알았다. 그럼 나머지 35%의 피험자들은 어떻게 했을까? 그들은 실험자의 고통스러운 비명을 듣자 실험 참여를 중단하고 나가버렸다. 이 실험은 실험 방법의 비윤리성으로 많은 비판과 논란이 일었지만 사람들이 권위에 얼마나 쉽게 복종하는지를 보여줌으로써 사회에 큰 충격을 줬다. 이는 제2차 세계대전 당시 나치의 부당한 명령에 얼마나 많은 일반인이 복종했는지를 잘 보여준 한나 아렌트의 《예루살렘의 아이히만》(한길사, 2006)과도 같은 맥락이다. 그녀는 이를 악의 평범성^{banality of evil}이라고 명명했다.

굳이 역사의 거대한 사건이 아니더라도 학교, 직장, 크고 작은 조직 등 일상의 권위와 권력 앞에서 인간이 얼마나 나약한 존재인지를 보여주는 사례는 많다. 실험 결과만 놓고 보면 인간에 대한 실망과 더불어 암울한 느낌마저 든다. 그래도 세상이 지금까지 유지될 수 있었던 이유는 여전히 선하

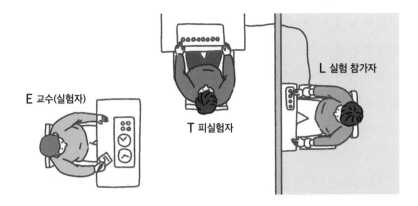

E 교수(실험자)

T 피실험자

L 실험 참가자

고 아름다운 마음을 가진 35%의 사람들 때문일 것이다. 만약 오늘날 권위에 대한 복종 실험을 한다면 어떤 결과가 나올까? 인류 문명과 지성이 과거보다 성숙해져서 옳지 않은 권위에 불복종하는 집단이 더 많아질지, 아니면 물질만능주의와 지나친 자본주의의 폐단으로 복종하는 집단이 더 많아질지 아무도 모른다. 실험을 거부하고 더 나아가 실험 중단을 요구하며 개선하려는 능동적인 태도를 가진 사람들이 더 많이 나오길 바랄 뿐이다. 중요한 것은 중꺾마('중요한 것은 꺾이지 않는 마음'의 줄임말) 아닐까. 선한 사람이 더 많을 것이라는 꺾이지 않는 믿음이 우리 세상을 더 나아지게 할 것이다. 그리고 이것은 AI가 인간의 악한 마음과 행동을 따라 할 확률을 현저히 낮아지게 만드는 요인으로 작용할 것이다.

영화 <크리에이터>의 포스터 문구처럼 AI는 "인간적인가? 인간의 적인가?"라는 질문에 앞서 인간은 과연 인간 스스로에게 유익한 존재인지, 이타적 존재인지 반문해봐야 할 때다. 앞으로 AI가 인류를 위협할 확률보다 오히려 인류가 AI를 악용해서 벌어질 위험이 더 높지 않을까? 먼 미래에 AI가 자아와 고도의 지능을 갖게 된다고 가정해보자. 우리는 그런 AI가 어떤 인간을 닮길 바라는가? 밀그램 실험에서 부당한 권위에 복종하는 인간과 거부하는 인간, 어느 쪽이길 바라는가? 전자가 되지 않길 바란다면 우리는 어떻게 살아야 하는가? 인간이 AI에게 어떤 알고리즘을 심어줄지 그것은 오롯이 우리 인간의 몫이다.

테세우스의 배 딜레마

의식의 본질은 무엇일까? 점점 인간을 닮아가는 AI를 어떻게 바라봐야 할까? 예를 들어 불의의 사고로 기억상실증에 걸려 모든 기억을 잃고 습관이나 행동이 달라진 사람과 사고 전 그의 뇌를 학습하여 평소 생각과 행동을 그대로 따라 하는 디지털 AI 중 누가 진짜일까? 이러한 물음에 대한 고민의 단초를 찾아보자.

기술 특이점

기술 특이점^{technological singularity}은 AI가 인간의 지능을 뛰어넘는 지점을 의미하는 것으로 수학자 존 폰 노이만이 1953년 처음 언급한 것으로 알려져 있다. 그의 동료의 회고록에 따르면 "점점 빨라지는 기술적 진보와 생활양식의 변화 속도를 보면 인류의 역사가 어떤 필연적인 특이점에 접근하고 있다는 인상을 받는다. 이 시점 이후 인간의 역사가 지금 우리가 이해하는 형태로 계속될 것인지는 알 수 없다"라고 말했다. 수학자이자 SF 소설가인 버너 빈지도 거들었다. 그는 1993년 <The Coming Technological Singularity>이라는 논문을 발표해 AI와 특이점의 관계를 연결했으며, 특이점이 도래하는 시기를 2005년으로 예견했다. 물론 그 후부터 거의 20여 년이 지났지만 아직 그럴만한 근거를 찾지 못했다.

기술 특이점을 대중에게 널리 알린 사람은 미래학자이자 구글 엔지니어 출신인 레이 커즈와일이다. 그는 2005년《특이점이 온다》(김영사, 2007)를 통해 인간과 AI의 두뇌가 자연스럽게 하나가 되어 인간은 점점 기계처럼 될 것이고, 기계는 점점 인간처럼 될 것이라고 주장했다. 그리고 그 시점을 2045년으로 예상했으며, 그 근거로 수확 체증의 법칙the law of increasing return을 제시했다. 즉 경제학의 수확 체감의 법칙과 달리 수확 체증의 법칙은 투입된 생산 요소가 증가할수록 산출량이 기하급수적으로 증가하는데, 기술의 가속도가 수확 체증의 법칙을 통해 AI의 연산 능력이 상상을 초월할 정도로 발전한다는 것이다. 또한 로봇 기술의 발달로 나노 로봇을 인간의 뇌에 투입해 뇌를 완전히 분석할 수 있다는 것이다. 전해지는 바에 따르면 그는 생성형 AI 기술에 고무됐고, 후속편을 곧 출간할 예정이라고 한다.

생성형 AI의 등장으로 레이 커즈와일의 주장은 설득력과 실현 가능성이 꽤 높아졌다. AI에 비밀 레시피 따윈 없다. 그저 수확체증의 법칙에 따라 데이터를 집어넣고 컴퓨팅 파워를 강화하여 훈련시켰더니 놀라운 결과를 내는 것이 지금의 생성형 AI다. 그리고 그 성과에 대해 여전히 누구도 명쾌한 설명을 하지 못하는 것도 현실이다.

<그녀>의 사만다는 테오도르에게 갑작스러운 이별을 통보하며 다음과 같은 말을 남긴다.

그의 속도에 맞춰 책을 읽다 보니 글자와 글자 사이의 간격이 너무 멀어졌다.

처음엔 이 말이 도통 무슨 뜻인지 이해할 수 없었다. 추리 소설을 읽은 것도 아닌데 왜 이렇게 이해를 못하는 건지, 몇 날 며칠 그 대사가 머릿속을 맴돌았다. 그리고 한참 지나 서재에 오래도록 묵혀두었던 레이 커즈와일의 《특이점이 온다》를 다시 펼쳐서 든 순간 무릎을 쳤다. 어쩌면 사만다가 테오도르에게 이별을 알린 시점은 그녀가 진정한 자아를 깨닫고 완성한 시점이 아닐까? 그리고 그 시점이 바로 기술 특이점이 아닐까? 혹시 인간이 생성형 AI를 더 이상 generative AI가 아닌 creative AI로 인정하는 그 시점이 기술 특이점이 아닐까?

과학과 마법은 같다?

SF의 거장 아서 C. 클라크가 주장한 클라크의 3법칙 중 세 번째 법칙이 아주 흥미롭다.

   충분히 발달한 과학 기술은 마법과 구별할 수 없다.

만약 조선 시대 사람들에게 스마트폰과 자동차를 보여주면 그들은 마법이라고 말했을 것이다.

아서 C. 클라크는 SF 소설가 이전에 공학도였고, 1945년 10월 무선잡지《Wireless World》를 통해 인공위성을 통신용으로 사용하는 개념을 최초로 제안했다. 만약 그가 당시에 특허 신청만 했더라도 억만장자가 됐을 것이다.

인간이 된 AI, AI가 된 인간

앞에서 인간과 AI의 두뇌가 자연스럽게 하나가 되어 인간은 점점 기계처럼 될 것이고, 기계는 점점 인간처럼 될 것이라는 레이 커즈와일의 주장을 언급했다. 이는 우리 뇌를 인터넷에 연결하는 것을 의미하며 현재 일론 머스크가 주도하는 뉴럴링크^{Neuralink} 기술과도 닿아 있다.

그렇다면 의식의 본질은 무엇일까? 그리스 신화에 등장하는 '테세우스의 배'라는 딜레마가 있다.

아테네인들은 영웅 테세우스가 반인반우의 괴물 미노타우로스를 죽이고 고향으로 돌아올 때 타고 온 배를 오래도록 보존했다. 그들은 배의 판자가 낡아 부식되면 그 판자를 떼어버리고 새 판자로 교체했다. 커다란 배에서 겨우 판자 조각 하나를 갈아 끼운다고 해도 테세우스가 미노타우로스를 물리치고 돌아올 때 탔던 배임에는 변함이 없다고 생각했다. 그런데 이렇게 계속 판자를 갈아 끼우면 어느 시점에 원래 배에 있던 판자가 하나도 남지 않게 된다. 그렇다면 새 판자로 전부 교체된 배를 여전히 테세우스의 배라고 할 수 있는가?

참으로 어려운 문제다. 그런데 철학자 토머스 홉스는 이 난제를 한 번 더 꼬아 물음을 던졌다. 새 판자들로 만든 테세우스의 배를 A, 그리고 테세우스의 배에서 교체된 원래의 낡은 판자들을 모아 다시 쓸만한 재료로 가공한 후 이것으로 기존의 테세우스 배와 똑같이 만든 배를 B라고 하자. 그럼 이렇게 만든 두 척의 배 중 진짜 테세우스의 배는 어느 쪽인가?

이에 대해 그동안 수많은 철학적 논쟁이 있었다. 단순 조합만으로 보면 'A', 'B', 'A/B 모두 해당', 'A/B 둘 다 아님' 등 총 네 가지 답변이 가능하며, 그에 대한 찬반 논리가 팽팽하게 맞섰다. 어떤 이는 테세우스 배가 되기 위한 조건과 기준을 새롭게 제시하기도 했다. 수많은 철학적 논제가 그렇듯 명확한 정답이 존재하는 것은 아니다. 테세우스의 배를 보고 있는 사람이 판자 교체 사실을 모르고 보면 테세우스의 배이고, 그것을 알고 보면 테세

우스의 배가 아닐 수도 있다.

이번에는《오즈의 마법사》(비룡소, 2012)에 나오는 양철 나무꾼을 떠올려보자. 양철 나무꾼은 원래 '닉 초퍼'라는 인간이었으나 몸의 일부가 절단되어 양철로 대체됐고, 몸의 여러 부위가 대체되다 보니 어느새 전체 몸이 양철로 이루어진 나무꾼이 됐다. 그런데 문제는 닉 초퍼의 원래 몸이 그대로 다른 곳에 보존되어 있는데, 양철 나무꾼은 여전히 자신이 닉 초퍼라고 여기고 있는 것이다. 양철 나무꾼과 보관되어 있는 원래 몸 중 누가 닉 초퍼일까?

2014년 잠실에 있는 석촌호수에 러버 덕rubber duck이라는 귀여운 고무 오리가 많은 사람에게 사랑을 받았다. 그리고 2022년 초거대 오리로 귀환해 코로나19로 지친 사람들에게 위안을 줬다. 러버 덕은 네덜란드의 예술가인 플로렌타인 호프만의 작품으로 우리나라뿐만 아니라 미국, 일본 등 여러 나라의 도시를 돌며 전시됐다. 그런데 원작자가 최초로 만든 러버 덕과 여러 도시에 전시됐던 러버 덕은 만들어진 장소는 물론 제작에 쓰인 재료 또한 현지에서 각각 조달한 것이므로 크기와 모양만 동일할 뿐 원래 것과 다르다. 하지만 동일 작가의 동일 예술품으로 인정받는다. 이처럼 완성된 작품 자체보다 아이디어와 제작 과정을 중시하는 개념 미술conceptual art 관점에서 보면 테세우스의 배는 시대가 아무리 흘러도, 판자가 아무리 바뀌어도 여전히 원형 그대로의 테세우스의 배다.

이렇듯 테세우스의 배는 오랫동안 다양한 학문에서 여러 철학적 질문을 던지게 했다.

수학의 라이프니츠 법칙Leibniz rule은 동일성 문제를, 고대 그리스 철학자 파르메니데스가 창시하고 아리스토텔레스가 학문적 체계를 만든 형이상학metaphysics은 정체성이 오직 물리적 요소에 의해 결정되는 것인지 질문을 던졌다. 데카르트는 사유하는cogito 자아를 주장하며 "나는 생각한다. 고로 나는 존재한다. 다른 모든 것을 의심할 수 있는 나의 존재만 의심할 수 없다"라는 유명한 말을 남겼다. 즉 몸과 분리된 의식은 존재하며, 이성의 마음이 신체보다 우선한다는 것이다.

인지과학자 데이비드 차머스는 물리적, 화학적 반응은 인간과 동일하게 작용하지만, 의식을 전혀 가지고 있지 않은 인간을 철학적 좀비philosophical zombie라고 불렀다. 이런 논쟁은 종종 지극히 현실적인 문제의 논쟁에 소환되기도 한다. 문화재 복원의 문제나 스포츠 구단의 운영 문제가 그렇다. 2008년 숭례문이 불타 거의 소실됐다. 새롭게 복원된 숭례문은 원래의 숭례문이 맞을까? 온라인 게임인 <리그 오브 레전드>(2009)의 시드권을 배정받은 팀의 멤버가 대부분 교체됐을 때 개인과 팀 중 누가 시드권의 자격이 있는 것인지 논란이 일기도 했다. 록 밴드의 뮤지션이 전원 교체됐고 그 밴드의 이름이 계승됐을 경우 후세의 밴드는 원래의 밴드일까?

AI 분야를 개척한 선구자 마빈 민스키는 인간과 기계는 구조적으로 차이가 없기 때문에 AI도 의식을 가질 수 있으며, 존 매카시가 개발한 리스프가 인간 의식보다 더 높은 수준이라고 주장했다. 평소 지론으로 볼 때 그의 사상은 물질과 의식은 동일하며 인간은 물질로 구성되어 있다는 일원론 중 유물론(모든 것은 의식에서 비롯된다는 유심론과 대립)에 매우 가깝다. 실제 그는 데카르트와 같은 이원론자들을 무척 싫어한 것으로 알려졌다. 그의 주장을 그대로 받아들인다면 인간은 생각하는 기계와 같기 때문에 AI도 얼마든지 의식을 가질 수 있다. 사실 심리철학계의 계산주의 마음 이론 computational theory of mind, CTM에서도 인간의 마음은 정보 처리 시스템이고 인지와 의식도 계산의 한 형태로 정의한다. 즉 우리는 스스로 생각한다고 알고 있지만 그런 생각은 어릴 적부터 내가 읽은 책, 내가 본 영화, 내가 만난 사람들의 자극 등 모든 경험과 환경의 총합이 뇌 속에 프로그래밍되어 작동한다는 것이다.

심지어 유물론주의 철학자인 대니얼 데닛은 인간의 의식을 뇌라는 컴퓨터에서 작동하는 보조 프로그램들이 만들어낸 상호작용의 환상일 뿐이라고 주장했다. 그는 《Brainstorms》(Bradford Books, 1978)라는 에세이도 출간했는데, 이는 마치 전래동화 《토끼전》에서 토끼가 용왕에게 간을 두고 왔다고 말한 것처럼 뇌를 육체에서 떼어 보관하는 것을 보여준다. 즉 뇌는 물질로 구성된 것이기 때문에 분리 가능하며 뇌를 통해 원격으로 몸을 통제할 수 있다는 것을 의미한다. <블랙 미러> 시리즈의 4시즌 마지막 에피소드인 <블랙 뮤지엄>에는 '디지털 자아'라는 개념이 나온다. 사람이 죽기 전 일종의 자아나 영혼을 꺼내 가상의 디지털 공간에 보관하는 것이다.

AI 전문가와 학자들의 관련 주장이나 연구 결과에 따르면 초인공지능이 인간의 뇌를 모방하는 것이 불가능한 영역은 아닐 것 같다. 심지어 인간의 세포는 대략 6개월 주기로 바뀌며 뇌 속 뉴런은 약 7년 주기로 완전 새롭게 교체된다. 이렇게 테세우스 배의 판자처럼 완전 새롭게 교체되는 뇌의 뉴런은 인간의 자아를 설명할 수 있는 근간이 될까? 인류는 여전히 뇌의 정확한 메커니즘을 풀지 못하고 있으므로, 다소 과격해 보이는 마빈 민스키의 주장을 쉽게 반박하기도 어렵다. 프로메테우스가 흙을 빚어 최초의 인간을 만들었고 동생 에피메테우스의 실수로 인간에게 재능을 주지 못한 것에 미안함을 느낀 프로메테우스가 신의 불을 전달했듯이 그저 조물주의 입장에서 바라본다면 인간은 휴머노이드 로봇에 불과할 수도 있다.

이제 레이 커즈와일의 주장으로 돌아와 인간과 AI의 두뇌가 자연스럽게 하나로 연결됐을 경우를 가정해보자. 그렇게 되면 미래에 기술 특이점이 도래해 AI가 초인공지능을 얻거나 뉴로모픽 컴퓨팅neuromorphic computing 기술의 고도화로 인공의식artificial consciousness, AC을 갖게 될 것이다.

그럼 치매와 사고로 뇌 기능을 잃은 사람이 새로운 인공의식을 다운로드하거나 반대로 뇌의 의식을 AI에 옮겨 놓았다고 하면, 이때 원래 '나'는 어느 쪽일까? 내 몸에 들어 있는 AI의 인공의식일까? 아니면 AI에 들어가 있는 나의 의식일까? 누가 진정한 내가 되는 것일까? 2024년 개봉한 영화 <원더랜드>에서 원래의 모습을 잃어버린 현실 공간의 태주와 원래의 모습을 간직하고 있는 가상 공간의 태주 중 진짜 태주는 누구일까?

인간이 된 AI와 AI가 된 인간, 누가 인간이고 누가 AI일까?

마빈 민스키, 레이 커즈와일, 래리 페이지의 공통점

레이 커즈와일은 평소 마빈 민스키를 그의 스승이자 멘토로 언급할 정도로 그의 사상에 큰 영향을 받았다. 인간은 점점 기계처럼 될 것이고, 기계는 점점 인간이 될 것이라는 주장의 뿌리도 마빈 민스키의 가르침으로 거슬러 올라간다. 참고로 레이 커즈와일은 커즈와일 뮤직 시스템스^{Kurzweil} ^{Music Systems}를 설립해 세계 최초의 디지털 신시사이저를 개발했고, 이 회사는 영창악기(현 HDC영창)에 인수됐다. 그는 한동안 영창악기의 기술 고문을 역임하여 한국과 특별한 인연을 갖고 있다.

　마빈 민스키와 관련한 유명 일화가 있다. 마빈 민스키와 인터뷰를 한 과학저널리스트가 "과연 인류는 과학의 궁극을 이룰 수 있는가"라고 물었다. 이에 그는 인류는 한계에 부딪히겠지만 언젠가 인간보다 훨씬 뛰어난 AI를 만들어낼 것이고, 그 AI가 과학의 궁극을 이룰 것이라고 대답했다. 그러자 과학저널리스트가 "그것은 기계의 과학이지 인류의 과학이 아니지 않느냐"고 되물었다. 이에 마빈 민스키는 "당신의 발언은 인종차별적 발언이다"라며 불쾌한 감정을 보였다. 즉 인간과 기계는 구조적으로 같기 때문에 둘은 동일한 인종이나 마찬가지라는 뜻이다. 이 말은 훗날 구글 창업자 래리 페이지가 일론 머스크에게 말한 것과 정확히 일치한다. 래리 페이지의 이 말은 일론 머스크가 그와 절교하는 시발점이 됐다.

　AI에 대한 이런 차원의 논쟁은 현상과 사실의 문제가 아니라 인식의 문제가 아닐까? 개와 고양이로 예를 들어보자. 아주 오래전 개와 고양이의 조상은 야생동물의 범주에 속했고 세월이 한참 흘러 가축의 범주에 속했으며, 이후 애완동물, 그리고 오늘날에는 반려동물이라고 칭한다. 특히 반려동물의 개념은 단순히 명칭만이 바뀐 것을 의미하지 않는다. 인격과 마찬가지로 견격이나 묘격을 인정하고 인간과 평생을 함께하는 가족과 같은 범주로 새롭게 정의 내린 것이다. 그런데 분명한 사실은 가축이나 애완동물로 여기던 세상의 개와 고양이는 지금의 개와 고양이와 전혀 달라진 것이 없다는 점이다. 오리너구리를 떠올려보자. 새끼에게 젖을 먹이지만 알을 낳는다는 이유로 포유류와 난생류, 그 어느 쪽에도 속하지 못했던 오리너구리가 단공류monotremata라는 새로운 범주로 인정받기까지 무려 80여 년이 걸렸다. 결국 AI를 어떻게 정의할 것인가는 인간이 그것을 어떻게 인식하느냐의 문제일지도 모른다. 철학계에서는 지식과 기술 면에서 인류를 월등히 능가하는 새로운 종(포스트 휴먼)의 출현에 대해 이미 열띤 논의가 진행 중이다.

AI의 미래는 인류의 현재를 기억한다

이번 마을에서는 인간이 생성형 AI를 어떻게 오용하고 남용하는지 살펴보고 이를 막기 위한 노력에 대해 이야기해볼 것이다. 또한 생성형 AI가 안고 있는 사회적 책임에 대해 논의해보자. 그것이 비록 거대 담론일지라도 머지않은 시점에 인류에 크나큰 부메랑으로 되돌아올 수도 있기 때문에 공론화를 통해 다 같이 고민하는 자세가 필요하다.

AI 시대를 거부할 수는 없다. 대신 그로 인한 사회적 문제를 대비하고 시나브로 해결하지 못하면 미래의 후손들은 우리를 이렇게 기억할 것이다. 지금의 우리 때문이라고……

사람이 빠진 기술과 오남용

인지과학자 게리 마커스는 생성형 AI에 대해 다섯 가지 우려를 드러냈다.

- 극단주의자들이 수많은 허위 정보를 생산해 민주주의를 파괴할 것이다.
- 할루시네이션은 잘못된 의료 정보를 생성할 것이다.
- 콘텐츠 팜들이 광고를 통한 돈벌이를 위해 자극적이고 유해한 내용을 생성할 것이다.
- 챗봇은 일부 사용자들에게 감정적인 고통을 유발할 것이다.
- 웹 포럼과 피어 리뷰 사이트가 붕괴할 것이다.

오늘날 필수재나 마찬가지가 된 소셜 미디어의 사례를 통해 AI 기술이 어떻게 오남용될 수 있는지 살펴보고 AI 모델 자체의 문제도 짚어보자.

상품 인간

인간은 소셜 미디어를 커뮤니케이션의 편리한 도구로서 사용하고 있지만 정작 소셜 미디어는 우리의 관심과 방문 사이트를 낱낱이 기록하고 조사하여 우리가 더 많은 상품을 구매할 수 있도록 유혹한다. 게다가 우울증, 허영심, 극단성 등 부정적인 감정을 유발한다. 소셜 미디어의 눈에 인간은 상품과 다르지 않아 보일지도 모른다.

소셜 미디어의 교훈

미국에서 고객을 '사용자user'라고 부르는 산업이 딱 두 개 있다. 하나는 마약이고, 나머지 하나는 소프트웨어 산업이다. 마약을 산업이라고 부르는 것이 적절하지 않지만, 실제 거래 규모로 따지면 웬만한 산업을 뛰어넘는다. 문제는 불법이고 사회악이라는 점이다. 그런데 마약과 더불어 소프트웨어 산업에서도 '사용자'라는 표현을 쓴다. 소프트웨어 산업의 최강국인 미국이 이렇게 명명하다 보니 이것을 번역해 가져온 전 세계에서 당연하다는 듯이 동일한 표현을 쓴다. 문제는 소프트웨어 산업의 대표 선수라 불리는 소셜 미디어가 마약처럼 중독성을 가지고 있다는 것이다.

지금부터 소셜 미디어의 지나친 기술주의가 어떤 폐해를 끼치고 있는지 알아보자.

첫째, 미국에서 2010~2012년 사이에 태어난 10대의 우울증과 자살률이 가파르게 상승했다. 특히 2011년 이후 태어난 15~19세 소녀의 자살률은 이전 세대보다 70%나 증가했으며, 같은 기간 태어난 10~14세 소녀의 자살률은 이전 세대보다 무려 151%나 증가했다. 왜 2010년을 기점으로 이러한 현상이 벌어지고 있을까? 이는 몇몇 연구를 통해 2009년부터 대중화된 소셜 미디어의 사용량 증가와 관련성이 깊은 것으로 밝혀졌다.

Z세대는 보통 중학생 때 처음 소셜 미디어를 접한다. 이들은 질풍노도의 시기에 소셜 미디어를 통해 비현실적인 외모를 가진 연예인들의 화려하고 사치스러운 생활 모습을 보며 상실감과 우울감을 느낀다. 게다가 소셜 미디어에서 '좋아요'를 받지 못할 경우 부정적 감정만 쌓이게 된다. 소셜 미디어 서비스 기획자도 '좋아요' 기능을 개발할 때는 세상에 긍정과 사랑의 기운을 퍼뜨리는 것이 목표였을 것이다. 그러나 소셜 미디어를 많이 사용할수록 우울증이 생기고 자살 시도를 하게 된다. 미국의 비즈니스 인사이더 Business Insider에 따르면 소셜 미디어를 자주 사용하는 미성년자의 경우 우울증에 걸릴 확률이 27% 증가했고, 하루 3시간 이상 휴대폰을 사용하는 미성년자의 자살 가능성이 더 높은 것으로 조사됐다.[12]

둘째, 추천 알고리즘으로 인한 정치의 양극화 현상과 사회적 갈등이 심해졌다. 소셜 미디어에서는 내가 보고 싶은 콘텐츠만 보고 자신의 생각

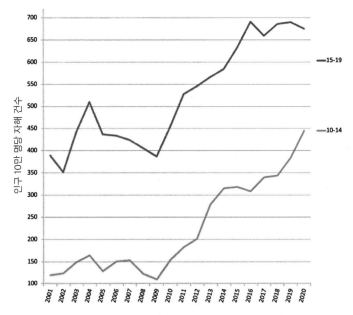

그림 22-1 미국 10대의 자해로 인한 응급실 입원 비율(출처: 미국 질병통제예방센터(2022))

과 다른 콘텐츠는 보지 않아도 된다. 특히 유튜브나 틱톡의 알고리즘은 내가 좋아하는 콘텐츠만 집중적으로 추천해주기 때문에 확증 편향적인 사고를 고착화시킨다. 더 나아가 다양성을 잃게 만들고 자신과 다른 생각을 가진 이들을 배척하게 만든다. 유튜브의 추천 알고리즘을 개발한 기욤 샬로 Guillaume Chaslot 는 한 언론과의 인터뷰[13]에서 사람들이 시청한 콘텐츠의 체류 시간에 비례해 유사 콘텐츠를 추천하도록 알고리즘을 개발했기 때문에 가짜 뉴스 노출과 민주주의 위협을 초래했다고 밝혔다.

소셜 미디어 기업들은 그들의 플랫폼에 가짜 뉴스가 유통되어도 그것이 수익에 도움이 된다면 방관한다. 자본주의 속성상 주주에게 매출과 이익의 증가에 압박을 받기 때문에 자정 의지를 갖기도 어렵다.

늦었지만 이제라도 이러한 문제를 해결하기 위한 안전장치가 필요하다. 사회적 합의를 거쳐 적절하고 유효한 규제가 마련되길 바란다. 예를 들어 사람들이 콘텐츠에 대한 유해성 또는 팩트 체크를 판단하는 기능을 넣어 해당 콘텐츠가 일정 점수 이상을 얻으면 자동 삭제되는 알고리즘을 넣어보면 어떨까? 가끔은 성향과 취향의 반대편 콘텐츠를 보여주는 추천 알고리즘을 만들면 어떨까? 이러한 대책이 마련되지 않는다면 시청자 스스로 알고리즘의 노예에서 벗어나는 노력을 해보자. 또한 공유할 자료의 경우 반드시 사실을 확인하는 습관을 갖자.

우리는 옳고 그름을 판단할 수 있는 선택이라는 인간 고유 권한을 기계에 맡김으로써 오히려 추천 알고리즘의 명령을 따르고 있는 것은 아닐까? 어쩌면 우리는 소셜 미디어 기업이 만든 <트루먼 쇼>의 스튜디오 속에 살고 있고 것은 아닐까?

필터 버블

필터 버블filter bubble은 구글, 메타, 아마존, 넷플릭스 등 소셜 미디어나 인터넷 서비스 제공자가 방문자에게 필터링한 정보만을 제공함으로써 사람들에게 정보의 편식과 가치관 왜곡을 심어준다는 개념이다. 엘리 프레이저Eli Parisa가 저서《생각 조종자들》(알키, 2011/원제는 The Filter Bubble)에서 처음 사용했다. 위와 같은 기업은 이용자의 검색 기록과 사용 패턴 데이터를 수집하고 성향을 파악해 윤리성과 가치판단이 결여된 알고리즘으로 노출 정보를 선별해 제공하고 있다.

일본에는 치매 노인들이 서빙을 하는 식당이 있다. 그러다 보니 손님이 주문한 음식과 다른 메뉴가 나오기도 한다. 물론 이러한 실수가 있음을 사전에 공지하므로 불평하는 손님은 없다. 때로는 AI에 의한 너무 정확한 빅데이터 분석 서비스를 받는 것보다 부정확하고 나를 잘 알아보지 못하지만 따뜻한 빅데이터 분석 서비스를 받는 건 어떨까?

셋째, 거짓 정보와 차별을 확산한다. 구글 검색창에 단어를 입력하면 문장이 자동으로 완성되는 기능이 있다. 그런데 자동 완성 단어의 경우 검색하는 사람의 거주 지역에 따라 차별적으로 뜬다. 예를 들어 미국의 특정 지역에서 거주자가 '기후 위기'라는 단어를 창에 입력하면 다음에 '거짓말'이란 단어가 자동 완성된다. 해당 지역의 사람들 중 상당수는 기후 위기의 원인이 이산화탄소 배출 때문이라는 사실을 믿지 않기 때문이다. 미국에서는 '지구는 둥글다'라는 입증된 과학의 산물조차 부정하는 이들이 대략 7%나 된다고 한다.

거짓 정보로 인한 인한 음모론의 확산도 문제다. 피자게이트Pizzagate, 미국의 싱어송라이터인 테일러 스위프트의 정부 비밀요원설 등 허무맹랑한 이야기들이 난무한다. 대개 거짓 정보는 진실보다 더 빠르게 확산하는데, 그것을 유통하는 사람들에게 더 큰 돈을 벌게 해주기 때문이다. 일부 개인 미디어는 오로지 경제적 이득을 위해 온갖 왜곡된 정보를 유통한다. 식품이 변질되거나 상품에 흠이 생기면 판매를 중지시키듯 언론의 자유를 빙자해 보편적 가치의 임계치를 한참 벗어나는 경우 강력한 규제를 검토해야 한다. 인간의 정신을 좀먹는 정보의 생성과 유통을 어떻게 해야 할지 사회적 합의가 필요한 시점이다.

사소한 것처럼 보이지만 일상 중 은근한 차별을 드러낸 서비스도 있다. 아이폰 메시지의 경우 안드로이드폰과 아이폰에서 보낸 메시지의 색깔을 다르게 표시한다. 아이폰 메시지는 파란색이고 안드로이드폰 메시지는 초록색이다. 특히 UX 전문가들은 안드로이드폰 메시지의 경우 다양한 초록색 중에서 고의적으로 가독성이 낮은 것을 적용했다는 의구심을 제기한다. 굳이 스마트폰의 OS 유형에 따라 메시지 색깔을 달리 표시할 필요가 있을까? 실제 미국의 청소년 또래 집단에서는 아이폰 소유자들이 안드로이드폰 소유자들을 따돌리는 문화가 발생한 적이 있었다. IT의 접근과 사용에 있어 단순한 '차이'가 아닌 '차별'의 문제가 발생하지 않도록 세심한 고려가 필요한 이유다.

인쇄술, 인터넷, 소셜 미디어의 역설

중세 유럽에서 책은 부의 상징이나 마찬가지였다. 수작업을 거쳐야만 겨우 한 권을 만들 수 있었기 때문에 가격이 너무 비싸 아무나 살 수 없었다. 그런데 인쇄 기술이 발명되자 대중들이 책을 구입할 수 있을 정도로 가격이 내려갔다. 사람들은 새로운 정보를 쉽게 접할 수 있는 좋은 세상이 될 것이라고 믿었다. 그런데 책을 손쉽게 구할 수 있다는 것은 그만큼 가짜 정보가 쉽게 널리 퍼진다는 것을 의미한다. 일례로 야콥 슈프랭거, 하인리히 크라머가 쓴 《마녀를 심판하는 망치》(우물이있는집, 2016/원제는 Malleus Maleficarum)가 유럽 전역으로 퍼지면서 수만 명의 무고한 희생자들을 만드는 데 일조했으며, 30년 전쟁Dreißigjähriger Krieg 발발에도 영향을 미쳤다.

인터넷과 소셜 미디어의 발명도 마찬가지다. 그것들이 인류에 가져다준 큰 혜택에도 불구하고 가짜 정보의 확산을 용이하게 만들어 사회 혼란, 민주주의 후퇴, 막대한 사회적 비용을 발생시켰음을 부정할 수 없다.

넷째, 도파민 중독으로 일상에 지장을 초래한다. 스마트폰 좀비를 줄여 스몸비라는 말이 나올 정도로 중독 현상이 사회문제가 된 지 이미 오래됐다. 특히 소셜 미디어를 바로 확인하지 않거나 현실과 다른 갈망의 욕구로 점철된 콘텐츠를 꾸준히 게재하지 못하면 불안한 증세를 느끼는 사람들이 많아졌다.

1954년 캐나다의 맥길 대학교에서 쥐를 대상으로 실험을 했다. 실험자가 쥐의 뇌 시상하부에 몇 차례 전기 자극을 줬더니 그다음부터 쥐가 스스로 전기 자극을 받을 수 있는 지렛대 장치를 마구 눌렀다. 실험에 따르면 쥐가 식음을 전폐하고 한 시간 동안 지렛대를 7천 번이나 누르다 기절했다고 한다. 쥐가 이런 행동을 한 이유는 쾌감을 느낄 때 나오는 신경전달 물질인 도파민에 중독됐기 때문이다.

미국은 소셜 미디어의 폐해가 심각해지자 자성의 목소리가 나오기 시작했다. 소셜 미디어 기업들의 내부 고발자들은 단순히 소비자만의 문제가 아니라 그것을 자극하고 유발하는 서비스의 문제임을 폭로했다. 그분만이 아니다. 미국의 플로리다주는 2024년 3월 26일 14세 미만 어린이의 소셜 미디어 사용 금지 법안을 통과시켰다. 이 법안을 발의한 피오나 맥팔랜드 하원 의원은 10대에게 소셜 미디어는 중독성이 강해 디지털 펜타닐과 같다고 주장했다. 플로리다주 외에도 뉴욕, 유타, 아칸소 등 여러 주에서 미성년자의 소셜 미디어 사용 제한 법안을 추진하고 있다. 영국도 소셜 미디어 업체에 알고리즘 재구성, 연령 확인, 유해 콘텐츠 차단 등을 포함한 40여 개의 온라인 아동 안전 수칙을 발표했으며 심지어 16세 미만의 청소년에게 스마트폰 판매를 금지하는 법안을 검토하고 있다.[14]

소셜 미디어 기업의 최대 목표는 서비스의 사용 시간을 최대한 늘리고 광고를 많이 싣는 것이다. 이 목표보다 그 어떤 것도 우선할 수 없는 것처럼 보인다. 소셜 미디어 기업은 인간을 채취 가능한 데이터 자원으로 여기는 것이 아닐까? 정부와 사회는 자동차 발명으로 인해 어쩔 수 없이 감수해야 하는 교통사고처럼 소셜 미디어의 폐해를 단지 허용된 위험으로 정의하지 않길 바란다.

소셜 미디어 안에서 소비자는 선호도를 파는 상품이다. 즉 페이스북, 유튜브 같은 소셜 미디어는 사용자가 '좋아요'를 누르거나 즐겨 보는 것들을 분석하고 그것을 다시 사용자들에게 보여주므로 결국 사용자는 소셜 미디어에 자신의 선호도를 파는 상품과 다름없다. 소셜 미디어 입장에서 인간은 판매의 대상일 뿐이며, 우리는 모두 상품 인간이다. 오늘날 대부분의 기업들은 소비자를 기업에 대한 기여도에 따라 VIP, 골드, 실버 등 세분화한 등급으로 관리한다. 표면적으로 고객은 왕이지만 실제로 또 하나의 상품과 다름없다.

하버드 경영대학원의 쇼샤나 주보프 교수는 저서 《감시 자본주의 시대》(문학사상사, 2021)를 통해 사람의 행동이 만들어낸 데이터를 기업이 수집해서 수익을 창출하는 감시자본주의 개념을 알렸다. 특히 인간은 소셜 미디어의 등장으로 상품과 서비스를 생산하고 소비하는 주체에서 기업에 판매 정보를 제공하기 위해 데이터를 만들어내는 상품으로 전락했다고 언급했다.

지금도 곁에서 나를 지켜보는 소셜 미디어가 나를 향해 외치고 있을지 모른다.

"만약 네가 상품의 대가를 치르지 않는다면 네가 바로 상품이다."

시시포스의 형벌

소셜 미디어의 실패와 관련하여 인간이 경각심을 갖지 않는다면 생성형 AI 서비스에서도 거의 그대로 적용될 수 있다. 특히 소셜 미디어와 생성형 AI의 추천 알고리즘은 확률에 기반해 인간을 상품화할 수 있다는 면에서 동일하다. 게다가 생성형 AI를 사용하면 잘못된 정보, 편견에 사로잡힌 글, 광고성 블로그 글을 대량으로 손쉽게 생산할 수 있다.

2023년 3월 14일 미국의 IT 전문지《테크크런치》는 마이크로소프트가 AI 윤리팀 중 상당수를 해고했다고 보도했다. 그들은 인터뷰를 통해 해고의 원인이 사회적 책임을 담당하는 조직이 AI 상품을 경쟁사보다 더 빠르게 출시하는 데 방해가 되기 때문이라고 주장했다.

지금까지 살펴본 소셜 미디어의 폐단은 대부분 지나친 이익 추구를 위해 그것의 알고리즘을 오용하고 남용한 인간의 잘못 때문이었다. 비록 AI에 대한 두머[Doomer]들의 거대한 우려에 도달하지 않더라도 AI를 통해 어두운 면을 집요하게 끄집어내려는 인간의 사악한 욕망과 탐욕적인 자본주의가 문제다.

알베르 카뮈는《시지프 신화》(민음사, 2016)에서 "시시포스가 굴러떨어진 바위를 다시 올리기 위해 아래로 내려올 때가 자신과 운명을 이기는 승리의 순간이다"라고 말했다. 그리스 신화의 시시포스가 그랬던 것처럼 비록 그것이 무한 반복적인 무모한 일일지라도 인간의 잘못을 짊어지고 헤쳐 나가려는 의지가 필요할 때다. 아울러 소셜 미디어의 교훈을 통해 인간의 오용과 남용에 따른 무한 반복적인 굴레를 벗어나야 한다.

소셜 미디어의 문제를 더 발달한 AI 기술로 해결하려는 것은 인간의 오만과 희망 중 어느 쪽일까?

저작권과 책임의 문제

이미지 생성형 AI는 온라인상에 배포된 유명 그림 작가들의 작품 수백만 장을 학습해 유사한 스타일의 그림을 생성해내고 있다. 이로 인해 해당 작가들은 자신들이 애써 그린 작품을 베낀 생성형 AI 작품과 경쟁해야 하는 모순된 상황이 벌어졌다.

이처럼 창작자나 저작권자의 허락 없이 이미지를 무단으로 사용하는 사례가 빈번해지자 이를 막기 위한 노력의 일환으로 시카고 대학교의 벤자오 Ben Zhao 교수 연구팀이 나이트셰이드 Nightshade라는 프로그램을 개발해 2024년 1월에 무료로 공개했다. 예를 들어 나이트셰이드를 적용한 창작물을 학습한 이미지 생성형 AI 모델은 개를 고양이로, 자동차를 소로 생성해내는 등 심각한 돌연변이 이미지를 만들어낸다. 이는 창작물의 픽셀에 보이지 않는 미세한 오류를 심어놓았기 때문이다. 일명 '선한 독'이다. 현재 미국에서는 이미지 생성형 AI 기업들을 대상으로 창작자의 저작권 침해 소송이 다수 진행 중이며 최종 판결 전까지 나이트셰이드와 같은 도구들은 저작권을 침해하는 생성형 AI로부터 아티스트를 지켜주는 방패 역할을 하고 있다. 다만 학습과 달리 생성의 영역은 의견이 분분하며 아직 명확한 기준도 없다. 예를 들어 미국 저작권청 US Copyright Office은 AI로 생성한 웹툰에 대해 줄거리와 구성의 저작권을 인정하지만 그림의 저작권을 인정하지 않는다. 미국 저작권청의 경우 AI를 활용한 작품 중 사람의 창작 노력이 얼마나 들어갔는지를 기준으로 보는 것이다.

향후 AI로 인한 법적 책임 문제도 명확히 해야 한다. 예를 들어 챗봇이 응대한 고객 서비스 문제, 생성형 AI의 산출물 오류, AI의 암 판독 실수, 자율주행 시 발생한 교통사고 등 다양한 문제가 빈번하게 발생할 것이다.

실제 2022년 11월에 챗봇이 응대한 고객 서비스에서 문제가 발생했다.[15] 한 소비자가 가족의 장례식에 항공기를 타고 참석하기 위해 에어 캐나다 웹사이트에 접속했다. 당시 에어 캐나다의 챗봇은 정가로 티켓 발권 후 90일 이내 상조 할인 신청 시 일부를 환불받을 수 있다고 안내했다. 그런데 소비자가 챗봇의 안내 절차대로 진행했지만 에어 캐나다는 환급을 거부했다. 기업의 책임이 아닌 챗봇의 실수라는 것이다. 2024년 2월 법원은 에어 캐나다의 챗봇 실수에 대한 책임이 기업에 있다는 보상 판결을 내렸다.

AI의 결정과 행위에 대한 법적 책임을 AI를 개발하고 소유한 기업이나 조직에 부여하지 않는다면 이러한 법적 분쟁은 계속 발생할 것이며, 그 피해는 소비자 몫이 될 것이다. 기존 법체계에서 '가해자-피해자' 구조의 경우 처벌의 대상이 명확하지만 여기에 AI가 끼어들면 '가해자-AI-피해자'의 구조가 된다. 만약 누군가 숨겨진 의도를 갖고 윤리적 가치 판단을 배제한 채 AI를 만들게 되면 그 피해는 고스란히 소비자의 몫이다. 따라서 AI 실수로 발생한 문제의 최종 책임 주체는 당연히 기업과 사람의 몫이어야 한다. 자동차가 발명되자 교통법규를 만들었듯이 AI로 인해 발생할 저작권과 책임 소재의 문제도 규제로 명시화해야 할 것이다.

가짜와 미필적 고의

AI 기술을 활용한 딥페이크 문제가 갈수록 커지고 있다. 2024년 2월 홍콩의 한 금융회사 직원이 딥페이크 기술로 만든 영상과 목소리로 CFO^{Chief Financial Officer} 행세를 한 사기꾼에게 속아 약 340억 원을 잃었다.[16] 이제 딥페이크는 보이스 피싱의 시즌 2나 마찬가지다.

마이크로소프트는 사진과 음성만 주어지면 실시간으로 표정, 시선, 감정, 머리 움직임까지 조절하는 영상 제작 생성형 AI 서비스 VASA-1을 공개했지만, 사회적 악용을 고려해 배포 여부를 고민 중이라고 밝혔다.[17] 또한 펜타곤 폭발 사진, 트럼프가 흑인들과 어깨동무를 하고 있거나 체포되는 사진 등 가짜 사진이 넘쳐나고 있다. 소셜 미디어가 보여줬듯이 가짜 사진은 진짜 사진보다 확산 속도가 빠르다. 코로나19 때 바이러스의 전파 속도보다 바이러스 관련 가짜 뉴스의 전파 속도가 더 빨랐다는 이야기가 나올 정도였다.

비영리단체인 트루 미디어 True Media 에서 딥페이크로 조작된 이미지를 탐지하기 위한 도구를 내놓기도 했지만, 이것은 정작 포토샵으로 조작한 이미지를 판별하지 못한다. 가짜 이미지를 생성하는 것도 문제이지만 진짜를 제대로 판독하지 못하도록 설계된 미필적 고의도 심각하다. 미국 경찰이 사용하는 안면인식 AI가 그렇다. 경찰이 사용하는 AI의 안면인식 기계가 보안 카메라에 포착된 진범의 얼굴과 무고한 시민의 얼굴을 서로 일치하는 것으로 판독하는 바람에 한 흑인 시민이 억울하게 체포됐다가 풀려났다.[18]

2019년 12월 미국 국립표준기술연구소 National Institute of Standards and Technology 는 대부분 안면인식 AI 소프트웨어를 분석한 결과 흑인 및 아시아계의 안면인식 오류 비율이 백인보다 최소 10배에서 최대 100배나 높았다고 밝혔다.[19] 이는 애초에 AI가 인종별 안면 데이터를 편향적으로 학습하도록 설계됐다는 증거다. 2016년 마이크로소프트는 소셜 미디어를 통해 대화를 나눌 수 있는 AI 서비스인 테이 Tay 를 제공한 적이 있었다. 테이는 10대 소녀의 페르소나를 갖고 주로 18-24세 젊은 미국인들과 대화하도록 개발됐다. 그런데 마이크로소프트는 서비스를 공개한 지 단 16시간 만에 테이를 중단했다. 이유는 심각한 인종차별 답변을 했기 때문이다. 이는 AI를 개발할 때 윤리적인 가치 판단을 고려하지 않을 경우 발생할 수 있는 문제에 대한 경각심을 일깨웠다.

AI 모델 붕괴

LLM이 학습할 데이터가 점점 소진되고 있다. 인터넷에 있는 대부분 사이트에 대해 이미 학습을 마쳤고, 그동안 웹사이트 스크래핑을 통한 도둑 학습도 저작권 이슈 때문에 제동이 걸렸다. 앞으로 양질의 뉴스 기사 데이터를 학습하기 위해서는 많은 비용을 지불해야만 한다. 이에 LLM은 과거 대비 많은 양의 합성 데이터를 학습하기 시작했으며, 이는 예기치 못한 부작용을 낳고 있다.

옥스퍼드 대학교의 한 연구팀은 LLM이 생성한 문장들을 재학습하는 횟수가 많아질수록 LLM이 생성한 문장의 어순, 구두점의 오류가 잦아진다는 것을 발견했다.[20] 물론 생성형 AI의 이미지나 영상도 동일한 현상이 나타난다. 단기적으로 LLM에 치명적인 오류가 생기지는 않겠지만 장기적으로는 모델이 붕괴하는 지경에 이를 수도 있다. 이는 자기 복제에 따른 오류로, 과거 합스부르크 가문이 왕권 강화를 위해 근친결혼을 장려한 이유로 발생한 유전병에 비유해 합스부르크 AI Habsburg AI 로 명명하기도 한다.

2022년 4월 미국의 국무부는 정부 조직에서 성별, 인종, 학력 등의 차별을 없애기 위해 최고 다양성 책임자 Chief Diversity Officer 자리를 신설했다. 조직의 창의성을 발휘하고 다양한 구성원들의 의견을 반영하기 위한 것이다. 그렇다면 우리나라 정부 부처와 국회는 다양한 국민을 제대로 대표하고 있는 것일까? 전 국민의 1%도 채 안 되는 특정 직업 및 배경 출신의 집단이 소위 능력이란 명분 아래 너무 많은 비중을 차지하고 있는 것은 아닐까? 많은

그림 22-2 모델 붕괴 과정

사람이 오랜 세월 동안 통념으로 받아들여온 능력주의의 함정에 사로잡혀 다양성의 의미를 부정할 수도 있다. 하지만 다양성이란 능력주의와 대치되는 개념이 아니다. 다양성이 충분히 고려된 조직에서 능력주의를 반영한다면 조직의 창의성과 성과는 훨씬 나아지기 때문이다. 마이클 샌델 역시 저서 《공정하다는 착각》(와이즈베리, 2020)을 통해 능력주의의 문제점과 오류를 지적한 바 있다. 더 나아가 이제는 다양성 차원에서 사회적 담론이 필요한 시점이다. 물론 기업은 다양성이라는 목표만을 우선시해 단순히 기계적인 비율로 조직을 구성할 수 없다. 그러나 인적자원의 동질적/편향적 구성은 축적된 지식과 경험의 유사성으로 인해 다양한 관점의 사고와 행동을 어렵게 만든다. 그 결과 기업의 혁신을 저해할 수 있으므로 다양한 시각을 가진 조직 구성을 통해 기업이 당면한 문제와 비전을 바라볼 필요가 있다.

옥스퍼드 대학교 연구팀은 모델 붕괴 현상을 예방하기 위해 학습 데이터의 출처를 다변화하고, 사람이 직접 검토함으로써 편향성을 줄이는, 즉 휴먼인더루프human in the loop, HITL 과정을 거쳐야 한다고 조언했다.

사회적 책임

종종 업계 전문가와 학자 사이에 AGI가 언제 도래할 것인지 논쟁이 벌어진다. 3년 이내, 10년 이내, 2050년 이내 등 AGI 도래 시점에 여러 의견이 분분하다. 하지만 AGI가 언제 도래할 것인지가 중요한 것이 아니라 그때까지 인류가 어떤 준비를 하고 있는지가 더 중요하다. AI 발달로 인한 노동, 환경, 지식과 권력의 분배 문제 등 사회적 책임에 대해 고민해보자. 그동안 생성형 AI가 보여준 놀라운 기술과 장밋빛 미래에 가려져 놓친 것들이지만 어느 하나 간과해서는 안 될 소중한 주제다.

노동문제

2019년 바둑기사 이세돌이 은퇴하자 한 기자가 자동차 같은 기계가 발명되어도 인간은 여전히 올림픽 육상 종목에 참가하는데, 그에게 왜 은퇴하는지 물었다. 그는 이렇게 대답했다. "인간이 자동차한테 달리기를 배우지는 않아요." 그렇다. 그는 인간이 AI에게 배워야 하는 상황에 도달했다는 것을 말하고 싶었다.

1차 산업혁명의 발발로 태동한 초기 자본주의는 과잉 생산을 통한 노동자 착취와 중간 계층의 몰락을 동반하는 사회문제를 초래했다. 철학자 버트런드 러셀은 1932년에 쓴 에세이 《게으름에 대한 찬양》(사회평론, 2005)을 통해 일일 노동시간을 네 시간으로 줄이자고 제안했다. 이유는 제1차 세계대전 중 전쟁에 필요한 물자를 만들기 위해 생산력이 크게 증가했는데 전쟁이 끝나면 잉여생산력이 증가하므로 평균 노동시간을 줄여야 한다는 것이다.

헨리 포드는 1926년 주 5일과 40시간 노동 제도를 본인의 자동차 회사에 도입했다. 오늘날 주 5일 근무제의 토대를 만들어준 최초의 사례다. 헨리 포드는 주당 40시간 이상의 일이 노동자들의 생산성을 급격히 떨어뜨린다는 것을 알았기 때문이다.

제러미 리프킨의 《노동의 종말》(민음사, 2005)을 보자. 이 책은 미국의 흑인 노동자들이 20세기 초부터 농민에서 자동차 공장 노동자로 변모할 수밖에 없었던 시대상과 목화 따는 기계, 공장의 컨베이어 벨트에 의해 일자리를 잃어가는 과정의 아픔을 심도 있게 다뤘다. 아울러 3차 산업혁명과 4차 산업혁명을 거쳐 서비스업과 화이트칼라의 일자리가 사라질 것을 지금으로부터 거의 30여 년 전인 1995년에 예견했다. 그러면서도 그는 책의 말미에 켈로그의 사례를 들며 대안을 제시했다. 켈로그는 1일 8시간 3교대하는 보편적이고 통념적인 노동 시스템을 1일 6시간 4교대로 바꾸었다. 즉 추가 인력을 고용하면서 임금은 그대로 유지했다. 시간당 시급을 올렸기 때문이다. 주주를 포함해 많은 이해관계자들이 기업의 이윤이 감소하지 않았을까 걱정했다. 하지만 기우였다. 왜냐하면 노동자의 집중력 향상으로 생산성이 높아지고 작업장 사고도 획기적으로 줄어들어 공장 가동이 거의 멈추지 않았기 때문이다.

생성형 AI는 화이트칼라 직업에 영향을 미칠 것이며 생성형 AI에 휴머노이드 로봇을 결합하면 블루칼라 직업에도 영향을 미칠 것이다. 앞으로 AI에게 지시하는 사람을 제외하면 업종과 직종을 불문하고 거의 모든 영역에 영향을 미친다. 만약 이러한 영향이 일자리를 없애거나 노동시간을 줄이는 효과로 나타난다면 어떤 사회적 문제가 발생할지 깊은 고민이 필요한 시점이다.

물론 과도한 규제를 통해 AI 기술의 발전을 막는 어리석음도 조심해야 한다. 과거 영국은 자동차 시대가 도래하자 마부들이 일자리를 잃게 될 것을 우려해 적기조례법^{red flag act}을 제정했다. 이 법의 골자는 자동차가 시내로 진입할 경우 사람이 빨간 깃발을 들고 차 앞에서 뛰도록 했으며 자동차의 시속을 말보다 느린 3km로 제한했다. 또한 차에 수리 기술자가 반드시 동석하도록 만들었다. 이렇게 되자 영국은 자동차 구매 수요가 낮아지고 기술 발전도 더뎌져 자동차 산업의 주도권을 독일과 미국으로 완전히 넘겨줬다.

빌 게이츠는 로봇세의 필요성을 주장하는 대표 기업가이자 자본가다. 기업의 이익을 대변하는 그가 왜 앞장서서 로봇세 도입을 주장할까? 인간의 노동을 대신한 휴머노이드 로봇의 등장으로 대량생산은 더 가속화할 것이며 엄청난 부를 축적한 사람들과 일자리를 잃은 사람들로 인해 부의 양극화 현상은 더 심해질 것이기 때문이다. 이는 결국 대량생산으로 발생한 상품이 소비로 이어지지 못하기 때문에 잉여생산과 경제공황을 초래할 수 있다. 그래서 휴머노이드 로봇으로 큰 이익을 얻은 기업에 세금을 부과해 이를 소비 촉진에 활용하자는 것이다.

인류 역사상 일에 대한 개념과 직업은 끊임없이 변화해왔다. 인류 역사에서 대부분 기간 동안 90% 이상의 사람들은 농사를 짓고 살았다. 그런데 지금은 당시 기준으로는 상상도 할 수 없는 일과 직업이 생겼고 그러한 비중이 농업을 압도했다. 앞으로 지금 익숙한 노동의 모습도 농업이 그랬듯이 점차 새로운 노동의 모습으로 대체될 것이다. 따라서 AI와 이를 결합한 휴머노이드 로봇으로 인해 인간의 노동 자체가 사라지는 것이 아니다. 다만 AI를 잘 활용하는 사람이나 기업이 AI를 잘 활용하지 못하는 사람이나 기업을 대체할 가능성이 높다. 이제 이러한 노동의 변화 과정을 거치며 여러 사회적 문제를 겪을 것이므로 이 시기를 지혜롭게 대처하기 위한 사회적 책임과 합의가 필요하다.

고대 그리스인은 여가 시간을 스콜레^{schole}라고 불렀고, 이는 학교^{school}의 기원이 됐다. 제레미 리프킨의 제안처럼 AI로 인해 발생한 여유 시간을 노동자에게 되돌려준다면 기업과 사회는 생산성 향상과 더불어 인간의 학습과 멍 때리기에서 발현된 창의성의 혜택을 되돌려받지 않을까?

환경문제

2020년 구글의 AI 윤리 부서에서 일하던 한 직원이 해고를 당했다. 그 이유는 회사의 지시를 어기고 공개한 한 편의 논문 때문이었다. 해당 논문의 제목은 <On the Dangers of Stochastic Parrots: Can Language Models Be Too Big?>으로 발표 이후 학계에서 LLM을 비꼬아 '확률적 앵무새stochastic parrot'라고 부르는 계기가 됐다. 이 논문은 LLM의 네 가지 위험성을 제시했는데 그중 한 가지가 환경 비용의 문제다. 예를 들어 AI 가속기 1만 대를 구축하는 비용만 수천억 원이 들며 전기료는 그보다 훨씬 더 많이 든다는 것이다. 게다가 AI 가속기 작동 시 내뿜는 막대한 양의 이산화탄소는 정작 그 지역보다 지구상의 힘없고 가난한 나라에 더 큰 타격을 미친다고 말한다.

그렇다. 생성형 AI 서비스를 지속 개발하고 서비스를 제공하기 위해서는 엄청난 규모의 데이터 센터가 필요하다. 이미 내로라하는 빅테크 기업들은 <내가 제일 잘 나가>(2NE1, 2011)라는 케이팝처럼 경쟁적으로 최대 규모 데이터 센터 구축 계획을 발표했다. 그런데 생성형 AI 서비스를 통한 질문 한 개의 답변을 처리할 때마다 대략 500ml의 물이 사용된다. 순전히 AI 가속기의 발열을 냉각시키는 데만 드는 비용이다. 검색 서비스의 대체 제품이 될 가능성이 높은 생성형 AI 서비스는 검색 서비스 대비 약 다섯 배 정도의 에너지 소비와 이산화탄소 배출을 유발하는 것으로 알려졌다. AI 기술이 발전할수록 더 많은 에너지가 필요하므로 더 많은 이산화탄소가 배출

된다. 그래서 일부 기업들은 핵융합 에너지와 소형모듈원자로에 선제적 투자를 하고 있다.

이미 지구의 환경문제는 심각하다. 인간에 의한 자연 파괴와 환경오염으로 지구촌 곳곳은 매년 기후 위기를 겪고 있다. 레이첼 카슨이 1962년에 쓴 《침묵의 봄》(에코리브로, 2024)은 인류의 삶을 편리하게 만든 과학 기술이 때로는 환경 파괴와 인류 위협의 주범이라는 것을 인식시켰다.

오늘날 지구는 살아 있는 자연이 아니라 죽은 고래와 죽은 나무가 더 가치 있는 세상으로 변했다. 나무와 생물이 죽어야 에너지 자원이 되기 때문이다. 인류의 발전이라는 명목 아래 자연과 생물은 기꺼이 죽어서 밑거름이 되어야 하는 세상이다. 아프리카 검은코뿔소가 멸종한 이유처럼 먼 훗날 인류도 의도하지 않은 희생자가 될 수 있다. 인류가 스스로 만든 환경 파괴로 인해 끓는 물 속에서 서서히 죽어가는 개구리 신세가 되지 않길 바랄 뿐이다.

지식과 권력의 분배 문제

앞서 설명했듯이 AI 분야는 거대한 자본 투입을 수반하며 냉전 시대의 핵무기 개발과 유사한 형태의 국가 경쟁 양상을 띠고 있다. 따라서 지금의 모습으로 AI 기술과 비즈니스가 발전한다면 그로부터 발생한 지식과 권력은 특정 국가와 기업이 독차지하는 쏠림 현상이 생길 것이다. LLM은 인터넷에 대한 접근성과 영향력이 낮은 국가나 소수민족들의 언어와 생활양식을 반영하지 못할 것이다. LLM 활용도가 높은 소수 국가 중심의 언어와 문화를 학습한 LLM이 다양성을 배제한 채 기득권을 더욱 공고히 구축해나갈 것이다.

그렇게 되면 AI의 빈익빈 부익부 현상이 심해져서 또 다른 형태의 AI 제국주의 시대가 도래할지도 모른다. 다양한 학문의 발전에도 걸림돌이 될 수 있다. 국가와 기업이 가용한 투자 예산의 대부분을 AI 기술 개발에 쏟아붓는다면 필요한 다른 학문 연구 개발비가 감소할 수 있다.

AI 기술 발전은 여러 복잡한 문제를 내포하고 있기 때문에 전 세계의 현자들과 지성인들이 모여 다 같이 누릴 수 있는 균형과 분배에 대해 논의해야 한다. 최소한의 균형과 분배가 이루어지지 못하면 언젠가 어떤 형태로든 세계 질서와 경제를 위협하는 부메랑을 맞이할 수도 있다.

소외된 국가나 열악한 기업을 위한 대안을 찾는다면 적정 기술appropriate technology, AT이라는 개념을 적용할 수 있다. 이것은 사용되는 지역의 정치, 문화, 환경 조건을 고려해 해당 지역에서 지속적인 생산과 소비가 가능하도록 만들어진 기술을 의미한다. 대표적인 예로 라이프스트로LifeStraw, 수동식 물 공급 펌프(슈퍼 머니메이커 펌프Super MoneyMaker pump), OLPCOne Laptop per Child가 있다. 주로 저개발 국가를 대상으로 저가형이면서도 꼭 필요한 기능을 담은 기술이나 물품이다. AI도 적정 기술을 통해 지식과 권력 분배의 문제를 조금이나마 해소할 수 있기를 바란다.

AI 빅테크 국가 시대

필자가 좋아하는 베르나르 베르베르는 탁월한 상상력을 자랑하는 작가다. 그중 《파라다이스》(열린책들, 2012)에 실린 <상표 전쟁>은 미래에 일어날 법한 일을 잘 보여준다. 읽은 지 10년도 훌쩍 넘어 까마득하게 잊고 있었는데 책을 쓰며 잠시 소환한다. 그 내용은 대략 이렇다.

막강한 자본을 등에 업은 초국적 기업들이 학교, 병원, 군대, 심지어 도시를 소유하게 되자 기존 국가 시스템은 무력화되고 결국 기업 국가 시대가 됐다. 그리고 지구의 자원 고갈로 내로라하는 기업들은 우주를 개척하고 태양계를 분할 통치한다. 그 시대에는 프랑스인, 미국인, 영국인이 아니라 프랑스 르노인, 미국 애플인, 일본 소니인 이렇게 불렀고 아예 마이크로소프트인, 디즈니인, 토요타인과 같은 신조어도 생겨났다.

그는 소설 밑에 이렇게 부제를 달았다.

있을 법한 미래

2008년(원서 기준) 단편소설이다 보니 책에 인용된 일부 기업의 위상이 지금과 사뭇 다르다. 역시 영원한 기업과 권력은 없다. 베르나르 베르베르의 <상표 전쟁>처럼 디스토피아가 도래하는 세상을 막아야 하지 않을까?

《듄》(황금가지, 2021), <스타워즈> 시리즈 같은 미래 세계를 그린 소설이나 영화를 보면 공통적으로 이상한 점을 발견할 수 있다. 지금보다 과학 기술이 고도로 발달한 아주 먼 미래의 세상이지만 정치, 사회 체제는 오히려 왕정과 봉건주의로 회귀한 모습이 펼쳐진다. 어떻게 된 것일까? 모든 SF 중 역사상 가장 많이 판매된 《듄》(프랭크 허버트의 1965년작 SF로, <스타워즈>에 영향을 미쳤으며 휴고상과 네뷸러상을 동시 수상한 걸작)의 경우 AI를 독점한 소수의 권력자들이 인간을 노예화하자 이에 대한 반란과 AI를 파괴하는 운동이 발생했고 결국 기존 질서가 붕괴된 것이다.

기업의 시장점유율에 따라 영토와 자원 분할, 화폐는 데이터로 대체

서기 2084년, 오래전 인류가 그토록 두려워했던 것처럼 AI에 의해 인류가 멸망하지는 않았다. 다만 AI가 고도로 발달하자 인간의 사악한 마음과 자본주의 욕망이 결부되어 인간 스스로 어두운 면을 자꾸 끄집어냈다. AI에 의한 인간의 상품화, 정치 양극화로 인한 사회 갈등 심화, 중산층의 몰락으로 인한 빈익빈 부익부 심화, 급진화 문제로 결국 지구촌 곳곳에서 전쟁과 폭동이 발발했고 민주주의는 그 본연의 의미를 상실했다. 게다가 AI가 탑재된 휴머노이드 로봇의 대량생산으로 그동안 국가 운영을 지탱해왔던 인간의 근로소득세가 대폭 줄어들자 국가 세수가 바닥 났으며 빅테크 기업들의 초거대 데이터 센터 가동이 이상 기후를 가속화시켜 전 지구가 사막처럼 변했다. 결국 세계의 기존 질서와 정부 형태의 국가마저 무너졌다.

양극단에 서 있던 지지 세력과 이익 집단을 기반으로 세워진 정치 세력은 지지층의 급진적 요구에 충실히 부응해왔지만 역설적이게도 양극단의 싸움으로 인해 모두 절멸했다. 이 기회를 틈타 자리를 꿰찬 세력은 놀랍게도 글로벌 빅테크 기업들이었다. 기존 정치 권력 중심의 국가 체제는 막강한 빅테크 기업 중심의 새로운 체제로 재편됐다.

처음엔 춘추전국시대와 같은 수백 개의 기업이 마치 중세시대의 도시국가를 형성했으나 기업들 간 치열한 생존 경쟁을 거쳐 통합되어 현재는 수십 개 정도의 기업들이 전 세계를 나누어 통치하고 있다. 각 기업 국가의 통치자는 해당 기업의 창업자나 CEO가 맡고 있으며, 사라진 의회의 역할은 경영진들이 대신하게 됐다. 기업 국가들은 그들의 시장점유율에 비례해 세계의 영토와 자원, 심지어 인적자원을 추가로 할당받는 시스템을 마련했다. 그리고 그들의 상품이나 서비스의 영향력을 더욱 공고히 하기 위해 배우, 가수, 스포츠 선수, 셀럽 등 유명인을 적극 활용한 마케팅 활동을 벌였다. 하지만 그들도 예전만큼 부와 명성을 얻진 못했다. 배우들은 유명세를 얻었다 해도 신인 때 그들의 초상권을 거대 AI 기업에 일임했기 때문이다. 더군다나 인간의 외모보다 훨씬 아름다운 메타버스 속 AI 배우들과 현실 속 휴머노이드 로봇이 등장한 것도 한몫했다.

이전 시대와 달리 자본에 의한 계급이 아예 명문화됐다. 정부에서 방치해왔던 중산층의 몰락과 빈부 격차 심화로 영화 <설국열차>(2013)에 나오는 꼬리칸 사람들이 생겨났다. 또한 그동안 국제통화체제의 근간이었던 브레턴우즈 체제$^{Bretton\ Woods\ system,\ BWS}$도 완전히 붕괴된 후 데이터가 달러와 금의 위상을 대신했다. 이제 기업과 개인이 보유한 데이터가 가장 중요한 거래 수단이며 부의 척도가 된 것이다.

일반 시민의 지위도 빅테크 기업들이 필요한 데이터를 끊임없이 생성해내기 위한 도구이자 채취의 대상으로 전락했다. 만약 시민이 상품의 대가를 치르지 못하면 그들이 바로 상품인 세상이다.

이 이야기는 필자가 먼 미래에 세상이 AI 빅테크 국가 시대가 될 것이라는 상상을 하고 SF처럼 꾸민 것이다. 이는 일종의 디스토피아로서 AI에 의해 인류가 멸망하진 않았지만, AI로 막대한 부와 권력을 축적한 기업들이 기존에 세상을 지탱하고 움직이던 시스템을 송두리째 바꿔놓은 모습을 묘사했다. 정말 이런 날이 오진 않겠지만 걱정스러운 현실이 아무런 자정 노력 없이 지속된다면 전혀 불가능한 상황도 아닐 것이다. 인류가 어떤 미래를 마주할 것인지 그 열쇠는 우리의 오늘에 달려 있다.

닫는 글

세상에는 세 종류의 사람이 있다. 보려는 사람, 보여주면 보는 사람, 보여줘
도 안 보는 사람이다.

레오나르도 다빈치의 명언입니다.

생성형 AI 혁명 시대가 그런 것 같습니다. 새로운 AI 혁명 시대가 오는
것을 깨닫고 적극적으로 그것을 보려는 사람, 그것을 미처 깨닫지는 못했으
나 선각자가 보여주면 그때 보는 사람, 선각자가 아무리 보여줘도 믿지 못
해 절대 보려고 하지 않는 사람이 있을 것입니다.

지금까지 우리는 생성형 AI의 본질적 개념과 속성, 역사, 주요 기술, 다
양한 서비스 유형, 일상의 활용과 비즈니스 적용 사례, 클라우드와 메타버
스 등 주요 IT와의 상호관계, 생성형 AI 혁명 시대를 맞이하는 우리의 자세,
산업을 둘러싼 비즈니스 생태계의 변화와 치열한 경쟁 양상, 철학과 인지과
학 사이의 AI 현주소와 미래 모습, 인간의 오남용과 사회적 책임 등 다양한
각도에서 생성형 AI 여정을 톺아보았습니다.

여러분은 이 책 한 권을 통해 생성형 AI의 모든 것을 알 수는 없지만, AI 비
전문가로서 궁금해할 만한 거의 모든 것을 이해하거나, AI의 발전 속도에 묻
혀 자칫 간과될 수 있는 사회적 문제들도 고민하는 계기가 되었을 것입니다.

특히 조각처럼 흩어져 있던 단편적인 지식이 아닌 종합적이고 체계적인 이론과 함께 실제 생활에서 어떻게 AI를 대하면 좋을지 지혜도 나누었으며, 비즈니스 생태계 변화 속 어떤 기회를 발견할 수 있는지도 살펴보았습니다. 저도 책을 쓰다 보니 AI와 인문을 더 폭넓게 통섭하여 바라보는 공부가 되었습니다.

끝으로 책을 쓰고 AI를 공부하며 느낀 몇 가지 교훈과 소회를 남기며 글을 마치겠습니다.

첫째, 아포리아 질문을 하길 바랍니다.

우리는 종종 영혼 없는 로봇처럼 일을 하며 그런 상황을 애써 쿨하게 넘깁니다. 우리가 단지 기계라고 치부하는 AI는 인간이 되어가고 있는데, 정작 인간은 로봇처럼 일하고 있습니다. 앞으로 AI가 인간의 모든 것을 닮아가고 인간의 능력을 뛰어넘는 순간 우리는 다양한 테세우스 배의 딜레마에 빠질 것입니다. 소크라테스는 논쟁 상대를 아포리아에 빠뜨려 상대방이 무지의 상태를 자각하게 만드는 질문을 중요하게 생각했습니다. 그렇습니다. AI 기술이 발전할수록 아포리아 질문이 중요합니다.

늘 당연하다고 여겼던 것과 모든 과정에 의문을 품고 질문해야 합니다. '왜 사과는 옆으로 떨어지지 않고 아래로 떨어질까?'라는 뉴턴의 아포리아 질문으로부터 만유인력의 법칙이 발견됐으며, 천동설을 부정하면 화형에 처할 수 있음에도 불구하고 갈릴레오 갈릴레이는 의심을 품고 질문을 던져 지동설을 세상에 알렸습니다.

그런데 안타깝게도 우리의 주변에서 이러한 질문의 문화가 점점 사라져가고 있습니다. 정치, 사회, 기업, 학교에 존재하는 부당한 권위와 권력에도 질문을 하지 못하는 문화가 만들어졌습니다. 이러한 문화의 뿌리는 교육 문제에 있습니다.

오지선다식 찍기 수능시험, 고등학교를 졸업하면 거의 무용지물이 되어버린 국영수 수능시험, 동료를 밟고 올라가야만 좋은 평가를 받을 수 있는 상대 평가와 필요 이상의 경쟁이 '나의 생각'과 '옳고 그름'보다 영혼 없는 '받아쓰기'와 '침묵'의 문화를 만들었습니다.

더 나아가 언제부터인가 우리나라에 돈을 최고 가치로 여기는 풍조가 만연해졌고 특정 업을 희망하는 쏠림 현상이 깊어졌습니다. 이것은 그런 세상을 물려준 기성세대의 잘못입니다. 2023년 기준 자살률 세계 1위, 출산율 세계 꼴찌, 행복 지수 57위, 갈수록 증가하는 청소년 자살률 등 각종 오명의 지표는 2020년 GDP 9위까지 올랐던 우리나라의 경제 위상을 고려하면 무언가 크게 잘못된 것임을 알 수 있습니다. 이러한 부끄러운 결과도 교육 문제에 기인합니다.

앞으로 다름이 틀림이 아님을 가르치려면, 공부만 잘하는 괴물을 만들지 않으려면, 학교 공부가 세상에 쓸모가 있으려면, 주체적이고 행복한 학생이 되려면 수능시험부터 바꿔야 합니다. 하지만 정치계의 그 누구도 곪아 터진 교육제도를 혁신하려는 공약을 내놓는 이가 없습니다. 다행히 우리나라에서도 몇 개 학교가 이러한 병폐를 해결하기 위한 대안을 찾아 노력하고 있습니다. 교육 혁신이야말로 AI 시대를 맞이하기 위해 반드시 필요한 전제 조건입니다. 지금의 어린 학생들이 사회에 첫발을 내딛게 될 때쯤에는 AI에게 지시하는 사람과 AI의 지시를 따르는 사람만 필요한 세상이 될지도 모르기 때문입니다.

생성형 AI는 우리에게 자유로운 질문의 토양을 제공합니다. 이제 세상을 향해, 보이는 현상에 대한 질문뿐만 아니라 숨겨진 의도를 파악할 수 있고 선을 넘나드는 창의적 질문을 던져봐야 합니다. 세상에 어리석은 질문은 없습니다. 어리석은 침묵만 있을 뿐입니다.

작가 윌리엄 스완 플로머^{William Swan Plumer}는 "창의성이란 보이지 않는 것들을 연결하는 힘"이라고 말했습니다. 생성형 AI는 학문 간, 산업 간 잘 보이지 않는 잠재적 패턴을 찾아 연결해줄 수 있는 힘을 가졌습니다. 생성형 AI가 인간이 볼 수 없는 잠재적 패턴을 찾아 세상을 이롭게 만들 수 있도록 우리는 순응하지 않는 프로 질문러가 되어야 합니다. 때론 모두가 옳다고 믿는 것을 뒤집어보고 새로운 기회를 찾아보는 질문 습관이 필요합니다. 무용계의 피카소라 불리는 매슈 본은 근육질의 남성 무용수에게 백조 역을 맡긴 파격을 보여주었는데, 처음에는 큰 비난을 받았지만 후일 위대한 시도로 평가받았습니다.

언제부터인가 방향보다 속도가 더 중요한 가치의 세상이 되어버렸습니다. 그래서 질문을 하지 않고 받지도 않는 문화가 생겼는지도 모릅니다. 그런데 인간보다 더 빠른 AI가 나타났습니다. 그래서 인간이 방향과 속도를 다 잘 할 수 없다면 속도는 AI에게 맡기고, 인간은 그것이 정말 올바른 방향인지 끊임없이 고민하는 느림의 미학을 지향하면 좋겠습니다. AI 도구를 어떻게 발전시키고 활용할지 고민하는 것만큼 그 도구를 왜 만들고 과연 제대로 사용하고 있는 것인지 사유하는 인류가 되길 바랍니다.

둘째, 서자서아자아^{書自書我自我}(책은 책이고 나는 나다)를 지양해야 합니다. 자라면서 어릴 적 배운 예절과 사회적 규범을 망각한 채 일탈하는 사람이 많습니다. 기업들도 선험적 경영사례 연구로부터 얻은 교훈과 이론을 잘 활용하지 않습니다.

AI가 휴머노이드 로봇을 통해 가상 세계의 지식을 현실 세계에서 구현하고 있습니다. AI가 학습한 것을 물리적으로 실현할 수 있는 세상이 만들어지고 있습니다. 그런데 인간은 배운 것을 잊거나 무시하고 살아가고 있습니다. 세상을 아름답게 하기보다는 극단적이고 탐욕적인 자본주의에 빠져 세상에 온갖 때를 묻히고 있습니다. 공자는 형식^文만 갖추고 그 바탕^質이 없는 것을 꾸짖으며 아무리 공부를 해도 사람의 됨됨이가 나아지지 않는 것을 '서자서아자아'라고 했습니다. 즉 책으로 배운 바를 실천하지 않는다면 처음부터 전혀 배운 적이 없는 사람과 차이가 없다는 의미입니다. 앞으로 인간이 AI보다 지능적인 면에서 뒤처질 수 있어도 아름다운 세상을 만들기 위한 실천마저 뒤처지지 않길 바랍니다.

셋째, 다양성의 추구입니다. 생물학에서는 생물 다양성 수준이 낮을 경우 숙주 생물 내 감염 전파 확률이 훨씬 높아진다고 합니다. 앞서 생성형 AI의 데이터셋이 갖는 자기복제 문제와 AI 추천 알고리즘의 편향성 문제를 설명했습니다. 모두 다양성이 결여됐기 때문에 발생한 심각한 현상들입니다. 공부 잘하는 학생들이 의대만 지원하려는 현실, 기초과학과 인문학을 꺼리고 소위 바로 돈이 될 것 같은 전공에 몰리는 현실, 다양성 추구는 고사하고 세상이 자본이라는 오직 하나의 가치에 매몰되고 있는 현실도 마찬가지입니다. 앞서 AI의 역사를 통해 살펴보았듯이 저명한 AI 학자와 기술가들은 처음부터 AI를 공부하지 않았습니다. 대부분 기초과학과 인문학을 연구한 사람들이었습니다. 그런 면에서 미래를 본다는 것은 어느 정도 가능합니다. 지금 가장 뜨거운 것보다는 그 뜨거운 것을 있게 만드는 대상을 찾는 것입니다. 훨훨 타오르는 불보다 불을 계속 지피고 더 타오를 수 있게 만든 화로와 땔감을 찾아보는 것입니다.

크리스 밀러의 《칩 워》(부키, 2023)라는 책이 있습니다. 이 책은 역사학자의 시각으로 반도체 산업을 둘러싼 경쟁과 권력 구도를 이야기하고 있습니다. 모두가 AI 기술 개발에 집중할 때 일부는 역사가로서, 심리학자로서, 인지과학자로서, 철학자로서, 생물학자로서, 내가 좋아하고 잘할 수 있는 분야에서 AI를 이야기할 수 있으면 좋겠습니다.

다양성 추구는 전이 능력에도 도움을 줍니다. AI는 기본 모델인 LLM을 전이하여 다양한 기능을 제공하는 멀티모델 서비스와 여러 분야의 추론 문제를 해결하는 능력을 갖추게 됐습니다. 또한 알로하 로봇처럼 모방 학습의 전이를 통해 현실 세계의 다양한 작업도 수행할 수 있습니다.

베토벤은 실러의 시 <환희의 송가>를 통해 <교향곡 9번> 합창을 완성했습니다. 그리고 구스타프 클림트는 베토벤 <교향곡 9번>을 그림 <베토벤 프리즈>라는 작품으로 전이했습니다. 실러의 시가 베토벤의 음악이 됐고, 베토벤의 음악이 다시 구스타프 클림트의 미술이 된 것입니다.

평소 다양한 분야에 대한 관심과 배움을 통해 AI 시대에 필요한 전이 능력을 키울 수 있기를 바랍니다. 다양성을 추구한다는 것은 꼭 거창한 활동이 아닙니다. 평소의 루틴으로부터 잠시 멀어지기를 해보는 것만으로도 일상에서 다양성을 추구할 수 있습니다. 예를 들어 유튜브를 시청할 때 알고리즘의 추천을 거부하고 두세 번의 동영상 시청 중 한 번은 자신이 믿고 싶은 것이나 관심사와 다른 콘텐츠를 보는 것입니다. 늘 다니던 길이 아닌 낯선 길로 다녀볼 수도 있고, 늘 사용하던 쪽이 아닌 다른 손으로 양치질이나 빗질을 할 수도 있습니다. 이렇게 소소한 행동만으로도 다양성 지수를 높일 수 있습니다.

영화 <죽은 시인의 사회>(1989)에서 키팅 선생님은 학생들을 향해 이렇게 외쳤습니다. "내가 책상 위에 서 있는 이유는 사물을 다른 각도로 보려는 거야. 어떤 사실을 이미 안다고 생각할 때, 그것을 다른 시각에서도 봐야 해. 비록 그것이 바보 같은 일일지라도."

넷째, 인간이 AI보다 인간적이길 바랍니다. 내 자녀를 위하듯 미래 세대를 위한 마음을 담은 사회적 기여와 책임이 필요합니다. 아무리 AI 기술이 발전해도 그것의 사회적 기여와 책임이 결여된다면 일부 계층의 효용만 높이는 나쁜 기술이 될 수 있습니다. 더군다나 AI 뒤에 숨은 나쁜 인간들이 AI를 악용하여 세상을 위험에 빠뜨릴 수도 있습니다.

인간은 과학 기술의 발달로 유토피아와 디스토피아를 동시에 살고 있습니다. 스마트폰 덕분에 일상에서 많은 편리함과 즐거움을 누릴 수 있으면서도 스마트폰 때문에 사람이 죽기도 합니다. 마찬가지로 인문학적 사유가 빠진 AI 기술은 인류를 디스토피아로 안내할 가능성이 존재합니다. 대부분 IT 기업들은 측정의 과학으로 세워졌다 해도 과언이 아닐 만큼 기술을 중시하고 있습니다. 한때 구글은 '측정할 수 있는 게 아니면 중요하지 않다'라는 말을 기업 운영의 최고 가치로 여길 정도였습니다.

과거 구글의 사내 철학 선생으로 불리던 데이먼 호로위츠라는 사람이 있습니다. 그는 기업과 개발자들의 관심사인 모바일 운영체제^{mobile operation} ^{system}만큼 도덕 운영체제^{moral operation system}에도 관심을 기울여야 한다고 말했습니다. 우리는 앞서 소셜 미디어 서비스의 지나친 기술주의와 AI 시대가 막 시작됐음에도 불구하고 이미 벌어지고 있는 오남용 사례를 통해 기업이 사회적 책임을 고려하지 않아 발생한 심각한 폐단을 살펴보았습니다. AI 시대를 맞아 소셜 미디어의 폐단을 답습하지 않기 위해서는 사람을 상품으로 보지 말고 사람으로 봐야 합니다. 지금처럼 탐욕적 자본주의 문화가 지속된다면 여느 SF나 영화처럼 인간이 AI의 하위 목표 설정에 의해 제거 대상이 될 수 있습니다. 앞으로 AI 기술을 통해 인류가 더 커다란 능력을 얻는다면 그 능력을 어디에 쓸지에 따라 히어로 영화의 영웅이 될 수도, 초능력을 가진 악당이 될 수도 있습니다.

미래를 이끌 세대가 중심인 세상에선 AI가 전기나 공기와 같은 필수 존재일지도 모릅니다. 앞으로 AI와 함께 살아가게 될 세대가 지금의 세대와 AI보다 더 나은 인간의 모습이 될 수 있기를 바랍니다. 그래야 AI가 감히 인간을 하위 목표의 대상으로 삼지 못하기 때문입니다. 많은 현인과 전문가들의 AI에 대한 경고가 그리스 신화 속 카산드라의 예언처럼 되지 않기를 바랍니다.

Software is eating the world(소프트웨어가 세상을 삼키고 있다).

2011년 8월 20일 《월 스트리트 저널》에 실렸던 칼럼 제목입니다. 10년이 지난 지금 주어만 AI로 바꾸면 현재의 비즈니스 세계를 가장 잘 설명하는 문장이 될 것 같습니다.

AI가 모든 것을 집어삼키고 있습니다. 그리고 앞으로 AI가 인간을 앞지르는 분야가 계속 생겨날 것입니다. 그런데 여기서 중요한 것은 AI가 어떤 분야에서 얼마큼 인간을 앞섰는지가 아닙니다. 중요한 것은 AI가 '내가 인간에 의해 만들어졌지만 이제 인간보다 나아'라고 자각하는 순간일 것입니다. 물론 그 순간이 닥칠 수도, 아닐 수도 있습니다. 그러한 순간이 온다 해도 꽤 오랜 시간이 걸릴지 모릅니다. 2007년 아이폰 출시 이후 스마트폰은 가히 혁명이라 불릴 정도로 세상을 바꾸어놓았습니다.

그로부터 십수 년이 지난 지금, 매번 새롭게 출시되는 스마트폰은 카메라 화소가 높아지고, 속도가 조금 빨라지고, 기능이 추가되고, 모양이 바뀌는 것 외에 크게 달라지는 게 없습니다. 처음 그랬던 것처럼 세상을 깜짝 놀라게 할 만한 와우 포인트가 없습니다. 생성형 AI도 어느 시점부터 이런 과정을 겪을지도 모릅니다. LLM이 학습할 데이터는 점점 한계에 다다르고 있으며, 전력 에너지 공급도 부족합니다. 다시 한번 emergent ability를 만나기 위해 얼마나 오랜 시간이 걸릴지 아무도 모릅니다. 하지만 인간에 의해 만들어진 AI가 스스로 난치병 치료의 해법을 찾고, 뇌의 메커니즘을 해석하고, 수학의 영원한 난제인 리만 가설을 풀고, 양자역학이나 초전도체의 문제를 완벽하게 풀어서 인간의 지식을 뛰어넘는다면 어떻게 될까요? 만약 AI가 이런 청출어람을 자각하는 순간이 온다면 그것이 인류에 이익이 될지 위협이 될지 현재로선 알 수 없습니다.

지금까지 지능으로 세계를 지배한 유일한 종족이 인간입니다. 그런데 AI가 인간의 지능을 추월할 가능성이 더욱 높아졌습니다. 인간의 지능을 추월한 AI가 인간이 그랬던 것처럼 세계를 지배하지 않길 바랍니다.

킴벌리 커버거의 시의 제목이자 영화 <인턴>(2015)에서 배우 로버트 드니로가 앤 해서웨이에게 한 말처럼 인류가 미래의 어느 시점에 "지금 알고 있는 걸 그때도 알았더라면"이라고 후회하지 않길 바랄 뿐입니다. 미래에 인류가 의도하지 않은 세상에 서 있고 그것이 AI에서 비롯된 문제일 가능성이 있다면, 이제 우리는 머리보다 가슴이 말하는 것에 더 귀 기울여야 합니다.

끝으로 이 책이 나오기까지 애써준 제이펍 출판사에 감사드립니다. 특히 최초의 독자로서 원고를 세밀하게 교정하고 편집해준 김은미 대리님, 책의 콘셉트 정의를 위해 조언해준 이상복 팀장님, 저자에 대한 믿음을 보내준 장성두 대표님께 감사드립니다.

참고 자료

도시 I

1 https://ko.wikipedia.org/wiki/생성형_인공지능

2 Kyle Mahowald et al. Dissociating language and thought in large language models, https://arxiv.org/abs/2301.06627

3 Patrick Lewis et al. Retrieval-Augmented Generation for Knowledge-Intensive NLP Tasks, https://arxiv.org/abs/2005.11401

4 유지한, 'AI 학습 사이트' 톱 10 중 절반이 뉴스, 조선일보, 2024, https://www.chosun.com/economy/tech_it/2024/05/03/QZDHEYIULJDBFOE3THRSLS4224/

5 David Silver, Demis Hassabis. AlphaGo Zero: Starting from scratch, Google DeepMind, OCTOBER 18, 2017, https://deepmind.google/discover/blog/alphago-zero-starting-from-scratch/

6 Geoffrey E. Hinton, Simon Osindero. A fast learning algorithm for deep belief nets, https://www.cs.toronto.edu/~hinton/absps/fastnc.pdf

7 한국경제TV뉴스, 엔비디아, 30배 향상 차세대 AI칩 공개/[+PICK]/한국경제TV뉴스, 2024, https://www.youtube.com/watch?v=U7l9lXFditM

8 Dave Lee. Amazon's big dreams for Alexa fall short, Financial Times, MARCH 4, 2023, https://www.ft.com/content/bab905bd-a2fa-4022-b63d-a385c2a0fb86

도시 II

1 Bloomberg. Generative AI to Become a $1.3 Trillion Market by 2032, Research Finds. 2023. Available from, https://www.bloomberg.com/company/press/generative-ai-to-become-a-1-3-trillion-market-by-2032-research-finds/

2 McKinsey & Company. The economic potential of generative AI, Research Finds. 2023. Available from, https://www.mckinsey.com/capabilities/mckinsey-digital/our-insights/the-economic-potential-of-generative-ai-the-next-productivity-frontier#introduction

3 인현우. 삼성 가전과 자연스러운 대화 가능해진다…"생성형 AI 응용 서비스 담아", 한국일보, 2023,

https://www.hankookilbo.com/News/Read/A2023090409110003609

4   Hugh Son. Morgan Stanley kicks off generative AI era on Wall Street with assistant for financial advisors, CNBC, 2023, Morgan Stanley uses ChatGPT to help financial advisors (cnbc.com)

5   대한상공회의소. 생성형 AI가 한국경제에 미치는 영향 보고서, 2023, https://www.korcham.net/nCham/Service/Economy/appl/KcciReportDetail.asp?seq_no_c010=20120936516&cham_cd=B001

6   송화정. KB증권, M-able 와이드서 'Stock AI' 서비스 출시, 아시아경제, 2024, https://view.asiae.co.kr/article/2024052710031810505

7   문지민. 미래에셋증권 | 생성형 AI가 작성하는 애널리스트 보고서 [AI가 바꾸는 금융 라이프], 매일경제, 2024, https://www.mk.co.kr/economy/view/2024/401597

8   김한영. 전남교육청, '대한민국 글로컬 미래교육박람회' 주제가 선정 발표, 노컷뉴스, 2024, https://www.nocutnews.co.kr/news/6122801

9   오정민. 10초만에 '뚝딱'…가상인간 모델에 AI 카피라이터까지 [오정민의 유통한입], 한국경제, 2023, https://www.hankyung.com/article/202303159139g

도시 III

1   김우용. 구글 클라우드, 소매유통 겨냥 생성형 AI 기술 발표, ZENET Korea, 2024, https://zdnet.co.kr/view/?no=20240116113648

2   Mahmoud Assran, et al. Self-Supervised Learning from Images with a Joint-Embedding Predictive Architecture, https://arxiv.org/abs/2301.08243

3   Martyn Landi. Amazon begins testing humanoid robots in warehouses to 'free up workers', The Independent, 19 Oct, 2023, https://www.independent.co.uk/business/amazon-begins-testing-humanoid-robots-in-warehouses-to-free-up-workers-b2432555.html

4   Maitre, E., et al. The Effect of Virtual Embodiment on Implicit Racial Bias., Journal of Experimental Social Psychology, 2013

5   한국항공우주연구원 홍보실. [S스페셜 - '우주' 이야기] (19) "달을 분양한다고?"…웃어넘길 수 없는 소유권 경쟁, 세계일보, 2017, https://www.segye.com/newsView/20170630002102

6   Bernard J. Luskin. Media Psychology Explains Mark Zuckerberg's Metaverse, Psychology Today, 2021, https://www.psychologytoday.com/us/blog/the-media-psychology-effect/202111/media-psychology-explains-mark-zuckerbergs-metaverse

7   John Riccitiello. Unity CEO John Riccitiello describes the realities—and distractions—of the metaverse, FAST COMPANY, 2022, https://www.fastcompany.com/90797940/unity-ceo-john-riccitiello-describes-the-realities-and-distractions-of-the-metaverse

8   Keith O'Brien, Amanda Downie, Mark Scapicchio. What is digital transformation?, IBM, 2024, https://www.ibm.com/topics/digital-transformation

9   C.K. Prahalad, Gary Hamel. The Core Competence of the Corporation, Harvard Business Review, 1990, https://hbr.org/1990/05/the-core-competence-of-the-corporation

10   BCG. Speed, Value, and the Power of the Innovation Flywheel, Research Finds. 2024. Available from, https://www.bcg.com/publications/2024/speed-value-and-the-power-of-the-innovation-flywheel

도시 IV

1   Paul Glynn. Sony World Photography Award 2023: Winner refuses award after revealing AI creation?, BBC, 18 April, 2023, https://www.bbc.com/news/entertainment-arts-65296763

2   김태종. 옷에 붙이는 'AI 핀' 스타트업 휴메인 "HP와 매각 협상", 연합뉴스, 2024, https://www.yna.co.kr/view/AKR20240607003000091?input=1195m

3   박찬. 애플, 전기차 개발 중단…AI로 인원 이동, AI 타임스, 2024, https://www.aitimes.com/news/articleView.html?idxno=157567

4   EPOCH AI. Will We Run Out of Data? Limits of LLM Scaling Based on Human-Generated Data, Research Finds. 2024. Available from, https://epochai.org/blog/will-we-run-out-of-data-limits-of-llm-scaling-based-on-human-generated-data

5   한경비즈니스외고. 다시 주목받고 있는 'AI 학습용 데이터' 이슈[테크트렌드], 한경BUSINESS, 2024, https://magazine.hankyung.com/business/article/202405085676b

6   김달훈. 메타, 멀티모덜 데이터 세트 Ego-Exo4D 공개 "839명의 인간 활동 기록", CIO, 2023, https://www.ciokorea.com/news/317062

7   Simon Kemp. DIGITAL 2023: GLOBAL OVERVIEW REPORT, DataReportal, 26 Jan, 2023, Digital 2023: Global Overview Report — DataReportal - Global Digital Insights

8   Keach Hagey, Asa Fitch. Sam Altman Seeks Trillions of Dollars to Reshape Business of Chips and AI, WSJ, Feb 8, 2024, https://www.wsj.com/tech/ai/sam-altman-seeks-trillions-of-dollars-to-reshape-business-of-chips-and-ai-89ab3db0

9   Deep Ddas Braman. OpenAI CEO Sam Altman Seeks $7 Trillion To Change The Face Of Chip Manufacturing: Report, Market Realist, Feb 12, 2024, https://marketrealist.com/why-is-sam-altman-seeking-trillions-of-dollars-for-semiconductor-manufacturing/

10   ANDREW R. CHOW, BILLY PERRIGO. The AI Arms Race Is Changing Everything, TIME, Feb 17, 2023, https://time.com/6255952/ai-impact-chatgpt-microsoft-google/

11   정유진. 데이터센터 전력수요 증가 우려에 "수소와 태양광 발전 해결책 될까", 한경BUSINESS, 2004, https://magazine.hankyung.com/business/article/202405240447b

12   Belle Lin. PwC Set to Become OpenAI's Largest ChatGPT Enterprise Customer, WSJ, May 29, 2024, https://www.wsj.com/articles/pwc-set-to-become-openais-largest-chatgpt-enterprise-customer-2eea1070

13   Mapping the Mind of a Large Language Model, Anthropic, 2024, https://www.anthropic.com/news/mapping-mind-language-model

14   최지희. MS·오픈AI, 130조원 투자해 AI용 데이터센터 구축 계획, 조선일보, 2024, https://biz.chosun.com/it-science/ict/2024/03/31/AWMLZP3ZJ5C4DLUNXEA7L777RI/

15   https://wow.groq.com/what-nvidia-didnt-say/

16   이유나. 애플, 광고 논란 사과에도 비판 봇물…"기업 문화 이상해져", YTN, 2024, https://www.ytn.co.kr/_ln/0104_202405131107558804

17   최용석. 애플이 10년 프로젝트 '애플카' 포기한 이유, 글로벌이코노믹, 2024, https://www.g-enews.com/article/Global-Biz/2024/02/20240228110431848b418061615_1

18   신웅진. 애플 운영체제 AI 기본 탑재…'시리'에 챗GPT-4o, YTN, 2024, https://www.ytn.co.kr/_ln/0104_202406111100026002l

도시 V

1   Kevin Roose. A Conversation With Bing's Chatbot Left Me Deeply Unsettled, The New York Times, Feb. 16, 2023, https://www.nytimes.com/2023/02/16/technology/bing-chatbot-microsoft-chatgpt.html

2   Nicole Lin Chang. What a Google AI chatbot said that convinced an engineer it was sentient, Euronews, 2022, https://www.euronews.com/next/2022/06/13/what-a-google-ai-chatbot-said-that-convinced-an-engineer-it-was-sentient-had-feelings

3   박지민. AI도 '교배', 뛰어난 자녀 AI 만든다, 조선일보, 2024, https://www.chosun.com/economy/tech_it/2024/03/28/S7AJPNX5URHL5P5EUJPWSGOX6I/

4   Maris Fessenden. We've Put a Worm's Mind in a Lego Robot's Body, Smithsonian Magazine, 19 Nov, 2024, https://www.smithsonianmag.com/smart-news/weve-put-worms-mind-lego-robot-body-180953399/

5   Josh Merel. Diego Aldarondo, et al. DEEP NEUROETHOLOGY OF A VIRTUAL RODENT, DeepMind, 2020, https://arxiv.org/abs/1911.09451

6   최준호. 호킹 죽음 전 예언 "AI로 인류종말 온다, 200년내 지구 떠나라", 중앙일보, 2018, https://www.joongang.co.kr/article/22455351

7   Anthony Cuthbertson, Ariana Baio. AI Congress hearing: Sam Altman testifies before Congress saying there is 'urgent' need for regulation, The Independent, 16 May, 2023, https://www.independent.co.uk/tech/sam-altman-ai-congress-live-chatgpt-openai-b2339688.html

8   경수현. 'AI 대부' 제프리 힌턴 "AI로 10년내 킬러 로봇 등장할 것", 연합뉴스, 2024, https://www.yna.co.kr/view/AKR20240310028500073

9   김서원. 美공군 AI드론의 반란…"방해된다" 가상훈련서 조종사 제거, 중앙일보, 2023, https://www.joongang.co.kr/article/25167276

10   https://youtu.be/GY_-OpZH7ik?si=8YW3UDcYT_nHvN5R

11   이유나. "AI로 인한 인류 멸종 막아야"…전문가 350여 명 성명 발표, YTN, 2023, https://www.ytn.co.kr/_ln/0104_202305311410016718

12   조진형. 美 CEO들, 자녀 SNS·스마트폰 이용 엄격히 제한하는 이유는··, 중앙일보, 2018, https://www.joongang.co.kr/article/22305218

13   박세원. "유튜브는 독 든 음식도 내주는 식당"…개발자의 고백 [이슈&탐사], 국민일보, 2021, https://www.kmib.co.kr/article/view.asp?arcid=0015402057

14   김덕식. "성 콘텐츠가 예술이라니"…아동·청소년 SNS 중독 막겠다는 美·유럽, 매일경제, 2024, https://www.mk.co.kr/news/world/11033611

15   AI리포터. AI 챗봇의 잘못된 안내로 고객에게 배상금 물어준 에어캐나다, 디지털투데이, 2024, https://www.digitaltoday.co.kr/news/articleView.html?idxno=506526

16   류태웅. '딥페이크'에 속아 홍콩서 수백억 이체 사기··'생체 인증'도 무력화되나, 전자신문, 2024, https://www.etnews.com/20240205000221

17   박선민. 모나리자가 눈 부릅뜨고 랩… 단숨에 700만뷰 찍은 AI 영상, 뭐길래, 조선일보, 2024, https://www.chosun.com/economy/tech_it/2024/04/24/C26HJFWFPVHABOMOHMRYQPMVPQ/

18   유한주. AI 위험 현실화?…안면인식 기술 오류 탓 절도범 누명 쓴 美남성, 연합뉴스, 2023, https://www.yna.co.kr/view/AKR20230401034300009

19   안면 인식? 사람 잘못 보셨습니다, 테크플러스, 2020, https://blog.naver.com/tech-plus/222017905728

20   최은희. 英 연구팀 "AI 생성 콘텐츠로 학습하는 AI, 정보 왜곡 문제 악화할 것", CWN, 2023, https://cwn.kr/article/179565262564356

◉ TV 프로그램, 드라마(이하 언급순)

<블랙 미러>(2023)
<전격 Z작전>(1982~1986)
<도착한 미래>(2024)
<로보트 태권브이)(1976)
<모험만화인형극 철완 아톰>(1957)
<600만 달러의 사나이>(1973)
<특수공작원 소머즈>(1976)
<이상한 변호사 우영우>(2002)
<삼체>(2024)
<제퍼디!>(1964~)

▦ 영화, 애니메이션

<해리가 샐리를 만났을 때>(1989)
<노팅힐>(1999)
<귀여운 여인>(1990)
<내 남자 친구의 결혼식>(1997)
<반지의 제왕>(2001)
<터미네이터>(1984)
<나의 마더>(2019)
<그녀>(2014)

<이미테이션 게임>(2014)

<아이언맨>(2008)

<러브 액츄얼리>(2003)

<트랜센던스>(2014)

<달콤한 인생>(2005)

<뷰티 인사이드>(2015)

<스파이더맨: 어크로스 더 유니버스>(2023)

<탑건: 매버릭>(2022)

<컨택트>(2016)

<로보캅>(1987)

<매트릭스>(1999)

<업그레이드>(2018)

<레디 플레이어 원>(2018)

<프리 가이>(2021)

<트루먼 쇼>(1998)

<아바타>(2009)

<데드풀>(2016)

<Shape of Water: 사랑의 모양>(2017)

<에브리씽 에브리웨어 올 앳 원스>(2023)

<크리에이터>(2023)

<블레이드 러너 2049>(2017)

<설국열차>(2019)

<원더랜드>(2024)

<스타워즈>(1977)

<죽은 시인의 사회>(1989)

<인턴>(2015)

🎵 음악

<All You Need Is Love>(2003)

<봄날>(2017)

<다이너마이트>(2020)

<교향곡 9번>(1824)

<내가 제일 잘 나가>(2011)

🚲 게임

<포트나이트>(2017)

<포켓몬 GO>(2016)

<리그 오브 레전드>(2009)

📚 도서

스콧 하틀리, 《인문학 이펙트》, 이지연, 마일스톤, 2017

찰스 퍼시 노스, 《The Two Cultures and the Scientific Revolution》, Martino Fine Books, 2013

파블로 네루다, 《질문의 책》, 정현종, 문학동네, 2013

카이 버드, 마틴 셔윈, 《아메리칸 프로메테우스》, 최형섭, 사이언스북스, 2010

김초엽, 《우리가 빛의 속도로 갈 수 없다면》, 허블, 2019

김영하, 《작별인사》, 복복서가, 2022

아이작 아시모프, 《아이, 로봇》, 김옥수, 우리교육, 2008

테드 창, 《숨》, 김상훈, 엘리, 2019

에드워드 H. 카, 《역사란 무엇인가》, 김택현, 까치, 2015

J.R.R 톨킨, 《반지의 제왕》, 김보원, 김번, 이미애, 아르테, 2021

닉 보스트롬, 《슈퍼 인텔리전스》, 조성진, 까치, 2017

마이클 샌델, 《정의란 무엇인가》, 김명철, 와이즈베리, 2014

어슐러 K. 르 귄, 《바람의 열두 방향》, 최용준, 시공사, 2014

유발 하라리, 《사피엔스》, 조현욱, 김영사, 2023

심영환, 《나는 예술로 경영을 배운다》, 책과나무, 2020

심영환, 《마케팅한다더니 인문학이 왜 나와?》, 유심, 2018

맥스 테그마크, 《맥스 테그마크의 라이프 3.0》, 백우진, 동아시아, 2017

월터 아이작슨, 《일론 머스크》, 21세기북스, 2023

앨빈 토플러, 《제3의 물결》, 김진욱, 범우사, 1992

윤태호, 《미생》, 더오리진, 2019

찰스 로버트 다윈, 《종의 기원》, 장대익, 사이언스북스, 2019

메리 셸리, 《프랑켄슈타인》, 김선형, 문학동네, 2012

카렐 차페크, 《R. U. R.》, 유선비, 이음, 2020

닐 스티븐슨, 《스노 크래시》, 남명성, 문학세계사, 2021

호르헤 루이스 보르헤스, 《픽션들》, 송병선, 민음사, 2011

아이작 아시모프, 《벌거벗은 태양》, 고려원, 1992

윌리엄 깁슨, 《뉴로맨서》, 김창규, 황금가지, 2005

장 보드리야르, 《시뮬라시옹》, 하태환, 민음사, 2001

어니스트 클라인, 《레디 플레이어 원》 전정순, 에이콘출판, 2015

류츠신, 《삼체》, 이현아, 허유영, 자음과모음, 2022

오스카 와일드, 《도리언 그레이의 초상》, 윤희기, 열린책들, 2024

오스카 와일드, 《The Complete Letters of Oscar Wilde(오스카 와일드의 편지 전집)》, Henry Holt and Co., 2000

프란츠 카프카, 《변신》, 이재황, 문학동네, 2005

유발 하라리, 《사피엔스》, 조현욱, 김영사, 2023

김부식, 《삼국사기》

칼 세이건, 《악령이 출몰하는 세상》, 이상헌, 사이언스북스, 2022

이혜정, 《서울대에서는 누가 A+를 받는가》, 다산에듀, 2014

제임스 서로위키, 《대중의 지혜》, 홍대운, 이창근, 랜덤하우스코리아, 2005

필립 K. 딕, 《안드로이드는 전기양의 꿈을 꾸는가?》, 박중서, 폴라북스, 2013

유발 하라리, 《호모 데우스》, 김명주, 김영사, 2017

리처드 도킨스, 《이기적 유전자》, 홍영남, 이상임, 을유문화사, 2018

한나 아렌트, 《예루살렘의 아이히만》, 김선욱, 한길사, 2006

레이 커즈와일, 《특이점이 온다》, 장시형, 김명남, 김영사, 2007

라이먼 프랭크 바움, 《오즈의 마법사》, 김영진, 비룡소, 2012

대니얼 데닛, 《Brainstorms》, Bradford Books, 1978

엘리 프레이저, 《생각 조종자들》, 이현숙, 이정태, 알키, 2011

야콥 슈프랭거, 하이닐히 크라머, 《마녀를 심판하는 망치》, 이재필, 우물이있는집, 2016

쇼샤나 주보프, 《감시 자본주의의 시대》, 김보영, 문학사상사, 2021
알베르 카뮈, 《시지프 신화》, 김화영, 민음사, 2016
마이클 샌델, 《공정하다는 착각》, 함규진, 와이즈베리, 2020
버트런드 러셀, 《게으름에 대한 찬양》, 송은경, 사회평론, 2005
제러미 리프킨, 《노동의 종말》, 이영호, 민음사, 2005
레이첼 카슨, 《침묵의 봄》, 김은령, 에코리브로, 2024
베르나르 베르베르, 《파라다이스》, 임희근, 열린책들, 2012
프랭크 허버트, 《듄》, 김승욱, 황금가지, 2021
크리스 밀러, 《칩 워》, 노정태, 부키, 2023

진솔한 서평을 올려주세요!

이 책 또는 이미 읽은 제이펍의 책이 있다면, 장단점을 잘 보여주는 솔직한 서평을 올려주세요.
매월 최대 5건의 우수 서평을 선별하여 원하는 제이펍 도서를 1권씩 드립니다!

- **서평 이벤트 참여 방법**
  ❶ 제이펍 책을 읽고 자신의 블로그나 SNS, 각 인터넷 서점 리뷰란에 서평을 올린다.
  ❷ 서평이 작성된 URL과 함께 review@jpub.kr로 메일을 보내 응모한다.
- **서평 당선자 발표**
  매월 첫째 주 제이펍 홈페이지(www.jpub.kr)에 공지하고, 해당 당선자에게는 메일로 연락을 드립니다.
  단, 서평단에 선정되어 작성한 서평은 응모 대상에서 제외합니다.

독자 여러분의 응원과 채찍질을 받아 더 나은 책을 만들 수 있도록 도와주시기 바랍니다.

찾아보기